人民·联盟文库

— —

人民·联盟文库

百年记忆：民谣里的中国

田　涛著

山西人民出版社

人民出版社

图书在版编目（CIP）数据

百年记忆：民谣里的中国/田涛著. —北京：人民出版社，2011
（人民·联盟文库）

ISBN 978-7-01-010087-6

Ⅰ.①百… Ⅱ.①田… Ⅲ.①中国历史：近代史-通俗读物

Ⅳ.①K250.9

中国版本图书馆 CIP 数据核字（2011）第 145944 号

百年记忆：民谣里的中国

BAINIAN JIYI：MINYAO LI DE ZHONGGUO

田 涛 著

责任编辑：蒙莉莉 傅晓红 李 斌 王一萌
封扉设计：曹 春
出版发行：人民出版社
　　　　　北京朝阳门内大街 166 号　邮 编：100706
网　　址：http://www.peoplepress.net
邮购电话：(010) 65250042/65289539
经　　销：新华书店
印　　刷：三河市金泰源印装厂
版　　次：2011 年 7 月第 1 版　2011 年 7 月北京第 1 次印刷
开　　本：710 毫米×1000 毫米　1/16
印　　张：28.5
字　　数：396 千字
书　　号：ISBN 978-7-01-010087-6
定　　价：54.80 元

　　狮子是民间社会广受欢迎的吉祥物，既有镇宅避邪的功能，也是祈福纳祥的象征。

　　戏曲是中国社会普遍的娱乐活动，寄托了民众的情感——红色的
脸谱象征着忠义和耿直。

妇人坐轿男人走。西洋人把尊重妇人的风俗带到中国，令民众惊奇。这成了年画的新题材。

成千上万留着辫子的中国人，以不同的行为方式来应对世局的变动。

　　拉车虽然艰辛，但对安天知命的民众来说，也是自食其力的谋生手段（年画《业车图》）。

兴办女学，提倡女子教育，是近代女界改良的重要内容（年画
《女子求学》）。

杨柳青年画中的一幕场景：鸡鸣即起的生意人，离别旅店，为生活而劳碌。

丰收和太平，意味着生活的欢愉和安祥，承载了各色人等的美好愿望（年画《太平年》）。

　　招财童子是民间最常见的财神形象之一，寄托了人们对财富和利禄的向往。

出版说明

　　人民出版社及全国各省市自治区人民出版社是我们党和国家创建的最重要的出版机构。几十年来，伴随着共和国的发展与脚步，他们在宣传马克思列宁主义、毛泽东思想、邓小平理论、"三个代表"重要思想，深入贯彻落实科学发展观，坚持走有中国特色社会主义道路方面，出版了大量的各种类型的优秀出版物，为丰富人民群众的学习、文化需求作出了不可磨灭的贡献，发挥了不可替代的作用。但由于环境、地域及发行渠道等诸多原因，许多精品图书并不为广大读者所知晓。为了有效地利用和二次开发全国人民出版社及其他成员社的优秀出版资源，向广大读者提供更多更好的精品佳作，也为了提升人民出版社市场联盟的整体形象，人民出版社市场联盟决定，在全国各成员社已出版的数十万个品种中，精心筛选出具有理论性、学术性、创新性、前沿性及可读性的优秀图书，辑编成《人民·联盟文库》，分批分次陆续出版，以飨读者。

　　《人民·联盟文库》的编选原则：1. 充分体现人民出版社的政治、学术水平和出版风格；2. 展示出各地人民出版社及其他成员社的特色；3. 图书主题应是民族的，而不是地区性的；4. 注重市场价值，

1

要为读者所喜爱；5. 译著要具有经典性或重要影响；6. 内容不受时间变化之影响，可供读者长期阅读和收藏。基于上述原则，《人民·联盟文库》未收入以下图书：1. 套书、丛书类图书；2. 偏重于地方的政治类、经济类图书；3. 旅游、休闲、生活类图书；4. 个人的文集、年谱；5. 工具书、辞书。

《人民·联盟文库》分政治、哲学、历史、文化、人物、译著六大类。由于所选原书出版于不同的年代、不同的出版单位，在封面、开本、版式、材料、装帧设计等方面都不尽一致，我们此次编选，为便宜读者阅读，全部予以统一，并在封面上以颜色作不同类别的区分，以利读者的选购。

人民出版社市场联盟委托人民出版社具体操作《人民·联盟文库》的出版和发行工作，所选图书出版采用联合署名的方式，即人民出版社与原书所属出版社共同署名，版权仍归原出版单位。《人民·联盟文库》在编选过程中，得到了人民出版社市场联盟成员社的大力支持与帮助，部分专家学者及发行界行家们也提出了很多建设性的意见，在此一并表示诚挚的感谢！

《人民·联盟文库》编辑委员会

目 录

导 言　属于民众的记忆 …………………………………………………… 1

　以娱乐为主题：文学意义上的民谣　　　　　　　　　　2

　民意与妖言：民谣与社会政治　　　　　　　　　　　　8

　作为教化的工具：民谣与文人　　　　　　　　　　　　18

　还原大众精神：民谣与历史重构　　　　　　　　　　　30

第一章　走进百年 ………………………………………………………… 44

　千年流变　　　　　　　　　　　　　　　　　　　　　44

　盛世的终结　　　　　　　　　　　　　　　　　　　　59

　交会时代　　　　　　　　　　　　　　　　　　　　　71

第二章　激变 ……………………………………………………………… 81

　关于咸丰的预言　　　　　　　　　　　　　　　　　　81

　骚动　　　　　　　　　　　　　　　　　　　　　　　90

　革命的时代　　　　　　　　　　　　　　　　　　　　98

　天国悲歌　　　　　　　　　　　　　　　　　　　　　112

　故事没有完　　　　　　　　　　　　　　　　　　　　121

第三章　洋世界：沾染与对立 …………………………………………… 128

　西洋印象　　　　　　　　　　　　　　　　　　　　　129

　　洋烟歌 137

　　两个世界之间 146

　　屈辱与抗争：心态解读 157

　　红灯照：蒙昧时代的冲突 167

第四章　阿Q的年代 185

　　裂变中的社会 185

　　革命与辫子风波 199

　　物质的变迁 214

　　变与不变：女性的视角 232

第五章　动荡岁月 248

　　兵祸与匪患 248

　　道德的失落 270

　　贫民社会一瞥 284

　　流离之歌：南洋、西口与关东 303

第六章　吾乡与吾族 319

　　鬼子来了 319

　　苦难岁月 336

　　觉醒与抗争 347

　　两种不同的感受 364

第七章　乡村里的革命 376

　　灰暗的乡村 376

　　基层结构：劣绅政治 393

　　败落年代 402

　　翻身的日子 418

结　语　一点说明 441

附　录　本书征引歌谣出处 446

导言
属于民众的记忆

相信大家打开这本书的时候，多数人都会想起那首充满亲情的江南童谣：

> 摇啊摇，
>
> 摇到外婆桥，
>
> 外婆夸我好宝宝，
>
> 又有团子又有糕。
>
> ……

在这一刻，清脆的童声从耳边飘过，宛如初夏晨曦中一束明丽的阳光，透过河面的氤氲和树影的婆娑，照射进我们最深的那一层心田，恬静而温和地抚慰着我们的灵魂。

它让我们想起从前的日子，那种为我们的祖先世世代代重复，但却永远不曾写进历史教科书的日子。多少年了，我们在这种乡土温情中长大，又把这种温情传递给自己的后代。它延伸了我们的生活，也延伸了属于大众那绵长的记忆。

让我们走进民谣，打开这一段记忆。

以娱乐为主题：文学意义上的民谣

我们熟知的童谣，其实只是民谣的一部分。在一般的文学意义上，通常把流行于民间、由民众口耳相传的短篇韵文称做歌谣，其中能唱的是歌——诸如民歌、儿歌；另一类不能唱只能说的是谣——诸如民谣、童谣，童谣往往又被包含在民谣里。不过，需要说明的是，尽管我们可以给民谣下一个文学上的定义，但事实上，谣与歌之间经常很难划定一个具体的界限。

民谣可以被看成一种文学，但却不能用传统的文学经验来衡量它的长短——在传统的士大夫眼里，学术与文章或者是延续道统的载体，或者是经邦济世的工具，无意义的民谣显然不合乎这一标准。因此，一般读书人对于民谣，大多视之为鄙俚芜杂。曾经倡导了新乐府运动的大诗人白居易，把自己的诗歌定位为抒发民众与社会的疾苦，以贩夫走卒能够吟诵而欣慰，但即使在他耳中，乡野与市井之音也不是清雅可听的："岂无山歌与村笛，呕哑嘲哳难为听。"这里所表露的，不仅是知识阶层对民众文化的鄙薄态度，也反映出文人趣味与民众精神世界的隔阂。以知识传承者和创造者自居的士大夫，把劳心与劳力视为一道天然的沟堑，不屑于承认文人世界之外任何文化产品的价值，借此来维护他们对知识的垄断。在文人的话语霸权下，作为乡土社会朴素意识的民谣无从登上大雅之堂，只能长久地附着在街头巷尾，以其原始的形态作为民众生活的点缀，在岁月的侵蚀下循环往复地经历着自生自灭的轮回。

民谣并不是依据严格的文学规范打造出来的精神产品，也远非一种精致的和成熟的艺术。就文学角度而言，民谣讲求的主要是两点：趣味与音韵。民众在生活中任意撷取片段的内容，觉其琅琅上口，又满足了某种特定的情绪需求，就成为约定俗成的诵读词句。本性上追求趣味的民谣，是大众闲暇时的娱乐品。具备了趣味，也就具备了流传的基本条件。正如风雅唱和之作是文人的玩物一样，民谣事实上是民众的玩物。

清末民初，北京有一首以地名连缀而成的民谣：

> 东直门挂着匾，界边就是俄罗斯馆；
>
> 俄罗斯馆照电影，界边就是四眼井；
>
> 四眼井不打钟，界边就是雍和宫；
>
> 雍和宫有大殿，界边就是国子监；
>
> 国子监一关门，界边就是安定门；
>
> 安定门一甩手，界边就是交道口；
>
> 交道口跳三条，界边就是土地庙；
>
> 土地庙求灵签，界边就是大兴县；
>
> 大兴县不问事，界边就是隆福寺；
>
> 隆福寺卖葫芦，界边就是四牌楼；
>
> 四牌楼南，四牌楼北，四牌楼底下
>
>   喝凉水；
>
> 喝凉水，怕人瞧，界边就是康熙桥；
>
> 康熙桥不白来，界边就是钓鱼台；
>
> 钓鱼台，没有人，界边就是齐化门；
>
> 齐化门修铁道，南行北走不绕道。

——《北平歌谣》

把它看成是当时北京状貌的述说，自然可以。但仔细体会，它并不是要把这些地名展示给别人，不过是把人所共知的东西，串联成一段琅琅上口的韵文。

就其本性而言，民谣是一种无意识的娱乐，是个体或群体在无意识状态下自发生成的韵语。纯粹的民谣，很少会预设一个功利性的目的，绝大多数的民谣不是被"创作"出来的，而是在不知不觉间从生活中浮现出来的。它的形成和流传是如此自然，毫无做作之态，在人们还无从察觉之时，它就已经浸润到我们的生活之中。

对于民众而言，民谣是表达情趣最常用的工具，无所谓内容或者意

义，甚至也不需要具备基本的逻辑，只要有声调，读来顺口有趣，大家
喜欢吟诵就行。比如这首童谣：

一二三四五，我要学打鼓；

打鼓怕使力，要学织斗笠；

斗笠孔孔多，要去学补锅；

补锅难得铲，要去学补碗；

补碗难钻通，要去学端公；

端公难跳神，要去学女人；

女人要做鞋，要去学秀才；

秀才难教书，要去学宰猪；

宰猪宰不死，生了白胡子。

——《歌谣》卷二第十五期

诙谐与有趣　四川绵竹年画中的老鼠嫁女图。

——《中国民间年画百图》

4

民谣有其形成的场景和流传的条件，但与这种场景或条件往往只有简单的联系，甚至毫无关联：

> 天上一把镰，
>
> 下来是你娘。
>
> 天上一把刀，
>
> 下来卖切糕。

——《歌谣》卷二第二十期

正话反说是娱乐性歌谣中常见的一种形式，这种歌谣的吟诵就是为了带来愉悦：

> 听我来唱扯谎歌，
>
> 风吹石头滚上坡，
>
> 走时看见牛下蛋，
>
> 转来又见马长角，
>
> 四两棉花沉了水，
>
> 一副石磨漂过河。

——《中国歌谣集成》甘肃卷

又如下面这首河北歌谣：

> 忽听门外人咬狗，
>
> 拿起门来开开手。
>
> 拾起狗来打砖头，
>
> 又被砖头咬了手。

——《歌谣》卷二第八期

这种说颠倒话的歌谣，意义就在于有趣。民谣的娱乐性，主要就来自于它与生活毫无距离、真切生动而不乏诙谐的语言。有时，它会叙述一个有趣的故事：

一个老儿本姓顾，

夹袖夹的土机布，

手里提的麻油醋，

望见一个鹰捉兔。

飞掉鹰，溜掉兔，

少掉布，泼掉醋，

回去告诉老婆被她打屁股。

——《中国民歌千首》

"命里穷，注定穷，拾着黄金会变铜。"千百年来，中国民众虽然始终没有摆脱艰难困苦的生活，但这并不能扼杀生命本身对欢娱的追求。在劳作的闲暇，他们以游戏的态度看世间万物，人生纷纭，看自己，也看别人。这里有面对滑稽世相的戏谑与作乐，也有豁达中透出无奈的自嘲与幽默。

自嘲与嘲笑他人，是娱乐性民谣中最常见的内容：

做一梦，真可笑，

扛着铁锹跟镐头。

一出城，往南跑，

跑到荒郊野外，

又把土来刨。

一刨刨出元宝窖，

珊瑚子二丈高，

还有珍珠和玛瑙。

要置房，怕火烧，

要置地，怕旱潦。

要买人，怕逃跑。

要放账，没有人保。

思想南柯梦，

拿着黄竹竿烟袋当金条。

——《民间歌谣全集》

把自己作为嘲笑的对象，使人们能够暂时忘却生活的不如意，卸下生命所承受的重负，享受片刻的精神欢娱。实际上，这些自我嘲弄，从来都不是出自于个体的情感与经验，而是集体的共同体验，这正是它能够引起大众共鸣的心理基础。

以他人为嘲讽对象的民谣，尽管时而杂有鄙薄之意，但大体上也可用同样的眼光来看。比如对麻子、对秃子的嘲笑：

> 麻子麻一颗，
> 我是麻子的哥。
> 麻子麻一点，
> 我是麻子的爹爹。

——《歌谣》卷三第十二期

> 小秃子，上庙台，
> 拾个秃大钱，
> 买个秃烧饼，
> 秃子吃，秃子看，
> 秃子打架秃子劝，
> 秃衙门，秃板子，
> 单打小秃子屁股眼子。

——《歌谣》卷二第十二期

产生于乡土社会的民谣，其实并不一定需要意义，无论是自嘲，还是嘲弄他人，似乎更应该看做是无恶意的玩笑。正是在这些口头游戏里，民众得到了精神上的愉悦和心理上的放松，这使民谣成为他们日常生活中的一种调剂品。作为民间文学和大众精神生活的一种形式，民谣最重要的意义就在于它的娱乐性。

耤田图 天子亲耕以躬劝天下之农，是中国社会一项传统的仪式。

——王祯《农书》

民意与妖言：民谣与社会政治

在常态社会下，民谣作为民众的消闲品，流传范围局限于街巷里弄、田间地头，描述的内容大多是乡土社会的生活场景与情趣。但在民谣中，也有相当一部分是反映社会与时政的内容。换句话说，民谣也有它的政治意义，表达对政治的感受与好恶，始终是民谣不可或缺的一个属性。这种政治性的民谣，也可以看成是民众对社会政治事务一种特殊的干预方式。

在传统中国社会中，皇权与小农社会是对立的。社会政治权力掌握在君主及其代表——官僚集团手中，君权得之于上天的赐予，与大众毫无干系。"民可使由之，不可使知之"，作为被统治者的普通民众，绝无参与政治和社会事务的权利。

不过，君权神授虽然被奉为最高法则，但经验与理智也使统治者意识到，与天意相比，民意更为重要。人心的向背，事实上是王朝命运唯一的决定力量，所谓"水可载舟，亦可覆舟"，正表达了这样的认识。基于"民为邦本"的观念，历朝历代的统治者虽然治理手法各异，但至少在表面上，都相当一致地标榜他们对民意的尊重。正是从这个视角出发，乡土社会的民谣被上层社会看做是民众的政治意愿，成为统治者施政的参考。周王朝有采诗以观民风的说法，就是通过采集民间歌谣，将民情上达于王或天子，作为观察王朝是否"失德"、调整政治的依据。"采诗"之说是否确实姑且不论，但从中却不难看出歌谣与政治之间的某种联系。

在对中国历史的研究中，我们往往不假思索地把传统的政治权力与处于被统治地位的民众的情绪视为理所当然的对立关系。然而，这样一种认识"范式"在逻辑上并不严密。事实上，事情远比我们想象得要复杂。对于窳败的政治，民众会以包括民谣在内的各种方式给予谴责，而对于清明的政治，人们也会以同样的方式进行颂扬。汉朝初年，萧何为相，治理得法，为民众所接受。此后曹参继任，不变成法，当时社会有谣谚谓：

> 萧何为法，讲若划一。
> 曹参代之，守而勿失。
> 载其清净，民以宁一。

> ——《歌谣》卷三第十三期

东汉有廉范者到成都一带做官，当地先前为防止火灾，禁止老百姓夜里劳作。廉范到任后，取消这一禁令，同时令百姓储水以防范，百姓称便，有谣谓：

> 廉叔度，来何暮，
>
> 不禁火，民安作，
>
> 平生无襦今五绔。
>
> ——《古谣谚》卷六

宋朝光化县知县叶康直治理地方有方，为百姓推许，当地民众歌曰：

> 叶光化，丰谷城，
>
> 清如水，平如衡。
>
> ——《古谣谚》卷十三

明朝人周斌在江阴有德政，民间歌颂他：

> 旱为灾，周公祷之甘露来；
>
> 水为患，周公祷之阴雨散。
>
> ——《古谣谚》卷十四

明人方克勤曾任济宁知府，民众赞曰：

> 孰罢我役，使君之力；
>
> 孰活我黍，使君之雨；
>
> 使君勿去，我民父母。
>
> ——《古谣谚》卷十四

在严苛的专制政治时代，被剥夺了政治权利的民众，其政治理想集中体现在对"清官"的向往上。某些恪尽职守的官员能够得到清廉与体恤百姓的好名声，一定程度上表明了民众在既有体制内对政治的某种认同。反之，对于违背自己意愿的政治，民众则以歌谣讥讽抱怨，发泄其不满。西汉末年，政治混乱，赤眉起义爆发，王莽派太师王匡、更始将军廉丹领军镇压，其间官军的残害更过于赤眉，百姓苦不堪言，民间遂称：

> 宁逢赤眉，不逢太师；
>
> 太师尚可，更始杀我。

——《古谣谚》卷五

王莽主政时期，官场污浊，任用非人，甚至厨丁庖人也能弄个一官半职，长安有谣谓：

> 灶下养，中郎将；
>
> 烂羊胃，骑都尉；
>
> 烂羊头，关内侯。

——《古谣谚》卷六

汉朝选拔官员有一种察举制度，由各地选送秀才（才华优秀者）、孝廉（孝子、廉洁之士）任以官职。但各地官员出于私心，滥保滥举，由此选拔出来的所谓"人才"乃成为天下笑柄，桓灵帝时一首民谣称：

> 举秀才，不知书。
>
> 察孝廉，父别居。
>
> 寒素清白浊如泥，
>
> 高第良将怯如鸡。

——《抱朴子·审举篇》

秀才不知书，孝廉不尽孝，有清白之名的官员其实昏庸贪劣，所谓的良将没有一点胆量。这种嘲讽正可见民众对当时政治的一般印象。

南朝宋时一位名叫王玄谟的官员，为人严苛，而名为宗越的将军更为酷毒，士兵有谣：

> 宁做五年徒，莫逢王玄谟；
>
> 玄谟犹自可，宗越更杀我。

——《古谣谚》卷九

　　此类歌谣，常见于政治黑暗与社会动荡时代。在这样的社会环境下，民众往往承受着难以忍受的苦难，歌谣就是他们发泄内心不满、进行政治控诉的工具。明朝正德年间，川蜀一带有童谣把强盗与官军同等看待：

　　　　强贼放火，官军抢火，

　　　　贼来梳我，军来篦我。

　　　　　　　　　　　　——《古谣谚》卷二十二

　　这首童谣在后世还出现过多种版本。同样在明朝，奸臣马士英擅权，滥封官职，官员数量大增，成为百姓讥笑的对象：

　　　　职方贱如狗，

　　　　都督满街走。

　　　　　　　　　　　　——《古谣谚》卷十二

　　胡适曾经提到明朝末年的一首歌谣。这种发自内心的控诉，比出自任何文人之手的檄文都来得有力：

　　　　老天爷，你年纪大，

　　　　耳又聋来眼又花，

　　　　你看不见人，听不见话！

　　　　杀人放火的享着荣华，

　　　　吃素看经的活活饿杀！

　　　　老天爷，你不会做天，你塌了吧！

　　　　你不会做天，你塌了吧！

　　　　　　　　　　　　——《歌谣》卷二第二期

　　对黑暗世道的讥讽和指斥，表达了某些时代民众的不满情绪，但仍然属于常态下的民谣。在特定的政治环境和社会情绪下，民谣往往又会以变态的形式出现，从一种边缘文化资源突变为政治的幽灵，这就是士大夫阶级所谓的"诗妖"。这种以神秘主义气息为特征的歌谣，在崇拜神权与普遍迷信的时代，被看做是政治或人物命运的预兆，令心怀异志者为之激动，当政者为之疑惧，并因此进入正统史学家的眼中，成为他们说明王朝更替的注解。今天可见的历史文献中的民谣，相当数量属于这一类。

"君炕阳而暴虐，臣畏刑而箝口，则怨谤之气生，发于歌谣，故有诗妖。"《汉书·五行志》的说法，把政治的昏虐与"诗妖"的流行联系在一起，说明了民谣转变为政治咒语的原因。"诗妖"或者"谶谣"，往往出现在旧王朝覆亡前的混乱年代。反叛者利用谣谚的形式，编造神秘的乩语，以此来制造出社会心理、情绪上的动荡，掀起推翻旧王朝和旧政治的风暴。对于相信命运由神秘力量主宰的民众而言，这类歌谣就是行动的指南，变乱一旦发生，他们往往成为自觉的响应者。

正因为如此，在传统的社会政治动员中，民谣始终充当了重要的角色。当陈胜、吴广在大泽乡发动前往戍边的人们叛乱时，他们就已经知道用鱼腹书挑动众人的不满情绪。东汉末年黄巾军起义前，起义的组织者张角编造出下面这则著名的谶谣，经过弟子广为散布，成为他们向统治者宣战的口号：

> 苍天已死，
> 黄天当立。
> 岁在甲子，
> 天下大吉。

——《后汉书·皇甫嵩传》

元朝末年，由于黄河决口，大量民夫被征派治河，白莲教首领派遣会众掺杂其中，并在黄陵岗工地预先埋下了一只眼的石人，随即散布谶谣称：

> 石人一只眼，
> 挑动黄河天下反。

——《元史·河渠志三》

当石人真的被民夫挖出来后，一场战争也就开始了。

这类谶谣在历史上十分常见，原因就在于，当忍无可忍的人们或被动或主动地走上反叛之路时，他们都需要找到一种文化资源作为号召和鼓动的手段。在这类可利用的资源中，被排除在正统社会文化系统之外的民谣具有特殊的价值。民意与政治的直接贯通，使民意成为统治者和反叛者都要争夺的对象。推翻违背民众意志的无道王朝被认为理所当然，而被视为象征民意的歌谣，也就成为造反者批判旧秩序、确立自己正统地位的舆论工具。由于统治者政治上的无能和腐败，王朝所标榜的正统观念在这样的时刻往往受到社会普遍的怀疑。民众对现实政治的逆反心理，为"异端"思想的浮现乃至与正统观念的换位提供了契机。在这种情况下，边缘文化与信仰就会异军突起，向正统文化观念发起挑战。

东汉末年，董卓当政，民怨沸腾，有童谣谓：

> 千里草，何青青，
>
> 十日卜，不得生。

——《歌谣》卷三第十三期

"千里草"合起来是一个"董"字，"十日卜"合起来则是"卓"字，民众以"董卓不得生"表达他们的不满。不久，董卓果然暴尸街头。

王莽篡汉，一改百姓用惯的五铢钱，而代以十分复杂的币制，割据四川的公孙述废铜钱，行铁钱，四川有童谣谓：

> 黄牛白腹，
>
> 五铢当复。

——《古谣谚》卷六

东汉建立后，果然重新恢复了五铢钱。

宋徽宗时，章惇、蔡京、蔡卞等人当权，满朝上下阿谀成风，民间以歌谣诅咒说：

> 二蔡一惇，必定沙门；
>
> 籍没家财，禁锢子孙。
>
> ——《古谣谚》卷二十一

又有咒童贯、蔡京者：

> 打破筒，泼了菜，
>
> 便是人间好世界。
>
> ——《古谣谚》卷六十二

被诅咒的这些人当然也没有得到好下场。

这些所谓应验的歌谣，用今天的眼光来看，其实都能找到合理的解释。但对那个时代的人们而言，却是谶谣实效的明证，即使是统治者也不能不为之惊惧。晋朝哀帝曾定"隆和"为年号，其时民间有谣谓：

> 升平不满斗，隆和哪得久；
>
> 桓公入石头，陛下徒跣走。
>
> ——《古谣谚》卷八

"升平"是晋哀帝之前穆帝的年号，穆帝死于升平五年，"不满斗"就是指此而言（一斗十升，"不满斗"即不满十年）。这话传到朝廷后，因为忌讳，就把年号由"隆和"改为"兴宁"。民间又有歌曰：

> 虽复改兴宁，亦复无聊生。
>
> ——《古谣谚》卷八

巧合的是，哀帝不久果真死去，这两句歌谣就真有些谶语的味道了。

十六国时期，前秦苻坚即位之初，据说有民谣：

> 阿坚连牵三十年，
>
> 后若欲败时，
>
> 当在江湖边。
>
> ——《古谣谚》卷八

符坚在位三十年，一度统一北方，后出兵攻打东晋时，在淝水之战中大败。这被看做是一首应验的歌谣。其时又有歌谣谓：

> 河水清又清，
> 符坚死新城。

——《古谣谚》卷八

据说符坚听到这两句民谣后，每次出兵，都要告诫部下避开名为"新城"的地方，但最终他的死地还是名叫新城。

《晋书·天文志》云："凡五星盈缩失位，其精降于地为人。荧惑降为童儿，歌谣嬉戏，吉凶之应随其象告。"在古人看来，这些谶言性质的童谣代表着天意，因而具有不可违抗的权威性。这套理论并无依据，但在历史上却为人深信不疑。不仅君主们相信，社会各色人等几乎都不曾怀疑。利用这一点，政治异己力量往往编造出种种谶谣，既为自己的行动制造舆论，同时也陷对手于恐慌。"初唐四杰"之一的骆宾王据说就为他人作过伪谣。当时徐敬业图谋反叛武则天，拉拢中书令裴炎共同起事，令骆宾王筹划。骆宾王编了这样一首歌谣：

> 一片火，两片火，
> 绯衣小儿当殿坐。

——《古谣谚》卷九十三

"两片火"是一个"炎"字，"绯衣"是"裴"。这首歌谣传开后，裴炎以此请教于骆宾王，骆宾王当下北面而拜，称其为真人。裴炎果真以为自己有"当殿坐"的命相，不久与徐敬业等人合谋，准备在都城内响应起事。这次反叛并未成功，被人告密后，裴炎为武则天所杀。

还是在唐朝，一位陇西郡王董昌图谋取天下而代之，有山阴老人献伪谣曰：

> 欲识圣人姓，
> 千里草青青。

> 欲知天子名，
>
> 日从日上生。

——《新唐书·董昌传》

"千里草青青"是一个"董"字，"日从日上生"为"昌"，这位山阴老人编的歌谣太过直白，未见高明，但揣摩他人的心理倒是独具匠心。

明末农民起义时期，有这样的民谣：

> 朝求升，暮求合，
>
> 近来贫汉难存活。
>
> 早早开门拜闯王，
>
> 管叫大小都欢悦。

——《古谣谚》卷八十八

据说这首歌谣是李自成的谋士、举人出身的李岩所编。

这类蛊惑人心的谶谣既不能太过高深，也不能过于直白，编造起来还要费一点心思，显然不会出于贩夫走卒之类的普通民众之手，而只能记在文人的账上。如此看来，所谓的"造谣"，发明权多半应该归于文人。

一直到民国时代，这类预言式的谶谣还有出现。袁世凯帝制失败时，一首歌谣谓：

> 乌龟辫，打红线。

——《歌谣》周年纪念增刊

"乌龟辫"的意思是指刚能编起的辫子，形如乌龟尾。而好事者将其附会，称"乌龟"指蔡锷，"辫"则为"变"，"红线"为"洪宪"——这是袁世凯为他的帝国拟定的年号，但未来得及使用。这种解释的牵强，是一眼就能看出的，但在当时仍有不少人信以为真，可见此类歌谣在民众心理上的位置。

文人伪造歌谣，多有政治目的，不过偶尔也有例外。《坚瓠集》中说，武进人翟永龄要到南京去，苦于没有盘缠，便想出一个手段。他买了很多枣子，每到一处市墟，便招呼群儿，分给各儿一掬，教他们念这样一首歌谣：

> 不要轻，不要轻，
> 今年解元翟永龄。

一路如法炮制下去，童谣载道，借小儿之口，这位穷书生的名字很快广为人知。天定的未来科考解元，谁不想跟他套近乎、拉关系？沿途各地人众纷纷打听他所居旅店，拜访馈赠，这位翟永龄竟借此发了一笔财！实在绝妙。

作为教化的工具：民谣与文人

在社会原野中生长出来的民谣，无法辨寻出一个明确的创制者。即使最初有一个具体的作者，这些作品在随后的流传中，也因为不同地域、不同时代的种种元素的加入，使得作者的身份变得十分模糊了。因此，总体上说，我们很难将民谣视为某一个人的创作，它事实上是大众共同的作品。

文以载道，诗以言志，歌以抒怀，剧以寄情，这是文人眼中的文学。但正如我们已经指出的，正统文学的这种意义，并不是民谣必须具备的元素。相当数量的民谣其实并无意义，对文人而言，这无疑是对"诗教"标准的背离。文人意识与民众情趣之间巨大的距离，使得文人对民谣的理解颇有点歪批三国的意味。

顾颉刚在《吴歌小史》中说道，明朝昆山人叶盛曾记载了当时的一首吴歌：

月子弯弯照九州？

几家欢乐几家愁？

几家夫妇同罗帐？

多少飘零在外头？

这首歌之所以能够录入士大夫的著述，如记载者所称，是因为它"可为警劝"。

文人们以这种意识观察民间歌谣，实则无从把握其本意。在顾氏提到的例子中，稍后于叶盛的太仓人陆容在其著作中有这样的一段：

吴中乡村唱山歌，大率多道男女情致而已。惟一歌云：

南山脚下一缸油，姊妹两个合梳头；大个梳作盘龙髻，小个梳作扬蓝头。

不知何意。朱廷评树之尝以问予，予思之。翌日报云："此歌得非言人质所业本同厥初，惟其心之趋向稍异，则其成就遂有大不同者，作如是观可乎？"树之云："君之颖悟过我矣！作如是观，此山歌第一曲也！"

金玉满堂 民众的祈望。
——《杨柳青年画》

共乐升平得利图 三教九流各谋其业，共享太平盛世。

——《桃花坞年画》

　　一首其实并无任何特别意义的歌谣，腐儒们苦思之后，竟从中看出了如此的大道理，可见士大夫的观念实在过于死板，简直到了不可理喻的地步。其实，这首歌谣一直流传到近世，而且有多种版本。如：

> 高高山上一碗油，
>
> 姐三赛梳头；
>
> 大姐梳个研龙髻，
>
> 二姐梳个看花楼，
>
> 剩下三姐没的梳，
>
> 梳个狮子滚绣球。

——《民间歌谣全集》

　　民俗学家钟敬文曾提到清代文人对一首广东歌谣的解说，歌谓：

> 大姐大，
>
> 分明大姐大三年；
>
> 担凳井头共姐坐，
>
> 分明大姐坐头边。

　　这首民谣描述了一个姐妹并坐的场景，并无特殊意义，但文人们的解说词却是："言女嫁失时也；妹自愧先其姊也。"（《歌谣》第六十七号）意思是说，妹妹出嫁在姐姐前头，因此感到惭愧。如此解读，真令人啼笑皆非。

　　文人经验的狭隘，导致了他们对民谣的误读，但历史上的民谣变成文字保存下来，却不能不说是文人的功劳。在文人的记录活动中，几乎

演剧迎神　演剧迎神既是宗教活动，也是民众自我娱乐的机会，在文人眼里，自然被视为怪力乱神。

——《绣像小说》

可以肯定地说，民谣得到过他们的润色和加工。尽管士大夫阶级的志趣与大众有着明显的距离，但鲜活而生动的民谣也确有打动他们的时候。知识阶层经常有意识地模仿或利用歌谣的形式写诗作歌，也使民谣的某些元素得以在正统文学作品中表现出来。与此同时，文人也借民谣这种形式，把他们的观念和意识散发到下层社会。

岭南一首歌谣称：

> 桴鼓猛响，战死沙场，血肉飞扬。
>
> 欲博封侯望，劝君休妄想！
>
> 请君细思量，试看看有多少名将，战死在沙场。
>
> 鸟死良弓藏，慈母倚闾望，还有闺中望夫郎。
>
> 得归故乡，早归故乡，何苦替人忙？
>
> 欲博封侯望，劝君休妄想！
>
> ——《民间歌谣全集》

用亲情打动沙场的士兵，劝他们早还故乡，过自己本分的生活。从这首歌谣的用词和情绪来看，很难说它是普通民众的作品，更像一个失意的读书人对所谓千秋功业的感悟。尽管它多少能映照出普通民众的人生观念，但显然掺杂了文人常见的看破红尘的情绪。

岭南一首规妇谣是：

> 勤俭淑娘，鸡啼起床，
>
> 梳头洗面，担水满缸，
>
> 后煮茶汤，灶头锅尾，
>
> 光光昌昌，煮好饭子，
>
> 将将天光，早早食饭，
>
> 洗净衣裳，上山采樵，
>
> 急急忙忙，淋蔬种菜，
>
> 蒸酒熬浆，纭纭绩绩，
>
> 不离间房，针头线尾，

积在笼箱，伶伶俐俐，

老实衣裳，有鱼有肉，

口不敢尝，煮得好好，

敬奉爷娘，爱惜子女，

如肝如肠，仔细办米，

无谷无糠，人客来到，

细声商量，灰卵鸭蛋，

浸豆腌姜，欢欢喜喜，

检出家藏，不说是非，

不好排场，担柴卖米，

不怨爷娘，不嫌丈夫，

肚饥上床，这等妇道，

真真贤良，有人学此，

获福无疆。

——《民间歌谣全集》

　　围绕日常生活，对家庭女性成员——具体对象是媳妇——提出的种种劝诫，可谓十分苛细。说来说去，都是要她们遵守"贤良妇道"。不过，这类女性生活规范很难认定是民众的约定，大概只是以理学自居的乡村老学究眼里的妇道。

　　知识阶层对所谓"怪力乱神"的排斥，使他们的模仿之作不大容易与民众的作品走同一条路线。明人吕新吾曾作《演小儿语》一卷，系采用北方童谣加以修改，作为"训蒙"之用。据周作人研究，这些童谣虽然经过改作，但还保留了一些原来的语句。试举几例：

盘脚盘，盘三年。

降龙虎，系马猿，

心如水，气如绵，

不做神仙做圣贤。

笑和尚，笑迷痴，
家家供香火，日日笑嘻嘻。
三界十方谁看管，
多少愁眉和泪眼，
只闻一个向隅声，
那计悲心作笑脸。
但叫四海多欢欣，
大家一笑满乾坤。

指星星，千万点，
天上奄扑扑，地下黑黢黢。
何如日月只一轮，
光明四照满乾坤。

鼻子头，忒较量，
一寸房中筑界墙。
我欲四合藩篱都折破，
上下四方只一个。

笤帚秧，笤帚秧，
直干繁枝万丈长。
上边扫尽满天云，
下边扫尽世间尘。
中天日月悬双镜，
家家户户都清净。
不怕六合扫不了，
且向自家心上扫。

依周作人的推测，这些童谣的上半部分，至少是开头的两句，都是原语，吕氏改写的应该是后面的句子（《歌谣》第十二号）。仔细揣摩，这一见解确实不无道理。乡间小儿的顺口溜，在文人笔下被赋予了承载"大道"的功用，文人的民谣观念，由此也可见一斑。

再看下面的几首：

> 江边来了一只船，
> 一人掌舵一人牵，
> 问他走了多少路？
> 他说走了有八千。
> 八千里，真是远，
> 狂风怪浪真危险。
> 多危险，也容易，
> 只要齐心和努力，
> 哪怕万里过不去！
>
> ——《歌谣》卷二第二十期

> 满天雪，飞下来，
> 有个樵夫去打柴，
> 手也裂，脚也冻，
> 肩上的担儿又沉重。
> 我笑樵夫太贫苦，
> 樵夫回头向我言：
> "世上事，无贵贱，
> 讲道理，凭能干；
> 口口要吃良心饭，
> 便是一个英雄汉。"
>
> ——《歌谣》卷二第二十期

> 白米饭扑鼻香，

> 我下南洼去栽秧；
>
> 自己吃饭自己挣，
>
> 不借旁人半点光！
>
> 先有苦后有甜，
>
> 为人一生莫畏难！

——《山东歌谣集》第一册

对儿童的督导，不脱教化的习气，使这几首歌谣留下了明显的文人意识痕迹。虽然我们不能确切地证实它们是否为文人附会之作，但就常理推断，这类歌谣可能出自文人之手。在文人看来，民谣是鄙俚之词，但却是一种现成的教化工具，对民谣加以改造，为民谣赋予一定的劝勉意义，使之具有承载大道的功能，就成为理所当然的事情。如此一来，在民众精神世界中浸淫发育的民谣，又涂抹了主流意识的色彩，成为社会精英阶层有意识引领民众的工具。思想与社会在某种程度上的结合，使民谣成为社会思想分析的一个范例性文本。

文人以民谣为教化工具，未免背离了民谣的本意，但这并不意味着来自民间的纯粹的民谣毫无教化的功用。事实上，民众对生活哲理的总结往往也会通过民谣这种形式表现出来。它们是普通民众的生活寓言，是乡土社会经验的集合，也是承载乡村哲学、进行自我教化的工具：

> 浴不必江海，要之去垢；
>
> 马不必骐骥，要之善走；
>
> 士不必贤也，要之知道；
>
> 女不必贵种，要之贞好。

——《古谣谚》卷三十六

这里所体现的，是中国民众实用主义至上的生活态度，也是他们千百年生活经验的理性总结。同样，对人情世故的理解，也透露出他们特殊的参悟心得：

　　以势交者，势尽则疏；

　　以利合者，利尽则散。

——《古谣谚》卷三十六

又如：

　　马骑上等马，

　　牛用中等牛，

　　人使下等人。

——《古谣谚》卷六十三

　　意思是说：马上等能致远，牛中等善良，人下等易驯，若其聪明过于自己，则我反为所使。此类人生箴言，在中国社会可谓屡见不鲜。

　　几千年经验的积累，使中国民众形成了自己的生活哲理。他们以吃苦耐劳、勤俭节约、老实本分、和睦孝敬等作为基本的做人规范，并总结出了一套持家与生活的诀窍。一首岭南民谣这样说：

　　勤俭阿叔，买田做屋；

　　赌博赖子，卖妻卖子；

　　好食烟酒，身家不久；

　　老老实实，自有衣食；

　　咒骂爷娘，雷打脑浆；

　　心肝学好，报应自早；

　　偷人东西，捉到失礼；

　　钱当泥沙，一定败家；

　　兄弟和气，父母乐意；

　　老婆面前，莫吐真言；

　　假精学雀，老来落寞；

　　后生食粥，老来享福。

——《民间歌谣全集》

这些民谣，实际上是民众传承自身经验的工具。当然，民谣的教化意义，毕竟不同于《三字经》、《百家姓》、《千字文》、《千家诗》等启蒙读本的知识传授，也不同于《圣谕广训》之类的政治宣讲，它所教化的内容是乡土社会的人生观念、社会道德、生活态度，日积月累的民众生活经验，以民谣这种方便形式一代一代地延续和传递，转化为对个体或群体人生的劝勉。比如：

> 家中有个啰唆虫，
> 管保一世不受穷。
> 不听老人言，
> 饥荒在眼前，
> 老人口内有福田。

——《重修汝南县志》卷十一

在一个重视经验和理性的社会，对年长者经验的尊重，自然是重要的教诲。此类教导，在中国社会妇孺皆知。

教化可以用彰善瘅恶的方式出现。劝人勤勉是这类民谣常见的内容，不妨看一首浙江民谣的讲述：

> 曹家堡有个曹阿狗，
> 田买九亩九分九厘九毫九。
> 上种红菱下种藕，
> 田塍边里排葱韭，
> 河磡边里种杨柳，
> 杨柳高头延扁豆。
> 大儿子，又卖红菱又卖藕，
> 第二儿子卖葱韭，
> 第三儿子打藤斗，
> 大媳妇，赶市跑街头；
> 第二媳妇净菜戽水跑河头；

第三媳妇劈柴扫地搬碗头。

——《中国民歌千首》

如此红火的家庭生活场景，为人们树立了一个现实的榜样，眼热心动之余，人们何尝不会以之作为自己的目标呢？

一首同样劝人在土地上用功的山西民谣则是：

> 早些起，早些起，
> 早些起来做活计。
> 东地犁，西地挖，
> 每亩麦子打他十来石。

——《歌谣》第三十二号

正面的论理和讲解，是劝勉式民谣的一种形式，但并不多见。更多的时候，这类民谣采用的是讽喻方式。通过对某一现象、某一类人的讥笑和嘲讽，以引起大家的警觉，起到劝诫的效果。这些讥讽不良行为的民谣，内容之生动与鲜活，为正统教化文字远不能及。比如对不孝之子的嘲讽：

> 麻野雀，尾巴长，
> 娶了媳妇忘了娘。
> 娘说话狗臭屁，
> 媳妇说话心中意。

——《民间歌谣全集》

一个爱睡觉的懒大嫂则是这般形象：

> 懒大嫂，懒大嫂，
> 起来又睡倒；
> 听见门外卖糖糕，
> 披上衣裳往外跑。

——《歌谣》卷三第八期

把媳妇捧在手心的丈夫：

> 哥哥哥哥生得狂，
>
> 买个包子袖里藏。
>
> 进了门，把头低，
>
> 叫声惠芬我的妻：
>
> "给你个包子压压饥，
>
> 大嘴马牙赶忙吃，
>
> 不要叫妹妹来了要笑你！"

——《歌谣》卷二第三十期

好酗酒、好打老婆的男人：

> 羊屎蛋，亲哥哥，
>
> 打黄酒，咱要喝，
>
> 喝醉酒，打老婆，
>
> 打死老婆怎样过，
>
> 引上孩儿唱秧歌。

——《歌谣》第十七号

　　显然，真正的乡土民谣尽管也有劝诚与教化的意义，但无论形式还是语言，都与"文人的歌谣"保持了一定的距离。尽管文人们试图缩小这种距离，但我们依旧很难认定他们已经真正走进了民众的精神世界。也许可以说，思想与社会、知识阶层与大众百姓之间的距离可能不如我们想象得那样远，但也绝不会像我们想象得那样近。它提醒我们，在对民谣的理解中，时时要注意调整自己的视角。

还原大众精神：民谣与历史重构

　　在中国正统的知识积累中，文人阶级对话语权力的垄断，使占人口绝大多数的底层民众始终处于集体的"失语"状态。由文人所构筑的社会文化体系，事实上排除了普通大众的参与。在精英文化的掩盖下，民众的精神活动只能处于整个社会文化系统中的边缘地位。大众普遍性的失语，使我们的文化传统体现为极少数社会成员思想片段的串联。即使是今天，我们仍然习惯于从那些思想家和大人物所留下的片言只语中去寻绎历史的线索，而无视对普通民众的生活方式与精神世界的解读。

这里的原因可能是多方面的，但其中一点毋庸置疑，那就是文人阶级在累积知识的过程中，受到了自身感受范围的局限。他们不屑于将大众生活面相纳入历史的范畴，更无从总结他们的精神体验。当我们今天面临历史知识的重构任务时，弥补这一缺憾，就成为不得不完成的一个课题。

显然，我们必须转向，寻求解释历史的新资源。

民谣就是这样一种资源。

作为重构历史的一种资源，民谣最大的价值在于它的真实和生动。尽管文人对民众生活的记录也不无意义，但在乡土社会中自由流淌的歌谣比任何文人的描述都更为鲜活和真切。不妨读一读下面这首著名的民间歌谣，相信任何文人都不能"制造"出这样的作品：

> 小白菜儿呀，地里黄呀！
>
> 三岁两岁，没有娘呀！
>
> 好好跟着爹爹过呀！
>
> 就怕爹爹，续后娘呀！
>
> 续了后娘，三年整呀！
>
> 生个弟弟，比我强呀！
>
> 弟弟吃肉，我喝汤呀！
>
> 拿起饭碗泪汪汪呀！
>
> 亲娘想我一阵风呀！
>
> 我想亲娘在梦中呀！

河里开花河里落呀！

我想亲娘谁知道呀！

想亲娘呀！想亲娘呀！

白天听见蝈蝈叫呀！

夜里听见山水流呀！

有心要跟山水走呀！

又怕山水不回头呀！

———《民间歌谣全集》

民谣对探讨民众生活的另一层意义，在于它对各种具体场景与细节的描述，这是正统历史中无法看到的。这种细节未必是真实生活的完整复述，但却与生活本身保持了最紧密的距离和最合理的关系，使我们得以体会生活本身的鲜活与斑斓，比如这首北京歌谣：

大小姐，刚十六，

红袖子大袄绿挽袖；

婆婆看见就要娶，

公公看见下大礼；

下得大礼四角六，

大马拴在墙头上，

小马拴在庙门上，

鞭子挂在花枝上；

庙门对庙门，

单娶一个小俊人；

不搽官粉自来俊，

搽上官粉爱死人。

———《民间歌谣全集》

与大众生活紧密关联的民谣，若隐若现地存在于社会的每一个角落，在民众随意吟诵、篡改乃至遗忘中，记录着群体的喜悦与哀怨、自得与黯然，以粗粝的方式呈现了中国民众的生活本相，表达着他们的价值观念、伦理信仰、行为方式、生活态度，折射出时代与社会的变迁。它所蕴涵的信息，不仅有助于我们对千百年来民众生活形成真实的观察印象，也可以使我们更接近原始状态下的民众精神世界。在流传于江苏的这首《十拜观音》歌中，我们可以听到民众的祈愿：

> 一拜观音要修九十人家做子孙，
> 二拜观音要修夫妻和睦过光阴，
> 三拜观音要修三顿茶饭有余零，
> 四拜观音要修四季衣衫件件新，
> 五拜观音要修父母俱全过光阴，
> 六拜观音要修传男育女仍要拜观音，
> 七拜观音要修十楝高楼八楝厅，
> 八拜观音要修库里金银用斗量，
> 九拜观音要修九世九孙多富
> 贵——富贵荣华福寿增，
> 十拜观音要修好亲好眷好乡邻。

——《民间歌谣全集》

　　俗语谓："无事不登三宝殿。"在一个农业社会中，没有什么比求得现世的美满生活更为重要。家庭和睦、子孙满堂、衣食有余、面子光鲜、荣华富贵，映照的是普通大众的生活理想，也验证了中国民众对宗教的功利心态。

　　知天认命是中国社会最常见的民众心态。在无法抗拒的自然力面前，民众只能承认，人间一切都是上天的安排，今生处境是前世所定，抗命不从没有出路，所谓命中有时终须有，命里无时莫强求。在一代一代的延续中，这种信念成为十分强固的人生箴言：

> 一家有财没儿子，
> 一家有子少吃穿，

南海观音 菩萨心肠的南海观音得到大众的拥戴。

——《三才图会》

有财没子皆由命，

有子没财莫怨天。

恶恶恶，善善善，

愚愚愚，贤贤贤，

都是阴功修在前。

知命君子随时过，

一日无事一日仙。

——《邯郸县志》卷六

又谓：

> 聪明伶俐常受贫，
>
> 老天说他好哄人；
>
> 痴痴傻傻人怎富，
>
> 老天说他没门路。

——《邯郸县志》卷六

安命哲学在中国有深厚的影响，在以农为本、以专制为本的社会中，民众在经济上受制于自然——吃饭靠上天的恩赐，在政治上则受制于王权——君主统摄一切，剥夺了他们表达自主意识的权利，因此，安天知命成为中国民众的主流情绪。民谣对这种人生观作了最浅近和形象的表达：

> 有菜别嫌淡，
>
> 有驴别嫌慢，
>
> 有肉别想酒，
>
> 有妻室别嫌丑。

——《庐龙县志》卷十

在广东潮州，一首劝人知足的歌谣是：

> 一时肚中饥，
>
> 想食溪中个鱼鲜。
>
> 买到珍馐共百味，
>
> 又愁闺房无娇妻。
>
> 生到五男又二女，
>
> 又愁无业做根基。
>
> 田处买到几千百，
>
> 又愁白役被人欺。
>
> 不觉做到知府职，

> 又愁官微怕上司。
>
> 不觉做到宰相位，
>
> 又愁无子来登基。
>
> 人生知足未为足，
>
> 不如骑鹤飞上天。
>
> ——《民间歌谣全集》

有了美食思娇妻，有了娇妻思儿孙，有了儿孙思家业，有了家业又对自己的平民身份（白役）发愁。即使是做了官，做了宰相，也意犹未尽。人生追求永无尽头，又何必自寻烦恼呢？

> 人心勿知足，
>
> 有得五谷想六谷。
>
> 人心勿知安，
>
> 做得皇帝想修仙。
>
> ——《绍兴歌谣》

知足者常乐，表明农人对自我角色的接受，也透露出他们在千百年经验积累中形成的人生价值观念。我们从这里看到的，正是农业社会的生活心态：

> 人家赶集，我也赶集。
>
> 人家骑马我骑驴，
>
> 回头看见推车汉，
>
> 比上不足比下有余。
>
> ——《北平歌谣》

在这种心理支配下，中国民众多数时候承认自己在现实社会中的地位，对现实的善恶标准表现出顺从的态度，甚至将其变为对自我的教化：

> 善善善，要你善，若是不善，京中哪有大官员。

恶恶恶，要你恶，若是不恶，哪有犯人坐牢狱。

做做做，要你做，若是不做，田地房产哪里有。

懒懒懒，要你懒，若是不懒，街上哪有死讨饭。

——《绘图童谣大观》

民谣对于还原大众精神生活的意义，也许不在于它与知识阶层相一致的那些"箴言"和意念。恰恰相反，今天我们更应该注重的是它的另一面——即有别于知识阶层的那些社会心理与精神趋向。长久以来，我们在自觉不自觉中，以对士大夫阶级理念的阐释替代了对民众精神的解读，而多少遮蔽了民众的真实情感。事实上，民众有民众的生活方式和生活态度，有自己的伦理与价值观念，依我们今天对民众生活的有限了解，虽然还不足以在二者之间划出一条清晰的界限，但我们显然不能忽略这两个世界的差异。

这样的例子在民谣中有很多。以读书入仕为例，"学而优则仕"提供了传统中国社会由下层向上层流动的唯一正当途径，也得到了相当多社会成员的认同。比如河南洛阳教导读书郎的这首童谣：

月奶奶，白亮亮，

开开后门洗衣裳。

洗的白，洗的光，

打发哥哥上学堂。

读四书，念文章，

红旗绿旗插到咱门上，

你看排场不排场。

——《歌谣》第三十四号

以孝为先，立志读书，光耀门庭，是中国社会对子弟最普遍的教诲：

孝顺父母不怕天，

不怕王法不怕官；

发奋读书游泮水，

今日学生异日官。

——《歌谣》卷二第十五期

　　这类引导式说教的大量存在，使我们很容易忽略传统乡村教育的那些细节。事实上，说教是一回事，孩童们的真实感受则是另一回事。在儿童眼里，读书毕竟是一件枯燥无味的事情，而学塾里的先生其实是最令人憎恨的：

日头出来红缸缸，

爹爹送我上学堂。

先生打我无情板，

我骂先生好大胆。

先生骂我小杂种，

我骂先生大粪桶。

——《歌谣》第三十四号

先生教我读神童，

我教先生挑粪桶，

先生教我读孟子，

我教先生吃硬屎。

——《吴歌甲集》卷上

先生教我大学，

我教先生赖学，

先生教我中庸，

我教先生送终。

——《吴歌甲集》卷上

人之初，性本善，

烟袋锅子炒鸡蛋；

徒弟吃，师傅看，
馋得师傅啃炕沿。

———《山东歌谣集》第一册

人之初，性本善，
越打老爷越不念。
人之初，出鳖虎，
拿起棍儿打师傅。

———《开封歌谣集》

进香求福 进香求福，希望神护佑他们的生活，
同样是文人批判的对象。

———《绣像小说》

孟子孟三年，
屁股烂半边，
中庸，中庸，
屁股打得血红。

——《绍兴歌谣》

蝴蝶蝴蝶飞，
放牛孩们回，
先生瞎了眼，
怎不放我回。

——《中国民歌千首》

春日不是读书天，
夏日炎炎正好眠，
秋有蚊虫冬有雪，
书籍收起过新年。

——《中国民歌千首》

　　士大夫顶礼膜拜的经典，在孩童眼里竟一钱不值，一通胡乱糟蹋。孩子们的大不敬，固然有天性的因素，有对先生严厉督教的不满，但从中多少也能感受到普通百姓与读书做官之间的距离。正统历史书中所缺乏的这种细节描述，似乎表明同样的理想在社会上层和下层毕竟还有接受程度上的差异。

　　女性生活是民谣中常见的描摹对象。中国妇女从小受三从四德的约束，贞洁观念、烈女意识的浸淫，家庭、社会带给女性的种种道德枷锁，使她们在身体上和精神上沦为男性的奴隶，受尽虐待。尤其是在婚姻问题上，"嫁鸡随鸡，嫁狗随狗"，即便对既成的婚姻满腔怨恨，也只能默默接受：

有个大姐正十七，

过了四年二十一。

寻了丈夫才十岁，

她比丈夫大十一。

一天井台去打水，

一头高来一头低。

不看公婆待我好，

把你推到井里去。

——《北平歌谣》

与一个还未成年的小丈夫结婚，是今人不可想象的姻缘，但在过去却是常事。"天上无云难下雨，地上无媒难成婚。"旧式婚姻以父母之命、媒妁之言为定，从不考虑当事人的意愿，由此而产生了无数婚姻悲剧。这些苦果大多由女性来品尝：

十八岁个大姐寻个七岁郎，

点上银灯铺上床。

嫌郎小，把奴欺，

手打胭脂没道理，

竹竿大，你空飘，

蜜蜂小，你为王；

打碗花，干枝梅，

不给你写休书敢寻谁？

——《民间歌谣全集》

再如：

十八女儿九岁郎，

晚上抱郎上牙床；

不是公婆双双在，

你做儿来我做娘。

——《民间歌谣全集》

又有：

> 十八女儿怪媒人，
> 说的丈夫一丁丁；
> 睡在半夜屙冷尿，
> 打湿奴家半边身。

——《民间歌谣全集》

这些歌谣表明上层士大夫所确立的人伦礼秩，对下层社会确有很强的规范意义。但这并不意味伦理能够统治一切，民间的女性生活中，也有使那些礼教大人唯恐躲之不及的内容：

> 削竹棍儿打桑葚儿，
> 姐夫寻了个小姨子儿，
> 关上门儿，
> 盖上被儿，
> 左思右想不是味儿；
> 管他是味儿不是味儿，
> 黑夜躺着不受罪儿。

——《中国民歌千首》

如果说对男女相悦的追求会让人们暂时忘却本应固守的礼教藩篱，那么下面这首流行于山西太原的民谣，则丝毫没有留下礼教的痕迹：

> 死了男儿别怨天，
> 十字路口有万千。
> 东来的，西去的，
> 挑他个知心合意的。

——《中国民歌千首》

即使是未出嫁的女性，对情感与婚姻的向往有时也十分直白：

> 哎哟，我的妈呀！

我今年全十八啦。

人家都用轿子娶啦,

我还怎么不拿马车拉呀?

——《歌谣》第三号

同样的例子也见于民众的宗教意识中。一般而言,他们对主宰自己命运的神灵充满敬畏之意,但神灵有时也是他们嘲弄的对象:

阿弥陀佛,

菩萨讨饭;

阿弥里谛,

菩萨寻死。

——《绍兴歌谣》

显然,在士大夫们所构建的正统文化传统之外,仍然有与之相游离的种种小传统的存在。当我们试图描述中国民众基本的生活状态和精神面相时,我们必须理清它们与大传统之间可能存在的种种关系——背谬的抑或一致的、冲突的抑或合作的、紧密的抑或松散的,等等,并对其意义做出估价与评判。而在完成这一步之前,我们有必要对固有的认识抱以高度的警惕。如此,才能实现重构历史的目标。

第一章
走进百年

在数千年中国历史上，很早就发育成熟的农耕经济不仅保证了民族的生息繁衍，也使中国文化表现为农耕文明的累积。高度发达的皇权和完备严密的专制体系，使政治成为中国社会统摄一切的权威，也对千百万民众造成了最酷毒的戕害。以亲族血缘为基础的宗法原则贯穿于各个社会等级，使伦理道德成为国家、群体和个人行为的最高准则。

这一切，勾画出中国社会的基本轮廓。今天的人们习惯把秦汉以来的中国社会称为传统社会，表明在一个相当长的时段里，中国社会维持了相对稳定的结构体系，保持了一种恒定而缓慢的演变状态。

当历史的长河流淌进 19 世纪的时候，变革的时代才真正到来。

千年流变

在传统的中国社会，按照人们职业、身份的不同，大致可以分成士、农、工、商四种人。以劳心为业、作为官僚阶级后备队伍的读书人地位最高，以农耕为业的农人其次，操持工商谋生者，社会地位最低下。职业等级的进一步细分，体现在民间对于九流——各种社会行业和角色的描述上。不过，他们对各色人物的排序与上层社会公认的标准多少有些不同：

上九流：

　　　　一流佛祖二流仙，
　　　　三流天子四流官，
　　　　五流公卿六流相，
　　　　七买八卖九庄田。

中九流：

　　　　一流举子二流医，
　　　　三流地理四流推，
　　　　五流丹青六流相，
　　　　七僧八道九琴棋。

下九流：

　　　　一流修脚二流头，
　　　　三流娼妓四流游，
　　　　五流吹手六流轿，
　　　　七奴八婢九茶壶。

　　　　　　　——《中国民间文学集成》天津卷

各色人等纷纷纭纭的活动，构成了中国民众纷繁而形态各异的生活面相，也构成了他们的得意与失意。在传统社会中，四大得意之事是：

　　　　久旱逢甘雨，
　　　　他乡遇故知，
　　　　洞房花烛夜，
　　　　金榜题名时。

业车图　拉车谋生的人。
——《苏联藏中国民间年画珍品集》

四大失意之事则是：

> 寡妇携儿泣，
> 将军被敌擒，
> 失恩宫女面，
> 下第举人心。

——《古谣谚》卷八十五

在中国，以力田为业的农民始终占人口的绝大多数，他们的生存方式构成了社会流变最主要的内容，也决定了中国社会基本的轮廓和色调。在日复一日、年复一年的简单再生产中，农人们相信世界是恒久的，天下大势，分久必合，合久必分。在春种秋收的稼穑功夫中，他们懂得了天道酬勤、一分耕耘一分收获的道理，农耕文明成为我们民族精神与性格的基本依据。几千年漫长岁月中，日出而作、日落而息的生活方式少有改变，同样的故事被一再重复。在歌谣中，他们如此描述自己的生活：

乡下农人，田内存身；

一双泥腿，满身汗淋。

终朝劳苦，忘却时辰；

直至日落，始得暂停！

三季巴巴，惟望冬临，

黄烟一袋，闲话收成。

乡下农夫，田内去做；

终朝乐少，满身汗多。

忘却时辰，不知辛苦；

直至日融，始得归窝。

春耕夏耘，秋收其果；

倘得年丰，一曲山歌。

——《民间歌谣全集》

对田间劳作生涯的感叹，饱含着几分无奈，又可见对土地的深深眷恋和对生活的一丝自得。在小农经济时代，无缘进入社会上层的人们，把种地看做是最可靠的职业。有谓：

著衣看家当，

吃食看来方，

种田钱，万万年；

做工钱，后代延；

经商钱，三十年；

衙门钱，一蓬烟。

——《绘图童谣大观》

历史上的中国社会，虽然战乱频仍，灾荒不断，但以家庭为基本生产单位的小农经济，仍以其顽强的生命力，在某些政治安定、风调雨顺的年代创造出较为丰富的物质财富，辛苦劳作的民众，在某些时代也有

机会获得温饱有余、相对安逸的生活，这使得乐天安命始终是民众基本
的精神趋向。有的时候，这种满足感表现为一种闲适与无所求的生活
态度：

> 小棉袄儿，紧身靠儿，
>
> 稳垂家中不出门儿，
>
> 吃饱了，捡泡粪儿，
>
> 逢五排十，赶个集儿，
>
> 闲来了，没有事儿，
>
> 去到庙台儿听讲古迹儿，
>
> 就便是大皇帝，
>
> 不如我们庄稼人儿。

——《民间歌谣全集》

不过，倘若我们把这看做是农村社会的常态，也许会对民众的生活
产生误读。换个角度看，农人的这种叙说其实仍然不脱理想化的痕迹。
安逸的时代毕竟是少数，在现实中，农人的生活同样充满得意与失意。
令他们焦虑的是：

> 小孩没有奶，
>
> 放羊崩了群，
>
> 黑夜迷了路，
>
> 炕上有病人。

令他们欢悦的则是：

> 天旱下透雨，
>
> 家里盖新房，
>
> 绝户生儿子，
>
> 光棍做新郎。

——《风俗通》

仓与廪 一直到最近的时代，吃饭始终是中国民众的第一要求。

——王祯《农书》

传统中国的经济以农业为根本，中国文明的发达拜农业所赐，民众的生活始终与土地相关。与农业活动相联系，农人表现出对自然的天然亲近，他们把自己的情感寄托于土地，最现实的期望，就是风调雨顺的年景。祷告上苍赐福，几乎是农业社会每一个成员的必修课：

老天爷，别刮风，

白面卷子就大葱；

老天爷，别下雨，

稻米白饭供养你。

——《民众歌谣集》第二期

颇为有趣的是，在中国文人构筑的各种神仙世界中（当然文人不是唯一的构筑者），神仙大多是不食人间烟火的，但中国农民给上天的供品，仅仅是"稻米白面"之类。可以说，农人对神仙世界的想象，完全是与自己的生活方式相对应的。

节气图　气候与季节对农业活动的限制，使农人格
外看重时令的变化。
——《山东民间年画》

　　农业生产对大自然的倚重，使农人每时每刻都不能忽略自然的变
化。他们仔细观察并描述时令节气，以此为依据，形成自己的生活节
奏。农事与寒温晴雨的关系，是农人们最先了解的道理：

> 做天莫做四月天，
>
> 蚕要温和麦要寒；
>
> 种菜哥哥要落雨，
>
> 采桑女子要晴天。
>
> ——《山东歌谣集》第一册

　　与春夏秋冬循环往复相对应的是下种、锄苗、收割等不同的劳作程
序，这种过程的某一环节出了差错，都会影响此后的生活，正如一首山
西民谣所谓：

> 春天街上游，

秋日莫收留,

夏天树底坐,

冬日妻子养不过。

——《歌谣》第三二号

依照农事活动的节奏,农人的生活形成了相对固定的程式。从生儿育女、婚配成家,一直到养老送终,这种生活方式在年复一年的更替中很少有大的起伏。同样,在一代一代的生命延续中,农人的角色特征也少有变化。同样的生命过程,在不同的时代里不断被重复。比如婚后的女性:

一来忙,开出窗门亮汪汪。

二来忙,梳头净面落厨房。

三来忙,年老公婆递茶汤。

四来忙,丈夫出门要衣裳。

五来忙,姑娘出门要嫁妆。

六来忙,打扮孩儿进学堂。

七来忙,外甥男女剃头要衣裳。

八来忙,讨个媳妇成成双。

九来忙,一串数珠挂经堂。

十来忙,一双空手见阎王。

——《民间歌谣全集》

传统社会所谓的男主外女主内,说明农人家庭中男女不同的角色分工。男子除了力田之外,还要作为家庭的代表,承担处理各种社会关系、参与社会活动的责任,而女性往往是家庭内部的主管,处理纷繁复杂的衣食事务。依照这种角色要求,日复一日地消磨自己的生命。这是常态农业社会最普遍的情形。

尽管农人的生活受限于一个相对固定的程式,但并不意味着农耕社会的民众没有自己的理想。传统社会是官本位社会,官员占有最大的利

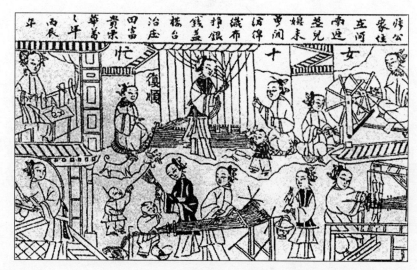

女十忙 女性的一生就是在这样的忙碌中度过。
——《山东民间年画》

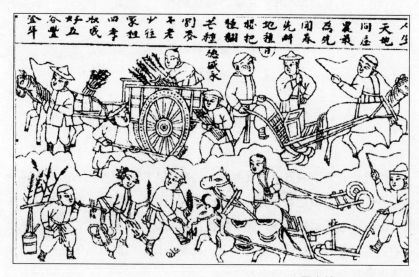

男十忙 耕作的一生。
——《山东民间年画》

益，一个官员的收入不知要抵得上多少个农人一年辛苦所得，更不用说那衣着光鲜、车马煊赫、门庭若市的上流社会生活对百姓所产生的诱惑了。于是，跃过龙门，谋得一官半职，乃至出将入相，几乎成为所有社会成员的向往。"一日做官，强似为民万载"，正可见百姓对入仕的心理向往。他们把"耕读传家"树立为家族的传统，期望子孙在固守本业的同时，也能博得功名，出人头地。流传于福建的这首吉利话歌谣，表达了普通民众的这种热切期盼。其中"宝圆"者，即桂圆也：

> 一子名字叫红枣，出缺为官做主考；
> 中尽各省举人子，富贵荣华受到老。
>
> 二子名字叫花生，鼎甲金花插滥崩；
> 三元及第连捷中，双斗旗杆企两崩。
>
> 三子名字叫榛干，补缺布司做高官；
> 守官金银布司库，心中得意大喜欢。
>
> 四子名字叫瓜子，出缺为官做御史；
> 皇上钦赐天官锁，封你个师教太子。
>
> 五子名字叫宝圆，举子上京中状元；
> 皇上钦赐三杯酒，状元游街返家门。

——《民间歌谣全集》

在中国传统社会里，科举制度为普通民众提供了向上层社会流动的唯一正常途径，难怪社会各色人等——包括农人在内，无不趋之若鹜。千军万马挤独木桥，跃跃欲试过龙门，成了中国社会绵延千余年的独特景致，也是不同时代、不同社会人们共同的理想。且看教书先生的严厉督教：

月亮光光照书台，

先生骂我不成才，

再缓三年读孟子，

不做高官做秀才。

——《歌谣》卷二第十五期

再看河南一位妻子对丈夫苦口婆心的劝说：

石榴花开叶又绿。

姐儿房中劝丈夫：

莫要耽耽奴，

好好读四书！

大比之年王开选，

选下举子中状元，

身坐八抬轿，

旗锣伞扇闹鲜鲜，

光耀祖把坟祭，

你看欢喜不欢喜。

——《民间歌谣全集》

农业耕作的艰辛，谋生与持家的不易，生活色调的灰暗，使农民意识到，尽管土地是他们的衣食父母，但他们的出路恰恰在于摆脱土地，只有读书做官、解草衣而升卿相才是改变命运的根本途径。与文人标榜的治国平天下不同，下层民众读书入仕最原始的出发点，可能仅仅是谋求一种好生活。塞北民众这样教育子弟：

念下书，吃白面，

鱼肉大米常常见。

念不下书，糠菜咽，

稀汤稀水也碰不见。

——《歌谣》卷二第十四期

山东的一首歌谣是：

> 小学生，真是忙，
>
> 手拿书本上学堂。
>
> 上学堂，把书念，
>
> 学了能干好吃饭，
>
> 不学能干光学懒，
>
> 饿着肚子瞪着眼。
>
> ——《夏津县志续编》卷五

状元及第图 万般皆下品，唯有读书高。在传统的中国社会，没有什么比状元及第更能光耀门庭。

靠读书寻求出路，是乡土社会最常见的劝勉。虽然绝大多数人很难摆脱土里刨食的角色，但祖祖辈辈的梦想与期冀始终在延续，民间"敬惜字纸"风气的弥久延续，表明在相当长的时间里，读书被普通民众看作是神圣的事情。不过，从另外一个角度看，出于对荣华富贵、光耀祖宗的强烈向往而表现出的对知识的尊重，似乎又让人怀疑，中国社会是否具有真正的尊重知识的传统？

在传统中国社会，小到家庭、家族，大到国家、政权，组织形式上无不体现出宗法的精神。强固的血缘纽带将不同的人联结成一个一个的群落，血亲关系是确定个人社会角色与位置的最重要的依据之一。君臣之间、父子之间、夫妻之间的附属关系不仅是每一个成员都应认同的基本原则，甚至成为法律规范。仁、义、礼、智、信之类信条，为人们树立了理想的人格模式。伦理至上的文化精神，表现在社会成员的一举一动必须符合"礼"的要求，不得稍有违越。在士大夫阶级眼中，对礼仪的遵从，是社会文明与教化最重要的标志。换句话说，我们之所以确信我们是一个文明的国家，在于我们有高度发达的"礼"，并把它认定为合乎天性与人性的、理所当然的秩序。

在宗法体制下，男性的世系是各种社会关系得以成立的基本依据。女性成员则丧失了诸如财产继承、主持家族与社会事务、婚姻自由等各种权利，它使男尊女卑的观念为社会普遍认同：

> 大白豆，做饭甜，
> 养活闺女不值钱；
> 三斤豆腐二两酒，
> 送到婆家大门口。

——《民间歌谣全集》

家族命运靠男性成员传宗接代，"不孝有三，无后为大"的观念根深蒂固。在生产活动中，男性担当着不可或缺的角色，出于现实生计的考虑，女性自然被排斥：

> 打斤酒，割斤肉，
> 打发闺女上轿走，
> 爹跺脚，娘拍手：
> 谁再生养闺女成个狗。

——《歌谣》第八十七号

对血缘纯洁性的高度强调，是中国宗法的一个显著特点，其结果就是使女性完全变成了男性的私有财产。所谓贞洁，事实上是强加于女性的一道枷锁。浙江宁波歌谣说：

> 贞节牌楼管江村，
> 婆媳二世守寡身，
> 牌楼块块千斤石，
> 活活压死多少人。

——《浙江歌谣》

在另一个层面上，血缘成为判定社会成员关系亲疏的主要标准，亲情也就格外为人们所珍视。中国民众格外注重这一类情感的表达，那些过早地失去双亲的孩童的悲苦，至今仍给人们带来情感上的强烈冲击：

> 一个圆果圆又圆，
> 外头黄来里头甜。
> 有爷有娘甜似蜜，
> 没爷没娘苦黄连。

——《民间歌谣全集》

这类歌谣在民间大量存在，给了我们两重暗示：一则，中国民众确有珍重亲情的传统；二则，骨肉离散、世态炎凉的现象并非偶见的社会现象。"老吾老以及人之老，幼吾幼以及人之幼"，文人、士大夫对伦理与亲情虽然无限渲染，但社会并不因此而变得温情脉脉。现实生活的逼迫，往往使亲情不得不退居次要的地位：

> 青青菜，色变黄，
> 儿子就怕没了娘；
> 若是有娘不怕哥，
> 若是有娘不怕嫂，
> 若是有娘不怕断了房梁；

老娘看我是银山，

老爹看我是金苗，

哥哥看我是个痴子，

嫂嫂看我是个驴粪球子。

——《民间歌谣全集》

在这里，我们能够感受到中国社会人际情感冷峻的一面。与亲情相比，利益与金钱似乎更有力地影响着人们。江苏无锡歌谣谓：

女儿亲，不是亲，全副嫁妆还嫌轻。

儿子亲，不是亲，讨子家婆像闲人。

女婿亲，不是亲，三句说话面熏熏。

夫妻亲，不是亲，同床合被两条心。

兄弟亲，不是亲，同胞共乳弗同心。

乡邻亲，不是亲，一碗送来一碗清。

只有铜钱银子的亲！要来用它就动身！

——《绘图童谣大观》

回娘家　对已婚女性来说，回娘家永远是一个令人兴趣盎然的时刻。

——《中国民间年画百图》

民谣中的这些描述，并不足以概括中国社会的所有面相，但却从不同角度记录了民众生活的真实细节。农业社会、专制社会、宗法社会概括了数千年中国历史的基本特征，也规范了民众的生活形态，决定了他们的生存状况。在如此漫长的时代里，一代一代的人们在相似的环境中，承继着祖祖辈辈如出一辙的生活方式。故事刻在人们的心里，渗透在人们的血液里，洗不掉，磨不去，并在生命的更替中不断传承和延续，直到最近的时代。

盛世的终结

当今的历史学家对最近几个世纪中国历史的理解并不一致，或称其为停滞的时代，或强调其潜在的变动。但无论如何，后人的任何评论，都不足以代替那个时代千百万民众的直接感受。

清王朝是中国历史上最后一个专制王朝。1644年入关的满清贵族，

太平年　丰收太平年，短工犯了难，东村好饮食，西庄多给钱。
——《山东民间年画》

凭借他们的锐气，在清前期完成了肃清旧朝势力、平定叛乱、稳固边疆等一系列令人印象深刻的作为。尽管这个政权一度被汉族遗民斥为异族政权而拒绝接受，尽管它的铁血手段曾经给大江南北的民众带来无与伦比的灾难，但还是应该承认，与中国历史上大多数王朝相比，18世纪的清朝称得上是一个疆域辽阔、管理有效的国家，它继承了中原王朝的遗产，成功地化解了汉人的仇视，为后世的多民族国家奠定了最后的根基。如果只从文治武功的角度看，很少有朝代能够与它相提并论，康熙乾隆的时代，是封建王朝历史上最后一个盛世。下面这首民间歌谣，正是百姓对盛世的某种认同：

> 乾隆宝，增寿考，
> 乾隆钱，万万年。

> ——《清诗纪事》廿二

政治清明、社会安定、相对丰富的物质生活，是普通民众对盛世的理解。浙江一首名为《清朝十代皇》的山歌，这样表达了民众对康熙、雍正、乾隆三个朝代的印象：

> 顺治管了十八载，
> 康熙登位太平来。
> 康熙是位好皇帝，
> 朝廷百官笑眯眯。

> 壬寅年庚登基起，
> 风调雨顺好天意。
> 掌管六十零一年，
> 百姓有食好运气。

> 康熙退位是雍正，
> 坐落朝中亦太平。

> 十三年内管天下，
> 百姓安乐国亦兴。
>
> 雍正之后是乾隆，
> 太平皇帝坐龙廷。
> 扮作百姓天下行，
> 私下察访好名声。
>
> 乾隆皇帝好名声，
> 坐落龙廷管百姓。
> 六十甲子管端正，
> 五谷丰登好年景。

——《中国歌谣集成》浙江卷

然而，在表面的康阜和安宁中，也隐藏着令人隐隐不安的征兆。即便清朝皇帝们前所未有地勤于政事，王朝还是走上了盛极而衰的旧辙。乾隆晚年，"极事纵游"，在热河建立的避暑山庄，占地广大，茂林修竹，绿草如茵，置身其中，几不知酷暑将至。其时民间有谣谓：

> 皇帝之庄真避暑，
> 百姓仍旧热河也。

——《清诗纪事》廿二

与帝王本人的骄奢相一致，则是官僚阶级整体道德感的丧失。日趋腐化的官员们不断扩大的勒索欲望，使王朝的生机逐渐消逝，乾隆宠臣和珅就是一例。1796 年，老迈的乾隆让位给嘉庆，此年即嘉庆元年，三年多后乾隆死去，仅隔数日，嘉庆皇帝就将和珅下狱，令其自缢，家产全部籍没入官。一种说法是，和珅的家产有八万万两之巨。无论是否确实，其数额之大，对当时朝廷财政不无填补则是事实。民间有谣谓：

和珅跌倒，

嘉庆吃饱。

——《清诗纪事》廿二

历史上每一个王朝由盛转衰，吏治窳败都是一个重要的诱因，清王朝也不例外。清朝官员队伍算不上庞大，但数量少并不意味着效率高，也不意味着没有形式主义。北京士大夫圈子里的谣谚，描画了几样中看不中用的东西。尽管出于后人的记载，但相信它早已是那个时代的常态：

新太守下马立威

——《绣像小说》

太医院药方，

翰林院文章，

都察院奏章，

光禄寺茶汤，

銮舆卫刀枪。

——《汪穰卿笔记》卷四

这些虽然不能直接反映王朝政治的得失，但可见整个士大夫阶层承平时代的心态。所谓官样文章，已弥漫于整个士大夫阶层。从上到下的官员大多只知"敷衍"二字，见上司为奴，见下属为主，已是一般官员的常态：

大人大人大大人，大人一品高升，

升到三十六天官，与玉皇上帝盖瓦。

卑职卑职卑卑职，卑职万分该死，

死落十八层地狱，为阎王老子挖煤。

——《沪谚外编》

权力来自上级，下属对上司自然免不了唯唯诺诺、阿谀奉承。不过，在上司面前一副奴才相的官员，在下级面前又能拿出主子的做派。自上而下的官僚体制，决定了所有官员都不同程度地沾染着亦主亦奴的双重性格。比如知府：

见知县则吐气，

见藩臬则低眉，

见督抚大人茶话须臾，

只解说的几句是是是。

——《沪谚外编》

"三年清知府，十万雪花银"，这句为人熟知的谣谚，是事实上的官场准则。清朝官员的俸禄原本有限，但各种灰色收入却填满了他们的腰包。当一任三年的知府，即使清廉者，也有十万两银子的进项，更何况不肖之徒呢？

其实，不论士大夫如何标榜其兼济天下之志，普通百姓早就看出了做官的真谛所在。"千里去做官，为的吃和穿"，当官的目的就是发财。所谓：

> 大官也是官，
> 小官也是官，
> 不论大小官，
> 都是为俩钱。

——《山东歌谣集》第一册

这首民谣也许不是在清王朝国运下滑的年代产生的，但同样可以帮助我们理解那个时代的官场面相。鲜廉寡耻的官员治理无方，在搜刮民财上则高招迭出。胡祖德《沪谚外编》载：一位知县假称做寿，公然向民间征收寿礼，乡里为之骚然，有人乃作联嘲讽说：

> 大老爷做生，银也要，钱也要，钞票也要，红白兼收，无
> 分南北；
> 小百姓该死，麦未熟，稻未熟，杂粮未熟，青黄不接，有
> 甚东西。

——《沪谚外编》

官员群体道德的滑坡，从内部瓦解着王朝的体制，暮气渐深的政治，逐渐丧失了对民众的凝聚力，其结果就是社会的不断动荡。从18世纪中期开始，不断揭竿而起的下层社会造反队伍，成为冲击王朝根基的外部力量。

乾隆之后即位的嘉庆皇帝一上台，就遭遇当头棒喝。嘉庆元年（1796年），川楚陕白莲教发动大规模的起事。其时，承平日久的清军已腐败不堪，毫无战斗力，几乎没有胆量正面对敌迎战。民间有谣谓：

贼至兵无影，

兵来贼没踪。

可怜兵与贼，

何日得相逢！

　　　　　　——《清诗纪事》廿二

　　这场延续到 1804 年的大规模暴动，在清王朝花费了据称达两亿两白银的军费后，才得以平息。它动摇的不仅是清政府的财政根基，也成为推动王朝衰败的一个重要事件。当乾隆皇帝带着十全武功的自得离开人世后，他的子孙们不得不面对一个步步荆棘的时代。

　　在这些年里，民众的心理也发生了变化。嘉庆之后，接踵而来的天灾人祸，不仅使王朝的颓势更加明显，而且也给民众留下了精神上的阴影。《清朝十皇歌》唱道：

嘉庆退位接道光，

天下到处都是荒。

大旱百日吃得食，

男女老小泪汪汪。

道光管到三十年，

咸丰皇帝坐龙廷。

咸丰八年是戊午，

番边长毛又来争。

咸丰掌管第四年，

又下大雨又崩山，

崩山崩林崩坟墓，

冲掉田地遭灾殃。

> 咸丰掌管十一年，
> 天下百姓苦难言。
> 长毛造反吆得食，
> 大小男女叫皇天。
>
> ——《中国歌谣集成》浙江卷

康熙、乾隆时代之所以被称为盛世，国库充裕是一个重要依据。清王朝入关之初，每年的财政收入不过白银1000多万两。康熙时达到3000万两以上，乾隆时据估计则达到5000万两到6000万两之间。乾隆四十二年（1777年），当时的中央财政机构——户部存银8100余万两，这是中国历代王朝财政所能达到的最高水平，也成为一个不可逾越的极限。白莲教之役后，户部存银不少年份徘徊在2000万两左右。道光年间，境况更是日下，鸦片战争花费4000余万两白银，1850年，也就是道光三十年，国家所能调动的财政储备只剩300余万两白银。在乾隆之后的半个世纪中，先世的余泽已被消耗殆尽，清王朝陷入了前所未有的财政困境。

为了弥补财政亏空，清政府大开捐输之门。捐输在清朝前期已是弥补财政的一个主要办法。及至咸丰年间，为了应付镇压太平天国的浩繁军需，政府大开捐纳之门，捐买功名，成了不少人的晋升手段。民间有谓：

> 咸丰坐了十年半，
> 顶翎赏了一大片。
> 说他是文科，
> 未曾把书念；
> 说他是武科，
> 不识弓和箭；
> 说他是军功，
> 与敌未见面。

会党领袖 相传二人为天地会的创立者。
——《近代秘密社会史料》

回家去扫墓，
把他祖宗吓了一头汗：
"我的儿，
咱家没有文武学，
哪里来的凤凰蛋？"
——《中国歌谣选》第一集

科举制度是传统社会选拔官员的主要方式，读书人入仕，一定程度上保证了官僚队伍的整体素质。知识阶层的道德追求和社会责任感，又使他们不敢轻易突破道德底线——道德的自律而非制度的约束，是以士大夫为主的精英群体维护其社会声誉最主要的手段。然而，捐纳制度的实行，破坏了固有的规则，其直接后果就是使官僚阶级逐渐丧失了社会的信任：

> 大清官，钱买的。
> 你问我，我问谁！
> ——《中国近代反帝反封建历史歌谣选》

中国社会关于财富的一种观念是，天下财富是有限的，一部分人多占，意味着另一部分人受到了剥夺。一方面，人们向往财富，内心有强烈的发家致富渴望；但另一方面，由于财富对多数人来说只是一个梦想，受重义轻利的观念影响，财富又成为不少人鄙薄的对象。为富不仁的说法，隐含了一般社会成员对富有者的态度。正因为如此，靠金钱捐得功名，往往会招来人们的讽刺：

> 监生进文庙，
> 圣人吓一跳，
> "几时读的书，
> 我怎么不知道？"
> 财神爷爷打一躬，说道：
> "他是我的大门生。"
> ——《山东歌谣集》第一册

官僚政治的腐败，不断侵蚀着清王朝的政治肌体。与此同时，它也不得不面对一系列社会问题的挑战，比如人口的膨胀。

根据学者们估算，中国人口数量从夏初到秦末多在 1000 万到 3000 余万间波动；从汉初到五代末年，增长至 6000 万或 8000 万，明朝达到 1.5 亿或 1.8 亿，此后由于长期的饥荒和战争，清初人口数量下降，约在 8000 万到 1 亿。随着王朝统治趋于稳定，中国人口从 18 世纪初到 19 世纪中期，出现了连续一个半世纪的增长，到鸦片战争之际，已在 4 亿以上。

人口迅速增长的同时，人们赖以生存的资源——尤其是耕地，并没有相应地大幅度增长，在没有出现革命性的技术进步、生产力水平没有明显提高的前提下，人均耕地的减少意味着生活资料的短缺，社会生态因此变得十分脆弱。灾荒、战争以及其他形式的灾难一旦发生，就会对民众生活造成严重冲击，在一首描述嘉庆年间百姓苦难的浙江歌谣中可以得到证实：

> 清朝天下出昏王，
> 嘉庆二年闹天荒；
> 山头露水晒断点，
> 田中禾苗半焦黄。
>
> 六月没钱赊米粮，
> 冬下没谷好上仓；
> 官府又来田粮逼，
> 寮里家伙统搬光。
>
> 粗糠野菜塞肚肠，
> 大大小小嗷汪汪；
> 屎拉不落尿不出，
> 几多男女命丧亡。

——《中国歌谣集成》浙江卷

人口增长的持续压力，频繁发生的灾荒的逼迫，使越来越多的人口从土地上被排挤出来。他们为佣工，为商贩，为匪盗，为兵勇，为星、相、医、卜，构成了庞大的游民阶层，这些人群是社会的不稳定因素，也是王朝潜在的异己力量。从乾隆中期开始，下层社会的动荡连绵不断，各种名目的民间秘密结社的出现和活跃，成为这一时期最值得关注的一个社会现象。学者们在清朝档案中检索到 200 余种秘密结社的名目，他们推测，加上地方志和其他资料中的秘密结社记载，清朝历史上秘密结社总数当不少于三四百种。从档案中看，这些名目大部分出现在乾隆二十年（1755 年）后，也就是清朝由盛转衰的时期。

在种种名目的秘密结社中，"一拜天为父，二拜地为母"的天地会最有影响。在下面这首藏头歌中，每句第一个字连起来就是"拜天地会"：

> 拜请五祖奉我君，天降真龙我主人，
> 地产洪儿兄弟众，会聚洪英去灭清。

——《天地会诗歌选》

异姓结拜在中国有长期的传统，"桃园三结义"的故事在历史上广为人知，几乎家喻户晓，《水浒传》之类的小说在明清时代的流行，也说明社会对结义风气的认同。天地会成员以兄弟相称，也是这种民间风气影响的结果。

> 一拜天公万年香，
> 二拜地火似天长，
> 三拜桃园同结义，
> 四拜红灯远传扬，
> 五拜五祖为尊长，
> 六拜六祖六圣贤，
> 七拜七星高拱照，
> 八拜交游万古扬。

——《天地会诗歌选》

每个王朝的衰落时代，几乎都少不了民间草莽英雄的身影。他们以兄弟义气为纽带，以大块吃肉、大碗喝酒为号召，对于挣扎在绝望中的人们具有不言而喻的吸引力。我们无须详考天地会之类民间结社的起源，虽然它们的理想不外乎好皇帝、真命天子之类的千年俗套，但它们在社会上广泛存在这一事实，已经说明清朝社会正陷入前所未有的危机之中。

天地会之类的秘密结社不仅制造社会动荡，而且是清王朝不能忽视的政治异己力量。天地会以"反清复明"为口号，一方面在于标榜自己的叛逆性格，另一方面也含有与清王朝争夺正统地位的寓意——以明朝的继承者自居，对清朝始终都是一个思想上的威胁：

> 三点暗藏革命宗，
> 入我洪门莫通风；
> 养成锐势复仇日，
> 誓灭清朝一扫空。
>
> ——《天地会诗歌选》

如果了解一点清末革命时代的形，就不能不承认这种思想在社会政治动员过程中的作用。但是，在天地会最活跃的时期，"反清复明"并不是一个最有影响力的口号。这并不奇怪，传统中国的政治革命一直是少数人的事情，对于投身秘密结社的人们来说，最大的诉求还在于解决生计问题，求得精神安慰。在衰乱年代，以群体而非单个人的形式去面对危机，是大多数人惯常的选择。

下层社会的骚动，意味着政府社会控制能力的下降。当千万民众开始行走在秩序的边缘时，王朝就被推到了极其危险的境地。对于 19 世纪上半叶的清朝来说，盛世已经终结，接下来的，将是一个风雨飘摇的年代。

交会时代

与清王朝走向衰败相同步，一个新的时代正在不知不觉间拉开了序幕。这个时代开始的标志性事件，就是 1840 年的鸦片战争。

鸦片战争对中国社会究竟产生了多大的触动作用，还是一个值得思考的问题。但就以后的历史演变观察，这场战争作为一个时代的标志，应该是毫无疑问的。任何一个历史事件发生时，同时代的人们很少能够对其意义做出恰当的判断，只有在时间流逝之后，它的位置才会逐渐显现出来。

不过，后人以自己的体会揣摩先前的情形，得出的种种判断和结论往往也不可靠。时过境迁之后，历史就无从复原了。一个基本的事实是，在战争爆发的那个时代，绝大多数清朝臣民甚至还不知道挑起战争的西洋人长相如何，也就很难对战争留下完整的印象。事实上，这场战争也没有对民众的当下生活带来影响。他们所知道的，只是对手叫"鬼子"，而"鬼子"在战争中似乎也没有占到什么便宜：

> 林则徐，禁鸦片。
> 焚烟土，在海边。
> 开大炮，打洋船。
> 吓得鬼子一溜烟。
>
> ——《中国近代反帝反封建历史歌谣选》

与后人塑造的英雄形象不同，林则徐实际上是那个年代的一个悲剧角色。他承担的是一项不可能完成的任务。这位为道光皇帝所器重的经世派官员，为了禁烟，做了他能够做到的一切——在朝廷看来，正是这些不当的举措招来了英国人。林则徐因此被解职，并流放到西北。这种悲剧式的结局，使民众眼里的林则徐具有了忠臣的种种品性，并因此而长久地保存在民众记忆中。民国时期的一首《满清歌》中唱道：

> 五月石榴红更鲜，
> 林则徐严禁吸洋烟。
> 忠心报国无人知，
> 九千里充边西北边。
>
> ——《沪谚外编》

在中国民众的政治意识中，忠奸论是一个核心的观念，朝政的失败总是奸臣压制忠良的结果，这种解释为探求规律的历史学家所不屑，但却广泛流行于民间。在戏曲、小说、歌谣中，围绕忠与奸这一主题，演绎出了无数的故事。民众对鸦片战争和林则徐个人的理解，也是围绕这一观念展开的。

战争留给民众的只是一些片段的印象。虽然一般的民众并不了解这场战争的因果与是非，但他们却看到了清朝官兵在战争中的拙劣表现：

> 鬼子来，跑得快；
>
> 有白顶，蓝翎戴。
>
> ——《三元里人民抗英斗争史料》

1841 年 5 月，英军炮击广州城，清军前线指挥官、靖逆将军奕山在城头竖白旗，并派广州知府出城求和，议定 7 日内缴纳英方"赎城费"600 万元。当地有民谣谓：

> 一声炮响，
>
> 义律埋城，
>
> 三元里被困，
>
> 四方炮台打烂，
>
> 伍子垣顶上，
>
> 六百万讲和，
>
> 七七礼拜，
>
> 八千斤未烧，
>
> 九九打吓，
>
> 十足输晒。
>
> ——《清诗纪事》廿二

歌谣中的义律时为英方代理全权代表，也是这场远东征服战争的英军首领之一。伍子垣是广州的大行商，依民间的说法，当时清方没有钱赔款，就由他出钱顶上。"八千斤未烧"，是说虎门炮台八千斤的大炮还没响，洋鬼子就闯进了珠江。"九九打"，按广东方言，是时不时打一下的意思，是说清军在这场战斗中根本没有做出像样的抵抗。

这首歌谣所提到的三元里，在当时还是广州城外的一个村庄。就在英军进占四方炮台后，这里曾经有过一次民众的抗英斗争。为了报复英国军队的骚扰与劫掠，在当地士绅的领导下，集结起来的民众将英军诱至牛栏冈一带，大雨使英军的枪支无法使用，被迫退回，而民众则乘势包围四方炮台，在广州知府余保纯出面劝阻后才散去。

这场民众的反抗活动，在后来关于鸦片战争的叙述中，变成了战争过程中一个闪亮的中心事件，并因此而闻名于世。一首名为《三元里》的文人诗歌是：

> 三元里前声若雷，千众万众同时来。
> 因义生愤愤生勇，乡民合力强徒摧。
> 室家田庐须保卫，不待鼓声群作气。
> 妇女齐心亦健儿，犁锄在手皆兵器。
> 乡分远近旗斑斓，什队百队沿溪山。
> 夷众相视忽变色，黑旗死仗难生还。
> 夷兵所恃惟枪炮，人心合处天心到。
> 晴空骤雨忽倾盆，凶夷无所施其暴。
> 岂特火器无所施，夷足不惯行滑泥。
> 下者田塍苦蹴蹋，高者冈阜愁颠踬。
> 中有夷酋貌尤丑，象皮作甲裹身厚。
> 一戈已卷长狄喉，十日犹悬郅支首。
> 纷然欲遁无双翅，歼厥渠魁真易事。
> 不解何由巨网开，枯鱼竟得倏然失。
> 魏绛和戎且解忧，风人慷慨赋同仇。
> 如何全盛金瓯日，却类金缯岁币谋？
>
> ——《鸦片战争文学集》

清军与英军作战图
——《鸦片战争末期英国在长江下游的侵略罪行》

在颂扬三元里乡民抗英斗争的同时，作者把失败归于"和戎"者的失策，使英军这条"枯鱼"竟然从"巨网"中滑出。按照这种说法，如果不是因为那些要"和戎"的奸臣，这场战争其实不会失败。后世有关鸦片战争的各种诠释中，对抵抗、爱国的颂扬，对妥协、卖国的谴责，其实都延续了这种观点。从三元里事件中，他们得出了这样的结论：

> 百姓怕官，
> 官怕夷鬼，
> 夷鬼怕百姓。

——《清诗纪事》廿二

在很长一段时间里，评价西方侵略中国的历史，这成为一个难以抹去的情结。人们相信，统治者没有发动群众的勇气，不能利用人民战争之伟力，是中国屡败于外敌的原因。如此一来，一切历史都无细究的必要，因为这样一个框架已经给出了最后的答案。

1841 年 10 月，英军进攻镇海，两江总督裕谦在战败后投水自杀，提督余步云则不战而退。次年 6 月，英军进攻吴淞炮台，观阵的两江总督牛鉴弃冠而逃，驻守炮台的提督陈化成中弹殉国。当地民人谓：

> 一战惠江口，
>
> 督臣死，提臣走。
>
> 再战吴淞口，
>
> 提臣死，督臣走。
>
> ——《清诗纪事》廿二

1842 年 6 月吴淞口之战的感人之处，在于 66 岁老将陈化成的英勇精神。事实上，整个鸦片战争留给人们的，就是这样一些关于忠臣事迹的碎片式记忆。

在鸦片战争中，1842 年 7 月的镇江之战是最激烈、英军损失最大的一次战斗——39 人毙命，130 余人受伤，3 人失踪。当地的一首歌谣，记载英国军舰到达镇江江面时，镇江江防的圌山关炮台开炮轰击英军的情形：

> 洋鬼子，
>
> 坐洋船，
>
> 拉洋枪，
>
> 天天来攻圌山关。
>
> 圌山关，
>
> 九节十八湾，
>
> 个个湾里有机关。
>
> 上有铜炮三十六，
>
> 下有铁炮六十三。
>
> 铜炮炮口盘篮大，
>
> 铁炮炮口赛箩环，
>
> 小把戏藏在里边还要转个弯。

鬼子拿起千里镜一看，

手发抖，

腿发软，

脸上哗哗淌冷汗。

山上大炮一声响，

洋鬼子吓得掉进扬子江。

——《中国歌谣选》第一集

出于朴素的爱国情感，民众自然希望清朝在战争中得胜。在他们的意象中，天朝的军队自然令人生畏，炮台上的大炮也实在是威风凛凛，把炮口说成如盘篮、箩环（箩圈）般大小，甚至能藏进去小孩子，显然是出于百姓的想象，但可见清朝军队对民众的威慑力。然而，这支庞大但事实上已经没有多大战斗力的中世纪军队，在面对装备新式枪炮、驾乘世界上最强大战舰的近代化军队之时，已经没有了任何骄傲的本钱。镇江之战成为鸦片战争的最后一战，随着《南京条约》的签订，战争也就结束了。

在随后的年代里，随着时间的流逝，人们对这场战争的记忆越发模糊失真。后来的一首苏州歌谣，甚至把李鸿章称为出卖炮台、勾结洋人的罪魁祸首：

私通外国李鸿章，

他是乌龟贼强盗；

卖去吴淞大炮台，

勾结洋人打进来。

——《太平天国诗歌选》

这首歌谣或者是后世歌谣搜集者的制作，但却合乎民众的思维逻辑与心态。对于普通民众来说，战争之所以失败，必然是因为奸臣的出卖，李鸿章恰恰是19世纪下半期最有名的"汉奸"，把洋人的侵入归于李鸿章的勾结，就是一件合乎逻辑的事情了。

我们今天重新认识鸦片战争，无须苛求民众的无知，因为他们从来没有这样的经验。即便是见多识广的士大夫，除了做出"岂天地之气运，自西北而东南，将天下一家欤"（魏源语）之类的含混推断外，也同样没有意识到我们所谓的新时代。鸦片战争时期一首名为《炮子谣》的文人歌谣认为，战争的降临是因为中国人对洋货的喜好，由喜好洋货而通商，因通商而外人来：

> 炮子来，打羊城，
> 城内城外皆炮声。
> 炮声一响子到地，
> 打墙墙穿打瓦碎；
> 轻者受伤重者毙。
> 老夫中夜起长叹，
> 寻思弹子何由至。
> 炮子之来自外洋，
> 外洋人至由通商，
> 通商皆由好洋货，
> 钟表绒羽争辉煌。
> 钟表绒羽人人喜，
> 谁知引出大炮子。
> 吁嗟呼！炮子来，君莫哀；
> 中国无人好洋货，
> 外洋炮子何由来。
> 请君莫畏大炮子，
> 百炮才闻几人死；
> 请君莫畏火箭烧，
> 彻夜才烧二三里。
> 我所畏者鸦片烟，

杀人不计亿万千。

君知炮打肢体裂，

不知吃烟肠胃皆煎熬；

君知火箭破产业，

不知买烟销尽囊中钱。

呜呼，太平无事吃鸦片，

有事何必怕炮怕火箭！

——《三元里人民抗英斗争史料》

显然，那个时代的人们，绝大多数不具备识读这场战争真实含义的能力，难怪此后十几年里，清王朝并没有做出什么特别的反应。对于清王朝来说，鸦片战争只是化外"蛮夷"一次犯上作乱的意外事件，尽管失去了一处沿海岛屿，也被迫开放了口岸，而"夷人"似乎也有贪得无厌的迹象，但皇帝和大臣们相信，靠"羁縻"之策和不懈的周旋，天朝能够应对这些问题，甚至可以将"狡夷"玩弄于股掌之上。在这种意识的安慰下，帝国依旧按照固有的方式运转，直到卷土重来的英法联军一路攻进北京城，锦绣堂皇的圆明园在袅袅青烟中化做一堆废墟。

当 1856 年 10 月第二次鸦片战争以英国的寻衅在广州开始后，面对英国人和后来加入的法国人的威胁，那位坐镇最前沿、以"羁縻"有方而得到咸丰皇帝一再嘉奖的两广总督叶名琛，以泰山崩于前而目不瞬的风度，把大清帝国的雍容演绎到了极致。1857 年年底，英军的炮弹在广州城炸开，这位理学名臣镇定自若，握卷而读，直到最后变成英国人的俘虏。时人谓之：

不战不和不守，

不降不死不走，

二十四史翻完，

千载奇人未有！

——《中国近代反帝反封建历史歌谣选》

在被押往印度的途中，叶名琛在香港作画，自题为"海上苏武"，1859 年死在印度的加尔各答。我们无法推测叶名琛最后两年多在海外的心境，但我们确切地知道，在这个时代，清王朝和它的臣民仍然处于懵懂之中。

1858 年，《天津条约》签订。1859 年，大沽之战发生，蒙古人僧格林沁以出其不意的方式，击退了在这里强行登陆的英法军队，迫使对方退去。在朝野上下为这次胜利而弹冠相庆之时，"夷患"非但没有减轻的迹象，反而变得越发严重。就在第二年，英法军队再次联袂而来。这一次，僧格林沁的蒙古精骑没能抵挡住"蛮夷"的进攻。天津失陷，北京失陷，清王朝又一次被来自海上的对手击败。

英法联军将入北京之时，咸丰皇帝先走一步，以北狩的名义到了热河，他害怕与那些来自远方化外之邦的"蛮夷"见面，因为"蛮夷"远不能领会中国的教化，不会在这种场合像中国的内臣外藩一样匍匐在他的面前。直到他死在承德以后，才在棺材里被抬回北京城：

> 六月荷花一致齐，
> 圆明园担卖好东西。
> 咸丰狼主没命先逃走，
> 留下那宫娥满路啼。
>
> ——《沪谚外编》

后来的情形表明，正是两次鸦片战争，蕴涵了中国命运的重大变化。它不仅是清王朝对外失败的开始，也是一个半殖民地半封建时代在中国的开始。虽然当时的人们很难认识到这一点，但历史并不是从人们有所感觉时才开始。西方的掾入，打破了农业社会所习惯的田园诗般的静谧，将中国带到了"数千年未有之变局"的时代。从这一刻起，一个东、西方交汇的时代来临了。中国不再是"中国之中国"、"亚洲之中国"，而逐渐成为"世界之中国"。

第二章
激　变

对于民众来说，生活尽管还不至于为英国人的坚船利炮所扰乱，但他们已经用自己的方式感受到没落时代的到来。19 世纪中期，最能引起人们关注的事件无疑是那场空前的农民革命——太平天国运动。当千千万万的农民被迫走上反叛之路时，整个中国都为之震颤。这场不期而至的风暴，作为最后一次传统意义上的农民革命，对近代中国百年历史的影响，自然不可小觑。我们所要探求的，正是革命在下层民众眼中的本相及其多重意义。

关于咸丰的预言

> 三十刀兵动八方，
> 天呼地号没处藏。
> 安排白马接红羊，
> 十二英雄势莫当。
>
> ——《太平天国歌谣传说集》

这是道光末年流传于浙江的一首预言式谶谣。它声称：道光三十年

（1850 年）将会有十二英雄出世，天下大乱，劫难降临，这成为一个预言。

这首民谣中所谓的白马、红羊利用了民间秘密宗教的概念，但我们无法确定它是不是由秘密宗教的信徒编造，因为这种信仰知识在经历数百年的延续后，已被民间社会普遍认知。

关于歌谣中的"红羊"，另外一种解释则是"洪杨"，也就是太平天国最著名的两个领袖洪秀全和杨秀清。

据说道光、咸丰之际，江南童谣中也有关于这场变乱的预言：

> 蝴蝶飞过墙，
>
> 江南作战场。
>
> ——《清诗纪事》廿二

另外一首民谣则暗示，新天子登坛即位之际，就是战争开始的时刻：

> 太平天子朝元日，
>
> 南北飞疆作战场。
>
> ——《清诗纪事》廿二

在深信谶纬之说的人们看来，人间任何大事变、大灾难的降临，都有一定的征兆。这是天定之数，人力无法挽回。无邪小儿传诵的谣句，其实是上天借他们之口向人间示警，只是不能为人们所领悟。当太平天国真的将千里江南变成了来往厮杀的大战场后，他们声称，这些先前出现的童谣，其实已经预告了这场惊天动地的恶战。另外一首同类的民谣，也被后人看做江南血光之灾的预兆：

> 走马上金山，
>
> 嘉湖作战场，
>
> 姑苏台上望，
>
> 血泪满昆阳。
>
> ——《清诗纪事》廿二

在浙江龙岩，一首据说是太平军到来前的童谣是：

> 排甲年，排甲子。
>
> 交剪尺，古铜刀，
>
> 铜刀击击当，
>
> 放火烧烟筒，
>
> 烟个烟，
>
> 有个有，
>
> 十八将军快快出手。
>
> ——《龙岩歌谣》第一辑

后世的人们把它理解为太平天国向浙江进军前的一首谶谣。其中的"交剪"是剪刀，"击击"当是铜刀击物声。

对于生活在 19 世纪中期的人们而言，席卷大半个中国的太平天国运动无疑是一场震天撼地的社会大变动。血光映红了江南大地，千百万大军的厮杀，无数百姓的流离，如同噩梦一般，给他们留下了令人心悸的印象，使他们在记忆中有意无意地把这一事件神秘化，也就极为自然地将太平天国与种种谶纬式的预言联系在一起。

不过，有关太平天国的谶言，似乎也不全是后人的附会，在太平天国爆发前几年间，确实有一些神秘预言在社会上流传和弥漫，甚至引起了当时在中国的一些外国人的注意。1850 年 8 月，一份英文杂志上有这样一段报道：

> 由于知识分子的有力影响，以及中国人民的普遍不满，改革的呼声响彻四方。新的原则有巨大的进展，帝国由于内乱而瓦解的日子很快就要到来。北京中上层人士，都坚信一百年前传布中国的预言，认为现在的皇朝将于本甲子第四十八年之初倾覆；这个致命的年份将于明年 2 月 1 日开始。

谶言与历史竟然如此巧合。

民间宗教人士的预言会加重社会惶惶不安的气氛，但对社会的日常感受才是民众情绪发生变化的根本原因。道光季年，面临重重压力的中国社会已呈现出十分明显的衰象。根据美国学者费正清的研究，1850年，也就是道光三十年，在上报当年农业状况的 1019 个县中，有 22.27％称当地为丰收之年，72.32％为平收，5.39％为歉收——按照清政府的规定，收成在 8 分以上为丰收，6 分以上为平收，5 分以下为歉收。而在道光即位的那一年，也就是 1821 年，上报丰收的县则要占 42.99％。数字后面隐含的事实是：大江南北的民众正承受着灾难、贫困与饥馑的现实威胁。

尽管道光是出名的节俭皇帝，但对民众而言，这毫无意义。在艰难地应付了他的岁月之后，他于 1850 年年初去世，年轻的咸丰皇帝即位。一般而言，百姓对新皇帝的登基改元，向例要欣欣一番，因为在他们看来，这是万象更新的开始。然而，初承大统的咸丰并没有听到山呼海啸般的万岁声，代之而起的是民众无奈的叹息。在民众的记忆中，咸丰登基给百姓带来的首先是天灾：

> 咸丰二年大荒旱，
> 黎民百姓遭大难，
> 三岁的孩童大街卖，
> 换不来财主的半瓢面。
>
> ——《中国歌谣选》第一集

在太平天国最初兴起的广西，道光、咸丰之际旱灾频仍，广西全境呈赤地千里之势。一首名为《随天军》的歌谣，叙述了当地灾荒的情景：

> 去年天大旱，
> 烈日似火烧，
> 年头到年尾，
> 斤米百钱买不到。
>
> ......

苦命的咸丰皇帝

——《太平天国史迹真相》

人穷天又旱，

百姓受苦难，

人不如牛马，

苦楚何日完。

——《中国歌谣集成》广西卷

对自身苦难的控诉，也许掺杂了后来歌谣搜集者的特定情结，但对道光、咸丰之际天灾的记忆却是真实的。在长江下游的安徽一带，据史料记载，当时还经由江苏淮阴、徐州等地流入黄海的黄河在咸丰初年曾经连续三年决口，清政府根本无力应对，只能任由其泛滥，为百姓带来了一场深重的灾难。当地一首民谣讲述的正是这场灾难：

民俗图 灾荒往往对民众脆弱的生活形成致命的打击。

——清末小说《老残游记》

咸丰坐殿闰八月，

大雨下够两个月，

黄河两岸开口子，

人死大半显不着。

——《捻军歌谣》

水灾与旱灾交乘，摧毁了原本就十分脆弱的社会生态，由于粮食大面积歉收，饥民随处可见，不少人因此而饿毙。安徽亳县的一首民谣，说明了当年情形的严重：

> 今年淹，明年旱，
> 亳州地里年成歉；
> 针穿黑豆大街卖，
> 饿死穷人成大片。
>
> ——《捻军歌谣》

食物的极度缺乏，人们不得不以河里的杂草充饥，人吃人的悲剧开始上演，甚至连老鼠也啃起了砖头。这些形象的语言，表明当年噩梦般的场景，在人们心中留下了难以抹去的记忆：

> 针穿黑豆长街卖，
> 河里杂草上秤称；
> 人吃人，狗吃狗，
> 老鼠饿得啃砖头。
>
> ——《捻军歌谣》

在灾荒时期，卖儿鬻女是走投无路的人们绝望而无奈的选择，这种情形在咸丰时代也不例外。一个生命只值三五吊制钱（安徽当地以皮条穿制钱，一吊钱为一串）的事实，表明灾荒对生命的直接逼迫：

> 咸丰年，街头看，
> 穷人的儿女排成线。
> 三串皮钱摆摆手，
> 五串皮钱争着愿。
>
> ——《捻军歌谣》

在一家一户经营、靠天吃饭的小农经济年代，水旱灾荒对民众生活形成的冲击，无论如何估量也不过分。中国传统的政治意识中，天人贯通是一个重要的原则。天子受命于天，不能不接受天命的制约。人间政治生活不正常，必然引起上天的警告，即所谓"天象示警"。就民众的理解而言，正是由于人间政治的不靖，导致上天震怒，由此而降下灾难。灾荒的出现与统治者的政治失范相关联，必然会引导受难者对现实政治产生怀疑。咸丰本人并没有意识到，就在他登基的那一刻，压力已经到了极限：

> 咸丰咸丰，
> 五谷不丰；
> 冤狱累累，
> 皇粮重重。

——《浙江民间歌谣》

血飞肉薄、民不聊生　官吏压迫加给民众的痛苦。

——清末小说《老残游记》

"五谷不丰"的困境，促使民众的情绪不断激化，成为社会动荡的前兆。在生计断绝之际，结伙互助、打家劫舍乃至集体反叛，就是迫不得已的出路。淮北一带捻子的兴起，就说明了天灾与民众反叛之间的关系。在旱灾、高利贷（印子钱）的压迫下，当地不少人不得不投身于这种集体性的劫掠组织。"创江山"之类的政治口号极可能是后来的附会，但天灾对生活的挤压无疑是真实的：

> 今年旱，明年淹，
> 草根树皮都吃完；
> 印子钱，翻一番，
> 一石变成两石半。
> 不在捻，咋能沾，
> 跟着老乐创江山。

——《捻军歌谣》

农业耕作是中国民众最基本的生活来源，所谓"金买卖，银买卖，不如在家翻土块"、"十亩田，十亩地，翻转翻倒吃弗及"，都表明民众对土地的看重。但"溥天之下，莫非王土"，在名义上，王权才是土地的最终所有者。基于此，国家有权按照自己的意愿对土地征收赋税，田赋、差徭成为小农的沉重负担，给他们留下了深痛的记忆。19 世纪中期，政府巨大的财政压力，转化为千万民众个体的沉重负担。在江苏仪征，民众感受到了这种苛刻：

> 租种二亩田，
> 要交十道捐。
> 衣衫不遮身，
> 烟囱不冒烟。
> 清鬼，清鬼，
> 要命，要钱！

——《太平天国歌谣》

安天知命、逆来顺受是中国民众基本的人生态度，世道的逼迫打碎了人们的梦想与希望，天灾与人祸的交乘，更引发了他们情绪的激动。一无所有的人们，也一无所惧。在这种情形下，民众性格中的另一面——天不怕地不怕的英雄胆气开始浮现：

> 只怕天公，不怕咸丰；
>
> 只怕风雨，不怕官府。

——《中国歌谣集成》浙江卷

> 不怕风雨，哪怕你官府；
>
> 不怕天公，哪怕你咸丰。

——《中国歌谣集成》浙江卷

自然灾害与国家政权的双重压力，摧毁了民众对生活的信心，绝望的情绪迅速滋生和蔓延，向社会发出了危险的信号。被扭曲了的民众，不得不铤而走险，个人与群体的行为开始脱离秩序的约束。下层社会的动荡，使道光、咸丰之交的中国社会处于爆发的临界点，预示了 19 世纪中期的清王朝正面临着一场大规模的风暴。

骚动

风暴开始于江南普遍的骚动。道光、咸丰之际，乡村社会的反叛已呈星火燎原之势。据统计，1842—1850 年，此类事件多达 90 次以上。至咸丰初年，也就是太平天国兴起的几年间，情形更为严重，歌谣谓：

> 咸丰坐帝二年半，
>
> 江南反了一大片。
>
> 毁些锄头破犁砚，

打些苗刀双齐线。

——《捻军歌谣》

做惯了顺民的人们开始了不同寻常的行动。当农具被熔炼成了刀枪，用来收割小麦的"齐头钐"变成武器时，他们也在转换着自身的角色，成为王朝的对头。安徽涡阳一首民谣说：

咸丰年，大贱年，
涡河两边草吃完，
地丁银粮逼着要，
等死不如来起反。
竹竿子能挡西瓜炮，
齐头钐能把妖兵赶，
一下打到北京去，
咱们坐一坐金銮殿。

——《捻军歌谣》

无论是否出于后世附会，"打到北京"、"坐一坐金銮殿"，更多的是象征意义，而非刻意追求的政治目标。打江山、"坐金銮殿"的愿望，只是极少数社会成员的政治野心，在历史上改朝换代的战争中，农民往往只是附和者。他们关心的是生存愿望能否得到实现，很少在乎谁是天下的主人。在世道逼迫的时候，他们更习惯于行走在秩序的边缘，寻求瞬间的衣食无忧与快乐。在淮北地区，贩卖私盐就是这样一种行当。盐贩子们带着用瓢开成的大碗，喝茶、吃饭，睡觉时用做枕头。安徽蒙城一首歌谣叙说了这种生涯的苦与乐：

贩私盐，贩私盐，
家中无地又无钱。
交了好运发大财，
花花大戏唱几台；
老也笑，少也笑，

三春日子饿不着咱。

贩私盐，贩私盐，
生活逼迫作了难。
走了孬运碰清兵，
人亡财散望谁喊；
老也哭，少也哭，
一家从此完了蛋。

贩私盐，贩私盐，
穷爷们结成捻。
清兵再要把咱斩，
去他娘的大瓢碗；
白刀子进，红刀子出，
祖宗从此要造反。

——《捻军歌谣》

歌谣也许出于后世，但所刻画的情形却大体真实。所谓的"捻"，在当地方言中就是一群人的意思。早在康熙年间，这里就出现了结捻贩卖私盐的风气，他们农忙时从事耕作，农闲时以此为业，聚散无常，行踪无定，来去倏忽，也被称为"响捻子"。多年延续下来，这种劫掠活动已经成为他们生活的一部分：

入了秋，放下镰，
家家户户把刀缠。

——《中国近代反帝反封建历史歌谣选》

在中国，盐的经营很早就由国家垄断，但其中巨大的利润无时不吸引着人们。两淮盐场是历史上主要产盐区，也是以贩卖私盐为业的不法之徒的聚集地。捻子们武装贩私、打家劫舍，目的就在于掠夺财富。尽管这种生涯蕴藏着很大的风险，但收获也能给他们带来极大的满足：

> 三月三，四月半，
> 打捎得来粮和盐，
> 朋友拿，亲戚搬，
> 三天三夜未分完。

——《捻军歌谣》

劫掠成为一种风气，有时全村庄的人都参与其中：

> 庄庄在捻庄庄富，
> 老少动手杀财主，
> 穷人汉子有吃穿，
> 不住草房住瓦楼。

——《捻军歌谣》

对于走投无路的民众来说，这种劫掠行径虽然危险，但却能够在短时间里改变自己的生活，不失为一条出路：

> 一家入了捻，
> 有吃又有穿；
> 一庄入了捻，
> 骑马穿绸缎；
> 穷人都入捻，
> 一起去杀官。

——《捻军歌谣》

穷人入捻、杀官之类的说法，也许是后人借题发挥。依照常理推测，为了使自己的劫掠活动能够延续下去，不引起官府的注意，捻子们应该尽量避免招惹官府，似乎不大可能公然标榜与官府的对立。不过，捻子的活跃，也确实意味着乡村原有权力体系受到了挑战。作为边缘社会势力，捻子的迅速兴起，成为乡村的强势力量，意味着官方在当地社

会控制能力的下降。在这种情形下，民众自然要转而向新势力寻求
支持：

> 破袄没有皮袄暖，
>
> 求官不如去告捻。
>
> ——《安徽歌谣》

在传统的基层社会体系中，官、绅、民三种势力既对立又牵制，保
持社会稳定的一个重要条件是三种力量的相对均衡。"民"的崛起，事
实上打破了这种均衡，推动士绅向地方官府的靠拢。居住在乡村、功名
在身的士绅进城向官员求援的情形，表明了乡村权力结构的某些变化：

> 陆拔贡，张举人，
>
> 披着破袄把城进，
>
> 大红帖子金元宝，
>
> 敬给县官苏老雕。
>
> 老雕不要脸，
>
> 带着人马来找俺，
>
> 南湖边上还没到，
>
> 叫他个个人头掉。
>
> ——《安徽歌谣》

捻子、捻党的活跃，只是下层社会势力趋向活跃的一个例证。实际
上，道光、咸丰之际的江南，伏莽遍地，由掠夺到反叛，已初现乱世之
象。广东、广西是天地会颇有声势的地区，在道光末年天灾的逼迫下，
这一地区的天地会进入了最活跃的时期。会党领袖们开堂设馆，堂主为
投奔者提供饭食照料，并指挥这些人劫富开仓，所得交公，被称为"米
饭主制度"。揭竿而起的队伍动辄达数千数万人，其中影响最大的有武
宣县陈亚贵、钦州与贵县的张嘉祥等领导的队伍，以及湘桂边界受会党
影响的雷在浩、李源发的起事等。一首出自天地会首领张嘉祥之手的歌
谣是：

中国有小刀会　上海小刀会战士。

——《中国近代史参考图录》

上等之人欠我钱，

中等之人安枕眠，

下等之人跟我去，

不用租牛耕瘦田。

——《天地会诗歌选》

　　江苏、浙江、福建等省，小刀会、金钱会、红钱会等天地会支派也纷纷举起义旗，此起彼伏的会党队伍与太平天国相激荡，成为长江下游社会秩序的颠覆力量。1853 年，以刘丽川为首的小刀会攻进上海县城，扎营老城隍庙豫园点春堂：

东校场，西校场，

人强马又壮；

要投小刀会，

去到点春堂。

——《天地会诗歌选》

与此同时，苏、淞、太一带的周立春也以天地会的旗号拉起一支队伍。他的家乡塘湾，成了聚集百姓、招兵买马的地点：

> 要吃咸菜饭，
> 就到塘湾来。
>
> ——《天地会诗歌选》

天地会起事时，参加者均以红布帕首，经常被称为红巾军，又称红兵，清军则被称为白兵。在浙江乐清一带，咸丰初年，以瞿振汉为首的天地会队伍，就以红巾军为名。这次起事虽然失败了，但却为民众留下了一段鼓舞人心的记忆：

> 咸丰坐落第二年，
> 大水满到平屋檐。
> 咸丰坐落第四年，
> 振汉反到乐清县。
> 吓得县官康正基，
> 钻到水门团团旋。
> 惊煞浙江布政司，
> 万岁京城叫皇天。
>
> ——《中国歌谣集成》浙江卷

在浙江，瞿振汉之后，又有赵起等人领导的金钱会起事。会员持金钱为号，以坎、离等八卦为编制，与当地的有钱人（"相"）组织的团练武装白布会进行对抗。《金钱会十月歌》这样记述它的举事过程：

> 正月好景是新春，平阳生落翟太爷；
> 官不法，民难活，逼得良民造金钱。
>
> 二月好景吃酴醿，赵起八人结拜在金溪；
> 桃园八个盟兄弟，金兰义契分金钱。

三月好景三月三，金钱分出外地方；
坎字分出桥墩门，离字分出东江山。

四月好景插稻秧，江南出了个佩芝相；
各地摆起团练酒，凑拢白布打金钱。

五月菖蒲正茏葱，赵起听到耳朵风；
挂起金钱发号令，吓得官兵软冬冬。

六月好景早稻黄，赵起挂起金钱到万全；
金钱白布来交战，火烧九相好人家。

七月好景七月半，九相请来夹板船；
船过鳌江来进港，钱仓镇上屋烧完。
八月好景八中秋，赵起带兵到温州；
温州城底实难打，拔起大旗早归队。

九月好景下曹村，赵起带兵到瑞安；
瑞安城底围一月，可怜金钱都杀完。

十月到头恨绵绵，秦如虎兵到江西；
官兵白布来相会，百姓从此受灾殃。

——《天地会诗歌选》

在天地会、捻子这些边缘力量的推动下，道光、咸丰之际的南方社会已呈现出动荡时代的喧嚣气氛，令清政府有应接不暇之累。神秘的谶言、揭竿而起的乱世英豪、躁动不安的民众情绪，预示着一个变乱时代的到来。不过，这些时兴时灭的队伍还不是清政府真正的敌手。在咸丰到同治年间的社会大动荡中，洪秀全和他领导的太平天国才是清王朝最致命的威胁。

革命的时代

1851 年，中国历史上最后一场传统意义的农民革命在广西拉开了序幕。洪秀全，这位不得志的文人，成为革命的领袖。参加起义的人们蓄发易服，红巾裹头，以示与清朝对抗的立场，他们因此被称为长毛。

天王洪秀全像
——《太平天国革命亲历记》

　　七月里蜀葵开花一丈高，

　　金田村里起长毛。

　　三分天下夺得二分半，

　　打破南京立脚牢。

——《沪谚外编》

　　在后世人们对太平天国的解说中，洪秀全似乎从一开始就是一个立志推翻清朝统治、建立理想天国的农民领袖。然而，这种认定并不合乎历史的真实——与其称其为自觉的革命家，不如说他是一个极富想象力的农民领袖。

　　在屡次参加秀才考试未能如愿后，按照洪秀全自己的说法，1837年，第三次考试落第后，他曾在病中得一异梦，梦见自己上了天堂，天使为他剖换心肠，并携往天河沐浴。一黑袍金发老人赐其一剑，命其下凡除妖。醒后病体霍然而愈，起而告其父兄曰："天下万国人民归我管，天下钱粮归我食，我乃天父上帝真命子。"自此，乡人皆以其癫狂。

　　1843年，洪秀全第四次考试失败后，阅读了一本基督教小册子，悟出自己梦中所见的黑袍金发老人就是上帝，于是自施洗礼，并将他的异梦告诉冯云山等人，随即开始传教和联络活动。几经周折，终于由冯云山在广西桂平县紫荆山区建立了一个宗教团体，即拜上帝会。

　　拜上帝教捣毁偶像和庙宇，号召崇拜唯一真神——皇上帝。依照洪秀全的解释，皇上帝无所不知，无所不能，无所不在，如果信奉皇上帝，就可以升上天堂，享荣华富贵。太平军起义后，洪秀全在永安曾经有过这样一首诗诏：

　　任那妖魔千万算，

　　难走天父真手段。

　　江山六日尚造成，

　　各信朕爷为好汉。

　　高天差尔诛妖魔，

> 天父天兄时顾看。
>
> 男将女将尽持刀，
>
> 现身着衣仅替换；
>
> 同心放胆同杀妖，
>
> 金宝包袱在所缓；
>
> 脱尽凡情顶高天，
>
> 金砖金屋光焕焕。
>
> 高天享福极威风，
>
> 最小最卑尽绸缎，
>
> 男着龙袍女插花，
>
> 各做忠臣劳马汗。

——《太平天国文书汇编》卷一

在专制社会背景下，民众的政治理想多表现为明君意识。民众以为，政治的无道，是因为奸佞的作乱。社会动荡表明当今王朝气数已尽，唯一希望就在于英明君主、真命天子的出世。利用这一点，历代的造反者几乎都会借助某种神秘的权威，把自己打扮成新的"奉天承运"者，对民众进行政治动员。洪秀全也不例外。据说他曾经编造过一则谶谣：

> 三八廿一，禾乃玉食，
>
> 人坐一土，作尔民极。

所谓"三八廿一"即"洪"字，"禾乃"为"秀"，"人坐一土"为"全"，意思是说洪秀全将得到天下，为民之君。

1850年秋天，拜上帝教会众卖掉田产房屋，男女老幼举家赶赴桂平县金田村团营，清朝历史上最为壮观的一次农民运动就此拉开了序幕。

> 天字旗号飘得远，
>
> 四方兄弟到金田。

四方兄弟都来到，

斩龙降妖声震天。

——《太平天国歌谣》

太平军起义后，于 1851 年 9 月攻克永安，在这里封王建制，稍事盘桓。次年 4 月，太平军自永安突围北上，围攻桂林失败后，一举占领全州，至此，广西全境已为之震动：

正月梅花初逢春，

广西造反动刀兵，

洪秀全，杨秀清，

一夜连破十三城。

——《中国歌谣选》第一集

1852 年 6 月，太平军入湖南，9 月攻长沙不克，次年 1 月占武昌。一路沿江而下，势如破竹，3 月即奠都南京，建立了与北方清王朝遥相对应的一个新政权。

天父天兄手段高，

打得清兵四处跑，

拿下南京立天国，

旗开得胜万民笑。

——《太平天国歌谣》

在 19 世纪中期的社会背景下，太平天国的兴起有其合理性，但我们仍然要问，洪秀全究竟靠什么发动了这场革命，并实现了它早期的成功？在很长时期里，有关太平天国的研究，人们几乎无例外地与实现土地的理想联系在一起。在太平天国颁布的《天朝田亩制度》中，天下的土地被分成九等：上上、上中、上下、中上、中中、中下、下上、下中、下下，年满 16 岁以上，不论男女，都可以得到公平的一份。尽管这种绝对平均的理想化社会改革方案没能实现，但却被看做是太平天国

号召力最根本的来源。后世的人们曾经用下面这些歌谣来描述太平军的
起义情形：

> 天字旗号插田中，
>
> 穷人集队把田分，
>
> 妇女妹姑扎绑腿，
>
> 奔向金田当英雄。
>
> ——《中国歌谣选》第一集

20世纪五六十年代搜集的太平军歌谣中，还有起义者在各地烧田
契、分土地的内容：

> 天军到大琳，
>
> 财主胆战惊；
>
> 搜出房田契，
>
> 火烧化灰尘。
>
> ——《太平天国歌谣》

又有：

> 天字红旗飘飘扬，
>
> 三里百姓喜洋洋，
>
> 分完田地烧契纸，
>
> 烧完契纸开皇仓。
>
> ——《太平天国歌谣》

在太平军向南京进军途中，也有这样一首宣传谣：

> 天兵来杀妖，
>
> 全为穷乡亲，
>
> 打下南京城，
>
> 就把田地分。
>
> ——《中国近代反帝反封建历史歌谣选》

　　然而，这些后世浮出的太平天国歌谣，真实性大可怀疑。金田起义的发动，更多地借助了神秘主义的宗教语言和洪秀全关于天堂的许诺。宗教是洪秀全进行革命最重要的动员方式。金田起义后，拜上帝教会众曾不断遭到清军围攻，洪秀全在诏令中一再告诫会众去私心，遵天令，对得起天父、天兄，并宽慰大家不要慌张，"万事皆是天父天兄排定，万难皆是天父天兄试心"，其时洪氏有诗曰：

> 真神能造山河海，
> 任那妖魔一面来，
> 天罗地网重围住，
> 尔们兵将把心开。
> 日夜巡逻严预备，
> 运筹设策夜衔枚，
> 岳飞五百破十万，
> 何况妖魔灭绝该。

——《太平天国文书汇编》卷一

　　洪秀全又称，天堂之路并不平坦，欲上天堂要历经磨难。凡立下战功者，即为升天功臣，在世威风无比，在天享福无疆，因此各人都应该坚定心志，听从号令：

> 上天岂容易，
> 头要耐心志，
> 一定会上天，
> 尔们把心坚，
> 最怕半路差，
> 鬼路最歪邪。

——《太平天国文书汇编》卷一

　　在这些诗歌里，所能看到的均为极具宗教意味的动员语汇，被后世津津乐道的"有田同耕、有饭同食、有钱同使、有衣同穿"的太平理想，至少在这个时期还不曾显露。可能是由于后世歌谣搜集者自身所处的特殊环境，为了赋予农民阶级更鲜明的革命性，将这种事实上并不存在的场景有意识地添加到歌谣中。这种偏离，使这些歌谣在一定程度上失去了描述革命的价值，也使我们无法真正还原民众对革命的真实体验。

洪秀全崇拜上帝真神的宗教话语，使太平天国形成强固的凝聚力，它最初令人目眩的胜利，显然与此有关。当然，拜上帝教对大众吃饭问题的允诺，也起了重要的凝聚人心的作用。在中国社会，"等贵贱、均贫富"始终是最高理想，四海之内皆兄弟，有福同享、有难同当之类的理念在社会动荡年代往往有强大的号召力。太平天国初期建立了圣库制度，以同衣同食为号召，体现的正是这样一种意识。正是因为如此，民众把太平天国视为救星：

> 天王天王，
> 救我儿郎；
> 谁扶世道，
> 唯我天王！
>
> ——《浙江民间歌谣》

定都天京象征着一个新政权的产生，但并不意味着革命的完成。1853年5月，太平军派兵北伐。以攻占北京为目标的北伐军由扬州、浦口北上，经安徽、河南入山西，转直隶（河北），10月进抵天津城下。

> 争天下，打天下，
> 穷爷们天不怕来地不怕；
> 杀到天津卫，
> 朝廷快让位；
> 杀到杨柳青，
> 天子吓得发了懵。
>
> ——《中国歌谣选》第一集

这首安徽歌谣，对太平军的北伐行止竟然有如此准确的描述，使我们不能不怀疑它的真实性。但这种场景却基本合乎事实。北伐所到之处，太平军攻城略寨，清军闻风丧胆，给当地民众留下了深刻的印象。在安徽蒙城，号称"杨半城"的大地主杨文广和蒙城知县宋维屏被杀，当地一首叙事歌谣说：

> 咸丰二年半，
>
> 兴起了大刀齐头钐。
>
> 抢了杨文广，
>
> 杀了宋知县，
>
> 大家来过太平年。
>
> ——《中国歌谣选》第一集

在安徽亳县，太平军与当地捻子会合，亳州知州孙椿死于刀下：

> 咸丰二年半，
>
> 长毛、捻子会了面，
>
> 打开了亳州城，
>
> 杀了孙椿个大坏蛋。
>
> ——《中国歌谣选》第一集

太平军对官府权威的打击，使有胆量的人们乘机而起。豫东地区，太平军攻占归德（商丘）后的情形是：

> 咸丰二年半，
>
> 打开了归德府，
>
> 失落了夏邑县，
>
> 众百姓砸了多少典当院。
>
> ——《中国歌谣选》第一集

北伐军师行间道，长驱直入，锋芒直指燕赵，动作极为迅速。在河南怀庆（沁阳），太平军战而不克，乃解围由济源小道入山西。当地有歌谣谓：

老长毛，打木圈，

军鼓敲，驴拉碾，

不声不响到济源，

吓得清兵三天不露面。

——《太平天国诗歌选》

剽悍异常的太平军在半年时间里横跨四省，转战数千里，令清廷大
为震惊。在北京，数万户官绅逃迁，咸丰皇帝一度打算避往热河行宫。
尽管北伐军以悲壮的结局而告失败，但在太平天国军事史上却留下了震
撼人心的一章。

北伐的同时，太平军进行了以夺取长江上游为战略目标的西征，并
且相继打破了围困南京的清军江北、江南大营。一时间，半壁江山易
主，太平军扫荡长江数省，令清军为之胆寒。在安庆一带有歌谣说：

一二三，集贤关，

杀得清兵白眼翻；

四五六，青草塥，

杀得清兵抱头哭；

七八九，沟二口，

杀得清兵无路走；

无路走，无路走，

阎王老子在等候。

——《太平天国歌谣》

江苏扬州有歌谣谓：

四望厅，三层阁，

站在上面探马脚，

马脚到，吹号角，

打得清兵往回跑。

扬州城有红头军，

吓得清兵不敢到。

——《太平天国歌谣传说集》

一首讽刺团勇无用的歌谣是：

团勇团勇，

一眼无用，

一听长毛，

魂灵出送。

——《太平天国诗歌选》

在有关太平天国的歌谣中，最常见的就是这些描述战争的内容。事实上，太平天国的历史就是一部战争的历史，天国以战争的形式而存在，与清王朝犬牙交错的对峙格局，使它几乎没有完整地占领过一个省的地盘，即便在全盛时期也是如此。不过，洪秀全的天国虽然未能形成明确的版图，但毕竟一度控制了以天京为中心的江南部分地区。基于此，我们必须考虑的一个问题是，天国给民众究竟带来了什么？在后世搜集的歌谣中，有一些描述穷人翻身的内容：

太平军发式
——《太平天国革命亲历记》

长毛造反，

四处八方；

苦人抬头，

东家遭殃。

——《太平天国歌谣传说集》

南京有谓：

> 满街红头走，
> 骑马跟后头，
> 阔佬关门闭户，
> 穷人抢扎红头。
>
> ——《太平天国歌谣传说集》

又说：

> 红包头进南京，
> 当官的要了命，
> 有钱人心事重，
> 穷人是一身轻。
>
> ——《太平天国歌谣》

江苏常熟一首歌谣是：

> 长毛一到，
> 叫花子拿元宝，
> 穷人着皮袄，
> 财主人穿蒲包，
> 谁叫长毛不好。
>
> ——《太平天国诗歌选》

在这些歌谣中，太平军被描写成穷人的救星，我们不怀疑这些歌谣有其真实的一面：深受清王朝压榨之苦的民众，在太平军兴起后又为毫无纪律的清军与团勇所蹂躏，而太平天国前期，法令严明，对于奸淫掳掠之事禁止甚严，这些都博得了百姓的好感，使民众在一定程度上能够认同太平军。在太平军对既有旧势力的扫荡中，也确实不能排除下层民众会产生改朝换代的感觉。但如此明确地把太平天国视为穷人的政权，似乎多少受到了后世意识形态的影响。歌谣中又有谓：

> 团练见长毛，
>
> 好像老鼠见到猫；
>
> 吓得三魂不附体，
>
> 扔枪丢刀抱头跑。
>
>
> 百姓见长毛，
>
> 好像亲戚朋友到，
>
> 同是种田受苦人，
>
> 拍手迎着哈哈笑。
>
> ——《太平天国歌谣》

　　这种描写的真实程度如何，今天已经很难确定。必须承认，太平天国的出现，有合乎历史逻辑的一面，但这并不意味着它实现了对旧社会天翻地覆的改造。事实上，民众对这场战争的感受是复杂的。在各类官私记录中，我们能够看到许多有关战争破坏场景的记载，江南大地化做战场，对生于斯长于斯的百姓来说，恐怕更是一场灾难。在今天所能见到的歌谣中，这些内容似乎都被过滤了。

　　江苏宜兴描写太平天国统治区新气象的歌谣说：

> 太平军，好章程，
>
> 发放粮食，
>
> 田地平分；
>
> 打官兵，打洋人；
>
> 鸦片赌博一齐禁，
>
> 处处太平。
>
> ——《太平天国歌谣》

　　考诸史实，太平天国控制区确实有一些社会的变动。上面歌谣中提到的禁止吸食鸦片，就是给人留下深刻印象的新风尚。下面这首诗歌，是洪秀全 1849 年所作，太平天国建立后，又以诏书形式重新发布的：

太平天国的宗教生活　一个太平天国礼拜堂。

——《太平天国革命亲历记》

> 烟枪即铳枪，
> 自打自受伤，
> 多少英雄汉，
> 弹死在高床。

——《太平天国诗歌选》

　　太平天国的社会生活规范多出自于拜上帝教的宗教戒律。太平军所到之处，捣毁佛像，焚烧寺庙，不准民间供奉各种"邪神"，其谓：

> 遵天条，拜真神，分手时天堂易上；
> 泥地俗，信魔鬼，尽头处地狱难逃。

　　蓄发易服的太平军，依照宗教戒条，禁止吸食鸦片和饮酒。太平军中有谓：

> 不剃头，
> 不留须，

不吃鸦片烟，

不喝流水（酒）。

——《太平天国歌谣》

民间有歌谣描写太平军的纪律，尤其强调其拒绝淫词小曲的态度：

长毛正当人，

住下爱百姓，

穷人没有吃，

他们就掏银；

听到唱小唱，

马上就搬走。

——《太平天国歌谣传说集》

太平军的这些做法，主要出自其宗教戒律。太平天国定都天京后，尝试以政权的力量将拜上帝教的种种戒条推行到民间。据称，太平天国颁布有悔罪制度，早晨、晚间、吃饭、生病、生日、小儿满月、嫁娶、土木兴建时都要举行，悔罪者跪于地，口念悔罪书。天国还制定了《十款天条》，对百姓进行宗教教化，如崇拜皇上帝，不拜邪神，避讳上帝耶和华之名，七日礼拜，孝顺父母，不杀人害人，不奸邪淫乱，不偷不抢，不说谎，不起贪心等。但可以推断，这种宗教性质的生活规范事实上并未为民间普遍认同，天国控制区域的社会面貌也没有因此发生明显的变化。

定都天京后，太平天国有开科取士之举，不论各色人等，均可参加考试。当年洪秀全4次考试不中，现在则可以判决他人命运，自然是一件快意之事。不过，在太平天国区域，孔孟之书被视为"妖书"，一概予以禁止，考试内容只能是天朝诏令和拜上帝教的宗教教义。首次应试者尚不足300人。一首与此相关的歌谣是：

小子肚里本无才，

司马伍长邀我来，

太平天国官吏夫人的服饰。
——《太平天国革命亲历记》

诗词歌赋我不会，

画对香炉蜡烛台。

——《太平天国歌谣》

天国悲歌

与历史上无数农民英雄一样，洪秀全的目标是建立一个均平的世
界，但却不可能突破固有的政治模式。在他的理想中，太平天国应该是
万国来朝、自在逍遥、福分永久、万世升平的乐土：

万方万国万来朝，

万山万水万逍遥，

万里万眼万圈子，

万知万福万功劳。

——《太平天国文书汇编》卷一

王权政治是农民造反的归宿，这一点对太平天国也不例外。我们不妨推断，即便太平天国成功地灭掉清朝，它也只能是一个弥漫着浓厚宗教气息的新王朝。这称不上是悲剧，只是农业社会革命的常态。对太平天国来说，问题的严重性在于，还在拜上帝教的时代，它的领导层内部就留下了争权夺利的隐患。1856 年，正当太平军在天京上游鏖战之际，一场猝然而发的灾难降临了。在这场历史学家称为天京事变的内讧中，太平天国早期的两位核心人物——东王杨秀清、北王韦昌辉死去，加上随后出走的翼王石达开，天国在一瞬间陷入了困境。最先实施兄弟相残的是韦昌辉，一首谴责他的歌谣是：

北王北王心不正，

夜奔天京恶计生，

杀死东王杨秀清，

残害天兵无数人。

——《太平天国歌谣传说集》

兄弟阋墙起于杨秀清的“功高震主”。一般的说法是：作为太平天国早期的军事首脑，杨秀清进入天京后，渐渐不把洪秀全放在眼里，甚至要部下称自己为万岁，有凌驾天王之意。洪秀全隐忍不发，密召与东王早有宿怨的韦昌辉自前线回京，一番布置后，东王被杀，部下死者数万。及至石达开回京，责备于韦，韦昌辉又有除翼王之谋，石达开出逃，其在天京的家眷则为韦全数杀害。洪秀全不能忍受韦昌辉的跋扈，韦氏于是遭到擒杀。石达返回后，天王因猜疑而不加重用，石氏乃不辞而别。

天京事变不仅使天国丧失了最有力的军事领袖，也使洪秀全所标榜的兄弟齐心大打折扣。代之而起的，是人们对天国前途的怀疑：

> 天父杀天兄，
>
> 江山打不通，
>
> 回转故乡仍旧做长工。
>
> ——《中国近代反帝反封建历史歌谣选》

人心的离散，也不只因为领导者的内讧。洪秀全借用西洋上帝所创造的拜上帝教，在中国社会本来就缺乏认同基础，因此，很难支撑天国的根基。太平军进入南京后的几年间，尽管在军事上不无成就，但固守一隅的态势，实际上使建立太平天下的理想已变得遥不可及。革命还只是刚开始，结局就已经显现：

> 天父杀天兄，
>
> 总归一场空；
>
> 蛟龙非金龙，
>
> 仍旧喊咸丰。
>
> ——《中国歌谣集成》广西卷

最早参加太平军的主要是广西、广东人，在久离家乡又横遭变故之后，锐意进取的精神慢慢消磨殆尽，对故土的思念也使他们产生了回转家乡的念头：

> 一根扁担两头尖哟，
>
> 挑担台米上广西哟。
>
> 广东广西，
>
> 我们天朝兄弟都是家里，
>
> 回转故乡仍旧垦种田地。
>
> ——《太平天国的歌谣和传说》

洪秀全最初组织革命力量时，借用片段的基督教知识，以拜上帝为招牌，自称为上帝次子，耶稣之弟，此后杨秀清又取得代天父传言的资格，萧朝贵自称天兄，几人常用装神弄鬼的方式震慑众人，对天堂的宣传在初期确有固结人心的成效。但到南京之后，洪秀全已陷入自己编造的天堂幻想而不能自拔。生活上的穷极奢华与精神上的彻底迷信，使洪氏全然没有革命者的风范。他以顺口溜的方式所作诏书谓：

> 皇天上帝真亲爷，
>
> 那个麻妖冒得他，
>
> 天父定然天子识，
>
> 各人跑路莫跑差。
>
>
> 堂堂天母朕亲妈，
>
> 天子定然识得他。
>
> 劝谕尔们信我讲，
>
> 云中雪莫惹来加。
>
> ——《太平天国文书汇编》卷一

不问政事，一味靠天，是洪秀全此后的一贯作风。洪氏又谓：

> 天王在凡转高天，
>
> 天下弟妹闻得见，
>
> 爷哥一一亲教导，
>
> 复降下凡在半天，
>
> 爷嘱生死妖概灭，
>
> 天王承之无本事，
>
> 双眼泪流爷哥前，
>
> 爷哥袍袖来缴眼，
>
> 尽指教导放胆去，
>
> 万样有爷权能大，
>
> 万样有哥担当全。
>
> ——《太平天国文书汇编》卷一

在这些语句不通的诏书里，洪秀全声称，一切都有上帝做主和担当，各人只需放胆去做，自可保天国铁桶江山永久万年。把一切托付天命，实在是莫大的昏话。在这样的背景下，天国的败落就成为必然。

天京内讧后，太平天国元气大伤，不仅缺乏担当全局的领袖，洪秀全任用非人、滥封王爵也使天国的凝聚力进一步下降，疲于奔命的太平军一步一步地受制于人。尽管在战场上仍然取得了一系列的胜利——1858年，在后起的太平军著名将领忠王李秀成、英王陈玉成的指挥下，太平军再次击破重建的清军江北大营；1860年摧毁江南大营，但并未从根本上挽回天国的颓势。在太平天国后期，军事上主要着力于开拓江苏南部和浙江地区，在这一带，留下了不少有关太平军的战斗歌谣。江苏溧阳有谓：

> 长毛打进溧阳，
> 官兵抱头鼠窜，
> 红旗插在树头，
> 门牌贴在门上。

——《太平天国诗歌选》

1861年，太平军侍王李世贤部攻克浙江金华，当地歌谣谓：

> 天兵几时到？
> 天兵四月十九到。
> 金华府太爷拼命逃，
> 小码头摆起狗头炮，
> 迎接天兵早早到。
> 做官的逃不了，
> 财主老官喊倒灶，
> 穷苦人家乐得哈哈笑。

——《中国歌谣集成》浙江卷

1862年，奉命远征西北、扩充兵马的太平军扶王陈得才部攻克陕西渭南一带时，有歌谣称：

> 四月二十三，
>
> 长毛到渭南，
>
> 先破城，后杀官，
>
> 乡勇死了一大摊。
>
> ——《太平天国诗歌选》

　　但是，这些胜利远不足以扭转全局，将士们的努力搏杀，只是延缓了天国覆亡的时日。天京事变后，太平天国最著名的军事领袖是李秀成。作为天国最后几年的军事支柱，他率领太平军转战苏浙等地，所向披靡。据称，李秀成颇有忠君爱民作风，待百姓宽厚，军队纪律也好，因此得到人民的拥戴。今天所见的关于李秀成的歌谣，相信大多是后人的制作，同样夹杂了许多不属于太平天国的内容，但仍大体可见民众对李秀成的良好印象。江苏搜集到的一首歌谣是：

> 又敲锣，又打鼓，
>
> 敲锣打鼓迎忠王，
>
> 忠王来了不纳税，
>
> 忠王来了不交粮。
>
> ——《太平天国的歌谣和传说》

苏州、常熟等地有歌谣谓：

> 黄秧叶子绿油油，
>
> 忠王是个好领首。
>
> 地主见了他两脚抖，
>
> 农民见了他点点头。
>
> ——《太平天国的歌谣和传说》

　　一直到太平天国失败，李秀成被俘遇难，还有怀念忠王的歌谣称：

> 说忠王，话忠王，

忠王真是好贤王，

一到就开仓，

穷人饱肚肠；

又分地，去种粮，

人人过得好时光。

天不祐，他死了，

百姓痛哭丧爷娘。

——《太平天国歌谣》

在太平天国最后几年，军事上的对手已经不再是腐败不堪的八旗兵和绿营兵。太平军兴起后，由于清军不堪重用，屡战屡败，清政府迭次下令举办团练。曾国藩和李鸿章等人的湘、淮军由此而兴，在江南、江北大营先后两次被击破后，这些新兴的军事力量成为清王朝倚重的对象，也成为太平军最大的敌人。

八月秋风木犀香，

曾国藩团练起湘乡。

杀尽长毛功劳大，

淮军还有李鸿章。

——《沪谚外编》

从1853年太平军西征、湘军出湖南应战开始，曾国藩几度失败到要自杀的地步，但终于还是熬过了最艰难的时刻。在随后的时间里，他所建立的湘军成为太平天国西侧最强劲的对手。1861年，湘军攻陷了天京上游最重要的军事要地安庆。次年，以英勇善战著称的英王陈玉成在安徽寿州被清军诱捕，不久遇害于清军胜保营中。一首怀念陈玉成的歌谣是：

刀脖下面一条狼，

胜保你勿太猖狂；

长毛散了有捻子，

杀了英王有沃王；

有朝一日天军还，

矛子戳你黑胸膛。

——《太平天国歌谣》

　　歌谣中阶级感情的鲜明、雪恨意志的坚强，说明它应该出于后人之手。但无论如何，安庆失陷、陈玉成牺牲，使太平天国在军事上已处于极度危险的境地。此后不久，曾国藩之弟曾国荃率领湘军进抵南京雨花台，李秀成回师解围，虽经血战，终未奏效。在最后时刻，他向天王洪秀全提出让城别走的方略，为信天不信人的洪秀全拒绝。其时天京粮食已十分短缺，洪秀全下令军民以"甜露"（即野草）为食。1864 年 6 月 1 日，洪秀全病逝。据说，他是因为食"甜露"而中毒成疾。当年 7 月 19 日，天京陷落。这一天，按太平天国历法，是甲子十四年六月六日，是被称为"二六相会"的一天：

敲过一更鼓，

月亮正东升，

想起红头军，

连连叹几声，

家家户户分粮又分地，

好日子只过十一春。

月亮渐渐高，

又把二更敲，

忠王李秀成，

待百姓实在好，

传下命令爱百姓，

练兵不把黎民扰。

三更敲隆咚，

月亮正了中，

妹妹放了脚，

也能去上工，

打败妖人享太平，

真是天王第一功。

敲过四更鼓，

月亮偏了西，

东王杨秀清，

不该生异心，

北王韦昌辉不该公将私仇报，

闹得天朝江山不太平。

五更敲罢，

连连叹息，

曾家兵勇，

水陆并进攻打天京，

二六相会没有守着，

好日子没有过十二春。

　　　　　　　　——《太平天国歌谣传说集》

　　"分粮又分地"的"好日子"是后世为洪秀全的天国添加的内容，太平军爱民如子、禁止妇女缠足之类的举措虽然不能说没有，但并非是民众对太平军最深刻的印象。因此，这首歌谣对太平天国历史的叙述，并不能完全反映民众的真实感受。当然，"没有过十二春"则是事实。1864年，中国历史上最后一次大规模农民革命就这样结束了。

故事没有完

后世的歌谣搜集者，据称曾经发现过太平天国失败后流行于苏南的一首歌谣：

> 豌豆花开花蕊红，
> 太平军哥哥一去影无踪。
> 我黄昏守到日头上，
> 我三春守到腊月中，
> 只见雁儿往南飞，
> 不见哥哥回家中。
>
> 豌豆花开花蕊红，
> 太平军哥哥一去影无踪。
> 我做新衣留他穿，
> 我砌新屋等他用，
> 只见雁儿往南飞，
> 不见哥哥回家中。
>
> 豌豆花开花蕊红，
> 太平军哥哥一去影无踪。
> 娘娘哭得头发白，
> 妹妹哭得眼睛红，
> 只见雁儿往南飞，
> 不见哥哥回家中。
>
> ——《太平天国歌谣传说集》

正如我们已经指出的，今天的人们其实已经无法真正还原民众对太平天国的真实感受。历时 14 年、纵横 18 省的太平天国革命，使清王朝遭受了前所未有的重创。但是，当我们把农民革命奉为创造历史的力量而加以歌颂时，一个不可回避的现实是，战争同样给民众带来了不同程度的苦难。兵火之后的江南大地，往日的繁华化为荒烟蔓草，随处可见残垣断壁，一片颓败景象。成千上万的民众或是死亡，或是丧失了他们的家园，曾在 1860 年到过苏州的几位外国传教士在报告中这样叙述当地的情形：

> 到过这些地方，亲眼见到这里叙述的种种情景的人，不能不触目惊心，满怀伤感。靠近太平军攻占的城市，尚有许多未埋的尸体，这里几十，那里成百的，正在燃烧的城郊，十室九空的街道，尚未收割任其在田间腐烂的玉蜀黍，以及这里那里看到的弃婴，等等，无处不是凄惨的景象。

太平天国一役，究竟造成了多少人口的非正常死亡，已经没有办法进行详细的统计。有人估计为 5000 万，也有人估计在 1 亿以上。无辜的死难者不能复生，那些幸存下来的普通民众也一如过去，没有为后世留下他们在战争之后心理与情感体验的任何记录。官方文件和文人的记述会有不实之词，但我们只能姑且相信。我们没有理由剥夺革命者改变自身命运的战斗权利，但战争与暴力却总是这样残酷。在后世发掘出的歌谣中，我们能够看到的，几乎都是揭露清王朝给百姓带来的厄运。比如为了满足战争需要而进行的加捐加税：

> 清兵清兵，
> 百姓伤心，
> 捐得全城，
> 山穷水尽。
>
> ——《太平天国歌谣》

战争的混乱，使抢劫与勒索成为不可避免的事情，缺乏纪律的清军和团勇，往往随处劫掠，肆意搜刮，这也给民众带来了痛苦：

> 湘淮军，似虎狼，
>
> 抢什物，要财粮，
>
> 好似篦篦篦头样。
>
> 杀了我的猪，
>
> 宰了我的羊，
>
> 糟蹋我的妻和女，
>
> 害死我的老亲娘。
>
> ——《太平天国歌谣传说集》

以安徽子弟为家底的淮军，即使在家乡也没有丝毫收敛，当地一首诅咒淮军的歌谣是：

> 淮水黄，淮水浑，
>
> 龟头淮军不是人；
>
> 兔子不吃窝边草，
>
> 淮军抢得村村尽；
>
> 门口姐妹亲不认，
>
> 硬逮黄花犯奸淫；
>
> 跟了妖兵着了魔，
>
> 做出事儿无良心。
>
> ——《太平天国歌谣》

这些以清军为指责对象的歌谣，站在革命者的立场上诉说战争给民众带来的残害，但却没有提到太平军——事实上，太平军的战争行为同样也有对民众生活带来负面影响的可能。显然，这种角度的偏颇对我们理解太平天国战争的后果会产生一定的影响。但是，只要看一看湘军攻下天京后闭城三日烧杀抢掠的行径，就不必怀疑这些歌谣真实性的一面。这些不够全面的资料，尽管无法完整地重现普通百姓对这场革命的倾向性态度，但至少部分地暴露了战争给他们的心灵所留下的创伤。

太平天国运动失败之后，长江以北的捻军仍然坚持战斗了一段时间。1855 年，在太平军最盛时，张乐行等 18 位捻子首领在安徽涡阳雉河集会盟，所领 18 捻兄弟合为一气，确定黄、黑、白、红、蓝五旗军制，推举张乐行（老乐）为首领。两年后，他们接受了太平天国封号，使用了太平天国旗帜，甚至也像太平军一样蓄起了长发。在当地民众的记忆中，捻军领袖张乐行是一位传奇式的英雄：

> 抬着枪，
> 背着药，
> 威风凛凛张老乐。
> 张老乐，
> 人马多，
> 杀得清兵安不了窝。

——《安徽歌谣》

在安徽、江苏、山东、河南等省的广阔区域，都留下了捻军战斗的足迹。这支以骑兵为主的队伍，在淮河与黄河之间纵横驰骋，行动迅捷，神出鬼没。在歌谣中，曾经受封为太平天国鲁王的捻军首领任化邦及其所部被形容成一支腾云驾雾的神兵：

动荡年代的一幕　北京百姓抢当铺。
——《中国民间年画百图》

> 鲁王的蓝旗没有沿，
>
> 鲁王的人马没有边，
>
> 夜里腾空走，
>
> 日里驾云端，
>
> 一天一夜三千三。
>
> ——《中国歌谣选》第一集

与太平天国一样，捻军有着相似的结局。实际上，在太平天国运动被镇压之后，捻军并不是清政府势均力敌的对手，失败只是一个时间问题。1868 年，捻军最后一位英雄——极富传奇色彩、被称为"小阎王"的张宗禹在山东茌平被清军击败，捻军 18 年的斗争历史最终被画上了句号。这位最后的英雄，据说在战败后投身徒骇河，"穿秫凫水，不知所终"。

> 大反十八年，
>
> 家家户户烧纸钱，
>
> 虽然没能成了事，
>
> 总闹得清廷安不了天。
>
> ——《捻军歌谣》

涟漪散尽，一切恢复了平静。战争结束了，留给人们的却是无言的痛苦。

太平天国革命的失败，使清王朝躲过了一场劫难，成为所谓"同治中兴"的起点。然而，正如革命没有改变普通人的生活一样，清王朝的胜利也不能挽救它走向末路的命运。在 19 世纪余下的时间里，中国并没有出现"中兴"气象，以军功获得地位的一批汉族士绅崛起，但政治也没有因此变得清明。衰弱而老迈的清王朝，最终不能挽回江河日下的颓势。而对于千百万民众而言，岁月还在延续，生活一如从前，而厄运也同样如影相随：

> 乾隆换嘉庆，稻麦好不用壅。

嘉庆换道光，十年九年荒。

道光换咸丰，十年九年风。

咸丰换同治，稻麦像芦穗。

同治换光绪，十年九年水。

———《中国歌谣集成》浙江卷

太平天国运动失败后，天地会在长江流域渐归于沉寂，但哥老会的势力却迅速兴起。战争中临时招聘的大批团勇被裁撤，他们与乡村社会游离出来的无业者，一道流入市井城镇，成为新的社会动荡因素。尽管民众的抗争意向暂时被压制，但种种社会的、政治的问题并未消除，民众的情绪仍如从前一样绝望和无奈：

若要川民乐，

除非马生角。

———《中国近代反帝反封建历史歌谣选》

一场没有完成的革命，究竟给民众心理带来了什么影响？这几乎是一个无法解答的问题。失败无疑令他们产生挫折感，但革命几乎得逞的事实，又使王朝"奉天承运"的道统在草莽英豪面前不再神秘。在说不上有什么特殊含义的北京歌谣中，"中兴"时代的同治皇帝被世俗化，似乎表明过去只能仰视的天子正在失去他应有的威仪：

同治爷是小鬼，

正宫娘娘吃凉粉儿，

泪得泪得又泪得。

———《民间歌谣全集》

又谓：

同治爷要翻稍，

罗锅儿直了腰。

———《民间歌谣全集》

社会的动荡，政治的窳败，现实的绝望，使潜藏在中国农民心灵深处的那种英雄主义情结随之升腾，随时都会重新喷涌而出：

> 山东人，好大胆，
> 反反当会赶。
>
> ——《中国近代反帝反封建历史歌谣选》

在苦难中挣扎的人们，失去的是对王朝的信心，没有失去的则是叛逆的勇气：

> 吃没吃，喝没喝，
> 这个日子怎么过？
> 还有一个小男孩，
> 又能卖上几个钱？
> 能吃几顿饱饭，
> 又能活上几整天？
> 反正是个死，
> 不能这样完。
> 先抢粮，后造反，
> 杀洋人，砍贪官。
> 打开官家米粮屯，
> 逮着官洋个个斩。
>
> ——《中国近代反帝反封建历史歌谣选》

在以后的年代里，我们还能看到这种爆发。

第三章
洋世界:沾染与对立

　　当中国的大门被西方列强强行打开后，一个陌生的世界映入人们的眼帘。满怀梦想与憧憬的商人、试图以基督教劝说中国民众皈依的传教士、以征服者自居的外交官等一批又一批西洋人登陆中国，异邦的陌生气息开始在社会上散发。相继出现的租界是西洋社会的一个缩影，被迫开放的通商口岸则成为新式文明的集散地。外力的推动，使中国社会开始偏离固有的运行轨道。对"数千年未有之变局"的强调，正表明这一切对中国社会的强烈冲击。

　　在19世纪的中国社会，当西洋人以强力闯进我们的家园并把诸如鸦片之类的灾难带给国人的时候，我们不能不对洋人与洋事物表现出警惕与敌意。文化心理的隔阂、伦理观念的冲突、宗教习俗的差异，等等，又强化了这种疑惧与排斥。

国门打开之后　议通商百货出口。
　　　　　　　　　——《痴人说梦记》

西洋人与西洋文明的步步进逼，在 19 世纪下半期的中国社会，引发了
不同的社会效应。

西洋印象

继坚船利炮之后，19 世纪西洋人带到中国的首先是各式各样的洋
器物，民众对西洋的认识就是从这里开始的。早在乾、嘉时期，西洋器
物就已经作为消费品输入中国，不少城市开设有专卖"洋广杂货"的商
铺。不过，那些新奇贵重的西洋器物，只有在宫廷和贵族府第才能见
到，民间还十分稀罕，难怪刘姥姥在大观园见到穿衣镜时，会把自己的
身影当成亲家真人。天津一首竹枝词谓：

> 百宝都从海舶来，
> 玻璃大镜比门排。
> 和兰琐伏西番锦，
> 怪怪奇奇洋货街。
>
> ——《津门百咏》

从这里的描述可以知道，乾、嘉时期，天津就有了专卖西洋货色的
洋货街，民众对各式西洋奇巧虽觉怪奇，但并不陌生。当然，各种各样
的西洋事物的大量进入，还是在鸦片战争之后。随着通商口岸和租界的
开辟，天主堂、施医院（教会开办的慈善医院）、教会学校、外国人居
住的连片洋楼、西式马路，等等，首先改变了部分口岸城市的外观。
1848 年，初游上海的文人王韬留下了这样的描写：

> 一入黄歇浦中，气象顿异，从舟中遥望之，烟水苍茫，帆
> 樯历乱，浦滨一带，率皆西人舍宇，楼阁峥嵘，缥缈云外，飞
> 甍画栋，碧槛珠帘，此中有人，呼之欲出。然几如海外三神

山，可望而不可即也。

这种新的城市情景，对那些居住或到访过通商口岸的人们产生了强烈的视觉冲击。一首描写上海租界的竹枝词是：

> 租界鱼鳞历国分，
> 洋房楼阁入氤氲。
> 地皮万丈原无尽，
> 添取申江一片云。

——《上海洋场竹枝词》

又有：

> 钟吼鲸声逢礼拜，
> 旗飘龙尾识招商。
> 蜃楼海市争沸腾，
> 真算人间热闹场。

——《上海洋场竹枝词》

西洋新事物的大量出现，改变着城市的面貌。上面这首竹枝词，前一句分别指当时外国教堂悬设大钟，每逢礼拜日，鸣以聚集众人；国人集股开办的轮船招商局则悬挂龙旗为标识。对外贸易的发展和工商经济的活跃，使带有洋化色彩的通商口岸一派繁盛。如在上海这样的城市，外国人开办的各式洋行、货栈、船坞码头鳞次栉比，国人自办的大小商铺交错杂处，买卖兴旺。各色娱乐争奇斗艳，烟馆、妓院、茶馆、赌场、旅店、戏园、书场、饭馆、澡堂、跑马场、弹子房、舞厅，等等，汇成了灯红酒绿的十里洋场景象，给人们留下了最深刻的印象。所谓：

> 洋场十里地宽平，
> 无限工商利共争。
> 风俗繁华今愈盛，

肩摩毂击路难行。

——《上海洋场竹枝词》

在进入中国的各种西洋事物中，最引起人们注意的是轮船、火车、电报之类新的交通工具和信息传播方式。这些新事物在出现之初，曾经引起过朝廷的辩论和上层士大夫的忧虑。他们认为，铁路、电报、轮船都是洋人用来灭亡中国的工具，湘军战将胡林翼看到长江里飞驶而过的火轮船，曾经一阵眩晕，正可见这种心态。但就一般百姓而言，西洋事物带给他们的首先是惊奇。在晚清竹枝词中，常见咏各式机器和电报之类内容。比如：

机器全凭火力雄，

般般奇巧夺天工。

一条电报真难测，

万里重洋瞬息通。

——《上海洋场竹枝词》

电报进入中国是在 19 世纪 70 年代，最早是外国人私设线路于上海租界，此后清政府开始架设电报线，至 19 世纪八九十年代已有相当规模。作为新的信息传递方式，电报竟能在瞬息之间沟通万里，令人备觉奇妙。竹枝词称：

最是称奇一线长，

跨山越海渡重洋。

竟能咫尺天涯路，

音信飞传倏忽详。

——《上海洋场竹枝词》

鸦片战争后，口岸城市首先有西式轮船的踪迹。19 世纪 60 年代，外国人获得内河航运权，大小火轮船行驶在长江江面及沿海，逆波浪如履平地，往来快捷，令人为之感叹：

火轮船走快如风，

声响似雷逆浪中。

一日能行千百里，

大洋西到大洋东。

——《上海洋场竹枝词》

在上海等口岸城市，自鸣钟、煤气灯、洋马车、人力车等新的交通工具和设施也是人们经常吟诵的对象。自鸣钟为机械钟表，最早为教堂设施。明末清初西洋传教士入中国，常携此物进贡内廷。至 19 世纪，口岸城市的高大建筑物上常安设大自鸣钟，钟声响时，行人顿步，以缀于衣襟之小表对时。所谓：

大自鸣钟莫与京，

半空晷刻十分明。

到来争对腰间表，

不觉人教缓缓行。

——《上海洋场竹枝词》

至于在衣襟上挂一块小表，在上海街面上已蔚然成风：

腰悬小表轮金轮，

巧比铜壶刻漏真。

相约只凭钟几点，

不劳子午标时辰。

——《上海洋场竹枝词》

19 世纪六七十年代，上海、天津、广州等城市陆续出现西式马车，为中外富商的交通工具。乘马车招摇过市，往往引起行人侧目：

香烛油壁合从容，

底事驰驱振辔冲。

寄语行人须仔细，

酒楼·西菜

——《绣像小说》

车如流水马如龙。

——《上海洋场竹枝词》

人力车又谓东洋车，19 世纪 70 年代率先由日本引进上海，故名。至 19 世纪 80 年代，上海一处已不下 2000 余辆，此后北京、天津等城市逐渐流行，成为市民方便快捷的代步工具：

东洋车子最轻灵，

经过长亭即短亭。

入坐便趋飞鸟捷，

双轮迅可逐流星。

——《上海洋场竹枝词》

城市日常消费品中，各种洋布、洋油、香烟、洋皂、洋伞、洋针、洋纸、洋火，各种玻璃与五金制品以及洋酒、饼干，等等，都逐渐流行起来。这些西洋器物做工精致、新奇炫目，颇能引起人们的好奇。19世纪下半期，眼镜多被人看成时髦的装饰品。一首关于眼镜的宝塔诗曰：

> 唉
> 晶片
> 玳瑁边
> 两片连牵
> 鼻上竖斋匾
> 耳朵背上拉纤
> 遮了一层倒看见
>
> ——《沪谚外编》

社会的变化，也改变着人们的行为方式和生活习惯。尤其是租界，按照西方社会组织原则，形成了一套新的城市管理方式，迫使人们不得不改变迁延已久的生活习惯——其中有些确实是不良习惯。比如这首竹枝词中所描述的情景：

> 途中尿急最心焦，
> 马路旁边匆乱浇。
> 倘被捕房拖进去，
> 罚洋三角不宽恕。
>
> ——《沪谚外编》

上海租界工部局的一项职责是洒扫街道，以马车载水，车后有洒水机器，每日两次，随过随洒，细雨过后，一尘不染，竹枝词咏曰：

> 法英租界最清新，
> 扫净街衢信认真。

好个章程工部局，

马车过处洒飞尘。

——《上海洋场竹枝词》

　　与新事物出现相同步，五花八门的新行当和新职业在城市中流行起来。作为中外贸易中介人的买办就是一种。他们替洋行收购土货、推销洋货，从中收取佣金和经纪费，并从事经营钱庄、当铺、茶栈、绸庄、布号等商业活动，获取了巨额利润，跻身于 19 世纪下半期中国社会最富有者之列。在获得财富后，买办们往往凭借金钱捐纳官衔，成为新的社会特权阶层。一首关于买办的竹枝词是：

偶将音语学西洋，

首戴千金意气扬。

不识一丁装体面，

昂头阔步列官场。

——《上海洋场竹枝词》

　　中国社会有重义轻利的传统，恪守儒家教条的读书人向来以明其道不计其功的心态来表示自己的超脱。但是，随着城市商业社会的出现，这种观念越来越没有了市场。财富的多少，成了衡量个人价值的标准，显示阔绰、炫耀洋式生活的做派，在 19 世纪晚期已是风气所趋。比如上海的浪子：

痴

浪子

何所思

雪茄一枝

眼镜是金丝

装束件件入时

晚餐无米犹未知

——《沪谚外编》

这些城市浮浪子弟，或者沾染了"洋气"，或者沾染了"市气"，虽然被谨守朴素美德的人看做游手好闲之徒，但在不少人眼中，却俨然是城市新风习的代表，足以引起羡慕和模仿。一位上海女佣人似乎也沾染了这种习气：

> 大脚娘姨，满身傻气，
> 洁白绢头，挂在腰里。
> 问你少爷儿好家计，
> 三十六只轮船停在黄浦江里，
> 还有三十六只停在东海洋里。
> 吹吹牛皮，卖卖名气。
>
> ——《川沙县志》卷十四

开风气之先的通商大埠，在生活习俗领域往往是周围城乡社会的向导。在江南，上海是时髦的集中地，上海人的行为举止、衣着打扮，自然会引起乡下人的羡慕：

> 乡下姑娘要学上海样，
> 学死学煞学不像。
> 学来稍有瞎相像，
> 上海已经换花样。
>
> ——《川沙县志》卷十四

城市商业的发展，为人们提供了相对容易的谋生乃至发财致富的机会。从上海带到乡下的时尚物件，也会引起乡人眼热。到上海谋生，成了乡下人的一种向往：

> 小白菜，嫩爱爱，
> 丈夫出门到上海，
> 五百一千带回来，
> 红红绿绿穿绸缎，

　　吃鱼吃肉鲜得来。

　　上海东西带回来，

　　邻居隔壁分分开，

　　乡下姑娘眼痒来，

　　要找丈夫到上海。

——《中国歌谣集成》上海卷

　　19世纪西洋文明的登陆，带来的不仅是口岸城市社会面貌的变化，也带来了新的生活方式与观念。民众对城市社会种种新气象的深刻印象，事实上也表明他们对西式文明的态度。就总体而言，城市社会风尚与社会生活的种种变化，无疑带有明显的进步性趋向。虽然不能高估这种变化的意义，毕竟新的社会面貌只是出现在少数通商口岸及其周边地区，在广阔的内陆，人们还很少有与西洋文明接触的机会，关于西洋的信息也十分有限，一隅的变化还不足以说明19世纪社会的整体动向，但无论如何，西洋文明的进入，已经使中国社会沾染了新的色彩。

洋烟歌

　　如果说西方近代文明的输入，刺激了中国社会的近代化变迁，那么，同样由西洋人带来的鸦片，则成为近代中国难以摆脱的噩梦，异常娇艳的罂粟花在中国大地上结出了一颗万恶之果。

　　罂粟最早在唐朝时为国人所知，其时主要用以入药或作为观赏植物种植。到明朝晚期，广东、福建沿海一带富绅地主开始吸食进口鸦片，风气甚至传进宫廷，明神宗万历皇帝就是开先例者。

　　不过，烟毒真正的蔓延还是从西方殖民者大量走私鸦片进入中国开始的。鸦片战争之前的一个时代，英帝国就建立了由英国向印度出口棉织品、印度向中国贩卖鸦片、英国从中国购买茶叶的三角贸易关系，走

137

醒世缘　上层社会家庭吸食鸦片烟的描写。

——《绣像小说》

私进入中国的鸦片不断增加，19世纪30年代达到每年三四万箱，在国内形成了有相当规模的吸食群体。及至第二次鸦片战争后，鸦片变成了合法的贸易品，改称洋药。大量的鸦片源源不断地输入中国，流入城乡社会，吸食鸦片成为社会普遍的现象。同治年间的一篇"戒洋烟文"（说唱词）说：

> 从先时，人不明，
> 不知它是米壳精；
> 到如今，到处行，
> 无论穷富当饭用。

最后的结论是：

> 鸦片烟，真是鬼，它在世上把人迷，
> 男也吸，女也吸，真真算是害东西，
> 如今穷人比先多，都是去把洋烟吸。
>
> ——《歌谣》第六十七号

进口鸦片大量输入的同时，国内罂粟种植也迅速扩大，从西北地区的陕西、甘肃、新疆，经过山西，一直到东北，从江浙沿海到西南的云南、贵州、四川各省，到处盛开着罪恶的罂粟花。大批良田改种罂粟，遍地摇曳的罂粟花，成为19世纪乡村社会一道奇异的风景。

鸦片的流行，造就了林立的烟馆和千千万万的瘾君子。从城镇到乡村，从官绅、读书人到普通百姓，吸食鸦片之风气十分兴盛。随处可见的鸦片烟鬼，可怜而又可憎：

> 片烟佬，眠横床，
> 片烟又瘾尿又紧，
> 两条眼泪流到嘴唇。
>
> ——《民间歌谣全集》

鸦片不仅流行于沿海地区，也肆虐于广大的内陆。不仅是上层富裕之家的消费品，也是下层百姓普遍沾染的一种恶习。一旦人吸食洋烟成瘾，往往逃不脱残害身体、命丧黄泉的结局：

> 食倒洋烟瘦出骨，
> 黄皮瘦弱害自家。
> 有日洋烟食上瘾，
> 或烧八字命收哩。
>
> ——《民间歌谣全集》

对于生活原本就不宽裕的普通百姓来说，染上鸦片烟瘾，就意味着财产的丧失和家道的败落。在袅袅青烟中，无数烟鬼卖掉了田宅，沦落

到妻离子散、家破人亡的境地。此种情形，在 19 世纪的中国社会可谓
比比皆是：

> 天上无月亮，
> 地下亮光光，
> 左手拿签子，
> 右手拿烟枪，
> 窟窿稍走气，
> 心的就杂慌，
> 吃起洋烟嫁婆娘。

——《歌谣》第廿九号

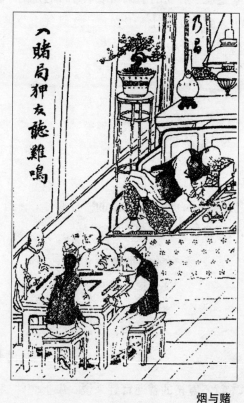

烟与赌
——《绣像小说》

140

一般的小康之家，也常常为鸦片所累。在日复一日的吸食中，鸦片消耗了他们原本还算丰厚的资财，他们最终也不能逃脱典妻鬻子的命运：

> 梅花春，直脚奔，
> 一奔奔到大烟灯，
> 叫老爷，开大开，
> 叫奶奶，挑二分，
> 虮子窠里长精神。
> 铁签子挑的英雄好汉，
> 灯盘里摆的田地房屋，
> 吃得帽子没顶，
> 鞋子没后跟，
> 家婆跟别人。
>
> ——《中国民歌千首》

外敌入侵下的苦闷心态、社会精神的整体颓废、政府管理的无能、民众素质的低下以及中国文化精神中对成仙升天的向往，都是鸦片在社会上广泛流行的重要因素，使近代中国成为世界上受毒品危害最甚的国家。有人估计，到 19 世纪 80 年代，全国吸食人口大约有 2000 万。烟毒的泛滥，令人触目惊心。一首无锡歌谣是：

> 鸦片本是外国生，
> 到我中国就变僵，
> 阎王未出勾魂票，
> 幽明灯倒先点好。
> 一耗精神二耗钱，
> 三餐茶饭常欠缺，
> 四季衣衫弗连牵，
> 五更寒冷少被盖，

六亲断绝真可怜，

开门七件无来路，

八字生来颠倒颠。

仔细想想无好处，

高挂梁间跷了辫。

——《绘图童谣大观》

吸食鸦片是近代社会的一大恶俗，也是积重难返的一大痼疾。在各地歌谣中，都有大量涉及鸦片害人的内容，表明烟毒对普通百姓的残害已到了十分严重的地步。广东有歌谣谓：

摆开迷魂局，手持一碌竹；

三星在床眠，可以虾米肉；

大家吹几口，觉得精神足；

面黄瘦如柴，身无四两肉；

当衫又当裤，卖田又顶屋；

妻子日夜啼，汝真系有福。

——《民间歌谣全集》

贵州歌谣谓：

小板凳，土地台，

嫁个姑爷不成才：

好吃酒，好打牌，

半夜三更不回来！

好吹洋烟，倒柜台。

——《歌谣》卷二第十七期

江西一首歌谣是：

前个三年不要紧，

后个三年上了瘾。

上瘾也不怕，
就把老婆嫁。
老婆徐徐哭，
思量就拆屋。
拆屋拆得几十吊，
不够来开销。

——《歌谣》第四十三号

浙江歌谣是：

鸦片好吃味是清，
床上排起玻璃灯。
一手伸出龙爪现，
脚弯手曲龙翻身。

——《龙岩歌谣》第一辑

山东歌谣谓：

吃了饭没什么干，
抽了旱烟抽大烟；
抽着抽着上了瘾，
楼瓦厅台往里钻。

——《歌谣》第十九号

塞北歌谣称：

白天睡，黑夜抽，
抽得浑身乱抖擞；
等到洋钱用尽了，
当了乞丐滚深沟。

——《歌谣》卷二第十四期

陕北的信天游中唱道：

晴天蓝天高格朗朗天，
什么人留下种洋烟？

洋烟好比外国草，
走到中华长成苗苗。

洋烟本是外国草，
谁抽洋烟谁倒灶。

你抽洋烟我刮灰，
好人抽成个刮野鬼。

野鬼好刮家难回，
洋烟好抽瘾难退。

——《陕北民歌选》

云南是鸦片烟的重灾区，有歌谣是：

洋烟开花一朵朵，
教哥莫把洋烟学；
吃坏多少好小伙，
玩坏多少少年婆。

——《西南采风录》

又谓：

洋烟开花口朝天，
悖时倒运吹洋烟；
吹了洋烟学狗叫，
睡在床上学狗蜷。

——《西南采风录》

贵州同样是烟毒泛滥的地区之一：

> 鸦片烟来沾朵朵，
> 老的吹烟小的学；
> 学来学去学上瘾，
> 自搬石头打自脚。

——《西南采风录》

又称：

> 鸦片烟来白生生，
> 牛角盒子玻璃灯；
> 怀里抱着哭丧棒，
> 手里拿着点主针。

——《西南采风录》

山东歌谣说：

> 大烟大烟，
> 好似仙丹；
> 吃了一口，
> 上了西天；
> 见了佛爷，
> 做了神仙！

——《山东歌谣集》第一册

甘肃歌谣说：

> 甲子乙丑丙寅年，
> 道光手里出洋烟，
> 鸦片烟来生得怪，
> 生在阳间把人害。
> 鸦片烟是乌黑的，

単単害的年轻的，

抽得浑身没肉了，

抽得耳朵干扭了，

好人抽成病人了，

活人抽成死人了。

死了别给我戴帽子，

给我买一副灯罩子，

死了别给我穿衣帽，

给我买一个过瘾套，

死了别给我穿衫子，

给我买一副烟杆子，

死了别给我穿裤子，

给我买一副葫芦子，

死了别给我蹬靴子，

给我买一副烧烟灯。

——《中国歌谣集成》甘肃卷

鸦片的流行，是近代中国社会无数罪恶的根源。小到个人与家庭，大到社会与国家，鸦片的吸食不仅消耗了大量的社会财富，破坏了社会经济，也摧残了民众身体，导致了社会精神的颓废。随着烟毒的肆虐，民众的智力和意志消耗殆尽，道德水准与社会风气每况愈下，将整个社会推向了死亡的境地，威胁到民族和国家的生存。

这一灾难，同样与西洋人脱不了干系。

两个世界之间

与西洋近代文明相比，中国的落伍在 19 世纪已显而易见。但是，西方先进文化输入中国的历程远不是一帆风顺的。当中世纪的刀矛弓箭已经无法阻挡西洋的新式枪炮时，保守者不得不寄希望于精神上的胜利。面对西学东渐由涓涓细流汇成滔滔大势，从士大夫阶层到千百万普通民众，在不同的层面上流露出相同的忧虑。在理念的世界里，中国与西方存在着一道几乎难以逾越的鸿沟。

对于中国士大夫来说，作为尧舜文武周公孔子之道的传承者和护卫者，他们预感到西方文化输入可能带来传统中绝的后果，力图在华、夷之间筑起坚实的藩篱，把与"蛮夷"有关的一切拒于国门之外。对于他们而言，传统就是国脉，西学则无异于洪水猛兽。1867 年，洋务派准备在北京同文馆添设天文算学，招正途出身的举人与五品以下京外官入学，引发了朝廷内部的激烈辩论。著名的理学名臣倭仁以"立国之本，尚礼义不尚权谋；根本之图，在人心不在技艺"为论，与洋务派进行了一场正面冲突。在物议纷腾的北京城里，流传着一副讽刺洋务派的对联：

> 诡计本多端，使小朝廷设同文之馆
> 军机无远略，令佳子弟拜异类为师
>
> ——《翁同龢日记》

排拒一切西洋事物，反映了保守者的顽固心态。他们把自身看做文明礼仪的集大成者，而西洋人只能是"性等犬羊"的"蛮夷"。因此，学习西洋文字、天文历算以及种种奇技淫巧，无异于用"夷变夏"，无异于亡国。其时还有两句是：

> 胡闹，胡闹！
> 叫人都从了天主教。
>
> ——《翁同龢日记》

1870 年，天津盛传法国人的天主堂拐买幼儿并将其虐待致死的流言，当地民众群情激愤，放火烧掉了法国人在海河边建立的望海楼教堂，并打死了包括法国驻天津领事在内的一批外国人。事件发生后，曾

年画中的西洋印象　妇人坐轿男人走，后面跟只好斗狗。
外洋风俗更稀奇，打躬怎消牵牵手。

——《苏联藏中国民间年画珍品集》

国藩奉命查处，结果招来了顽固派强烈的指责。在天津，一副对联把曾
国藩与死去的僧格林沁相对照，而把驻扎天津的三口通商大臣崇厚与洋
鬼子联在一起：

> 僧去留曾，将人丢尽；
>
> 因崇作祟，引鬼进来。

——《汪穰卿笔记》卷四

在这样的氛围下，任何微小的变动都意味着极大的道德风险。1875
年，一位奉命前往西南边境"探路"的英国翻译官马嘉理在云南死于一

次袭击事件。云贵总督岑毓英一时为舆论所推崇。其时，中国第一任驻外公使郭嵩焘正准备远赴英伦，尽管洋公使在北京城里已经驻扎了十多年，但到"蛮夷"之地"事鬼"，仍然引起了普遍的痛恨和嘲讽：

> 岑毓英出乎其类，拔乎其萃，不容于尧舜之世；
>
> 郭嵩焘未能事人，焉能事鬼，何必去父母之邦。
>
> ——《汪穰卿笔记》卷四

西学进入中国后，保守者自觉地视之为传统文化的敌人，在意识形态层面形成了强烈的对立情绪。在以引进西洋技艺为目标的洋务运动中，几乎每一件事都会引发反对的声音。从 19 世纪 60 年代到 80 年代，无论是外国公使觐见皇帝的礼仪还是铁路的修建等，激辩之声始终没有停息。

历史上中国文明长期领先的地位，使他们把中国看做文明教化的中心，而将周边民族与国家视为"蛮夷"。他们竭力阻止任何学习西方的举动，正是为了维护这种华夷世界秩序。对于极端的保守者来说，他们甚至根本就不愿承认外洋世界的存在。晚清以顽固出名的徐桐据说就有这样的话："世界安有许多大国？大约俄罗斯、英吉利、法兰西、日本则真有之，余皆汉奸所诡造，以恫吓朝廷者耳。"生于万国交通之时，而有斯言，可见其识见之浅陋与心态之锢蔽。

顽固派食古不化，当然不能与一般民众的心态完全画上等号。19世纪中国民众对西洋人、西洋事物、西洋文明与文化的感受，其实是非常复杂的。西学东渐的现实，从个人生活一直到社会整体面貌的改变，打乱了传统农业社会固有的生活节奏，认同者有之，超然者有之，拼命抗拒者亦有之。不过，就总体而言，在相当长一段时间里，中国文化的优越感以及对西洋人的敌对意识，仍然占了上风。不妨先读这首名为《外国洋人叹十声》的小曲：

> 洋鬼子进中国叹了头一声，
>
> 看了看中国人目秀眉清，
>
> 体代人情衣冠整齐，

外国人中国人大不相同。

洋鬼子照镜子叹了二声，
瞧了瞧自己样好不伤情，
黄发鬈毛眼珠儿绿，
手拿着哭丧棒好似猴精。

洋鬼子进皇城叹了三声，
到了那大清门不叫我们行，
履顺着皇城往西拐，
他进长安门该班的把他横。

洋鬼子怨本国叹了四声，
巴哈里他不该要上北京城，
通州西八里桥打了一仗，
损伤了我国人数也数不清。

洋鬼子害中国叹了五声，
广土烟西土烟如今大时兴，
外国人只把中国哄，
谁想到是慢毒害得真不轻。

洋鬼子要传教叹了六声，
实指望中国人随他一样行，
哪晓得中国人什么事全懂，
孔圣人家门口别卖三字经。

洋鬼子上堂子叹了七声，

外国人供天主七天一念经，
施医院他又治病症，
治罗锅治瘸子不要一文铜。

洋鬼子错主意叹了八声，
外国人尽讲究洋法大时兴，
造轮船做火车玩意做得妙，
我国的机器局也献与了你们大清。

洋鬼子要通商叹了九声，
洋货行洋药行还有洋取灯，
这些年坑害中原金钱真不少，
如今晚洋茶盅有点不时兴。

西洋印象 租界洋人出城打猎的场景让民众感到新奇。
——《苏联藏中国民间年画珍品集》

洋鬼子后了悔叹罢了十声，

到如今想回国万也万不能，

幸喜得天朝皇恩重，

只许我们盖洋楼不许我们进皇城。

——《鸦片战争文学集》

十叹之中包含着复杂的内容，比如承认洋人在战场上的胜利，承认西洋教会施医院的善举和洋式机器的妙处，也看到了鸦片危害社会和中国在通商中的不利地位，但通篇将"洋鬼子"置于被嘲弄的角色，表明习以为常的优越心态并未与士大夫阶层有明显不同。

中、西文化源于不同的社会历史背景，具有各自的理念世界，当两种异质文化接触时，产生冲突是必然的。19世纪下半期中国社会对洋教——基督教所表现出的种种反应，最能说明两个世界在发生碰撞时所引发的问题。

有文字记载的基督教入华始于唐朝。元朝也留下了基督教的活动踪迹。明末清初基督教在中国一度发展，但到17世纪末18世纪初，因为中国教徒的祭祖、拜孔问题，中国政府与罗马教廷发生了严重对立，最终导致清政府实施禁教，直到鸦片战争后才重新解禁。

尽管有相当长的接触历史，但19世纪重新回到中国的传教士们发现，士大夫阶层对西方文化的排斥态度和鸦片战争后民众在心理上对西方的某种敌意，使他们发展教徒的努力收效甚微。作为一种异质文化，基督教的宗教理念与中国民众的宗教经验相去甚远。尊崇唯一上帝，对习惯于多神崇拜的中国人而言，是难以接受的。由此，他们不相信基督教的上帝真能显灵。河北张家口一首民谣说：

毛驴长尖角，

骆驼吃蒸饺，

小狗生须乱糟糟，

教堂说话不正道：

你骂我，不反口，

你打我，不还手，

你抢我，不叫留，

你宰我，不报仇。

想得好呀想得妙，

没人信你的天主教！

——《中国近代反帝反封建历史歌谣选》

怀着强烈文化优越感和征服感的洋教士，将儒学看做是基督教的对立面，而满怀卫道之志的中国士绅，同样把基督教视为最大的对手和敌人。他们各自维护自己的圣教，而把对方视为异端。在传教士看来，要以基督教征服中国，必须推翻中国的文化传统；在中国士大夫看来，基督教没有人伦礼序，实为邪说惑众。这种对立的结果，就是中国社会对基督教的普遍排斥。

中国民众对宗教大多怀有重视现世的功利态度，所谓"无事不登三宝殿"，意味着对神灵的俯首祈祷，是要求得现时的报答。基督教的神灵和仪式已经超出了他们的宗教经验。在他们看来，西洋的神不会灵验，而那些奇特的礼拜与祷告也没有任何功效，因此，基督教很容易地成了民众嘲笑的对象。山东滕县的一首歌谣说：

天主堂，耶稣教，

做礼拜，真可笑，

闭着眼睛瞎祷告。

要上天堂办不到，

要免罪您也不可靠。

——《山东歌谣集》第一册

人们把基督教视为异端，认为洋人的神不灵验，传教士玩弄的不过是骗人的把戏。山东、河北一带的民谣称：

北京的西什库教堂
——《中国近代史参考图录》

> 洋毛子，大坏蛋，
> 明着来传教，
> 暗地把人骗。
>
> ——《中国近代反帝反封建历史歌谣选》

在中西文化极端隔阂的背景下，卫道者的心态、伦理观念的对立、宗教习俗的不同等多种因素影响着民众对基督教的判断，在有关基督教的歌谣中表露无遗。种种激烈、侮辱性的言语包围着教会，基督教以一副邪恶的面目呈现在民众面前。浙江宁海有打教歌谣谓：

> 七日一礼拜，
> 饭米自己带，
> 要想上西天，
> 红毛教黑心肝。
>
> ——《中国歌谣集成》浙江卷

有关基督教的种种讹言，是士绅阶层争取民众支持、攻击洋教的主要资源。谣言的产生有种种诱因，其中包括教会独特的宗教仪式。男女混杂一堂礼拜祈祷，在不得窥其内情的外人看来就变成了教堂引诱妇女乱伦；育婴堂和教会医院的解剖和外科手术，会被臆断为挖眼剖心、割取小儿器官、取中国人眼珠点银之类；至于洋式教堂迥然不同的建筑风格以及高高竖起的十字架，也往往被民众视为破坏风水的不祥之物。1891 年的《防驱鬼教歌》称：

> 现有天主鬼教，暗来散放鬼书。
>
> 煽惑好人变鬼，药迷妇女奸污。
>
> 生割子肠奶尖，死则剜取眼珠。
>
> 男女一被药迷，聪明立刻痴愚。
>
> 其书本本粪账，臭比狗屁不如。
>
> 其教不敬天地，祖宗牌位全无。
>
> 扫灭圣贤先佛，只拜耶稣一猪。
>
> 邪鬼冒称上帝，罪该万剐千诛。
>
> 特此四方布告，齐心协力驱除。
>
> 遇见鬼教即打，莫准入境藏居。
>
> 遇见鬼书即烧，一字莫准留余。
>
> 共保地方清泰，庶免人变鬼乎！
>
> ——《反洋教书文揭帖选》

士绅以及部分官员参与反教斗争的深层原因在于，作为儒家伦理文化的卫道士，他们的地位很大程度上得益于对知识的独占。西方基督教文化对儒学的威胁，意味着士绅文化独占地位即将终结。作为基层社会的实际控制者，教会权威的逐渐形成，也对他们的地位构成现实的威胁。因此，以正与邪、华与夷、人与禽的分辨为依据，将基督教斥为异端邪说，既是维护儒学的地位，也隐含着维护本阶层现实利益的意图。

士绅阶级的打压和难以克服的文化隔阂，使 19 世纪的在华教会很难吸引真正的信徒。入教者除了不法之徒是寻求教会势力庇护外，不少穷人则是贪图教堂提供的一点小利益。山东民间有歌谣是：

> 我为什么入教，
> 为了铜钱两大吊。
> 不给铜钱两大吊，
> 我不在你的教。

> ——《山东义和团调查资料选编》

这首歌谣在各地流行颇广，内容大同小异：

> 你为什么信教？
> 我为大窝窝来到。
> 你为什么信教？
> 我为银钱两吊，
> 小的短的不要。

> ——《山东大学义和团调查资料汇编》下册

洋教会以利益为诱饵扩展势力，损害了教会的形象，一般稍具道德观念的民众自然对之持以鄙视的态度。对教会、教民的这种印象一直延续到 20 世纪。在其时的歌谣中，"北洋造"（北洋铸造厂制造的银圆）代替了铜钱：

> 为什么在教？
> 为了五块北洋造。
> 三块买大米，
> 两块买山药。
> 吃完了和神甫要，
> 神甫不给就反教。

> ——《中国近代反帝反封建历史歌谣选》

你为什么信洋教？

我为三块北洋造。

神甫不给我洋钱，

我不奉教。

　　　　　——《中国近代反帝反封建历史歌谣选》

　　小恩小惠的手段，无助于教会在中国社会的扎根。而由此引发的问题还在于，由于教民的良莠不齐以及洋教士以其特权对教徒的处处回护，导致了非教民群体严重的对立情绪。不仅一般士大夫为之侧目，老实本分的民众也大多敬而远之，民、教之间的对立愈演愈烈。曾协助曾国藩处理天津教案的丁日昌曾在奏折中引用过两句民谣：

未入教，尚如鼠；

既入教，便如虎。

　　对于传教士来说，他们试图绕开文化隔阂的高墙，以利益诱使民众皈依，但这种做法实际上使教会在中国的处境更为艰难。以下层民众为主要参与者的反教活动在 19 世纪始终没有停止，有一定规模的就达数百次之多，说明了西方宗教文化在中国遭遇到了强烈抵抗。

　　当西洋文明与西洋文化进入中国，并威胁到中国文化自身的存在时，坚强的卫道信念、保守的排外心态、痛恨异教的激情与迷信时代的懵懂和盲从，凸显了那一时代大多数社会成员面对西方挑战时的心态。从士大夫到普通百姓，都不能例外。

屈辱与抗争：心态解读

　　从文化冲突的角度分析 19 世纪中国社会的反教反洋情绪，固然有其意义，但并不意味着我们可以无视其他的因素。今天的人们可以批评

19世纪的民众不具有现代的对外意识，一味以蛮力和愚昧的手段与西洋较量，但分析民众对于西洋的态度，不能无视他们所处的时代与社会背景。

在19世纪下半期的多数时间里，外敌的连环入侵使清王朝承受了巨大的压力。从19世纪60年代到80年代中期。清政府曾经有过一个相对和平的时期，本来，这是它进行自我反省、思考应对西方之策的机会，但清政府并没有真正醒悟，机会稍纵即逝。等待它的，又是一连串的对外失败。1884年，试图吞并越南的法国人将战火烧到中国，不愿退步但又举棋不定的清政府，使中国又一次遭受了失败的命运。

> 九月菊花堆像山，
> 法兰西攻破镇南关。
> 马江一战全军没，
> 不见兵船一只还。

——《沪谚外编》

就在这年秋天，清政府苦心经营的海军力量之一——福建水师全军覆灭。法国人的军舰在福州马尾与福建水师同泊一处达40余日，前敌官员莫衷一是，毫无制胜之策，终致坐以待毙：

> 福州真无福，
> 法人原无法。
> 两何没奈何，
> 两张没主张。

——《中国近代反帝反封建历史歌谣选》

歌谣中的"两何"是闽浙总督何璟、船政大臣何如璋，"两张"指钦差大臣张佩纶和福建巡抚张兆栋。时人记载，当马江之役爆发前，身为一方重镇的何璟不知如何是好，终日以叩头礼神为事，而张兆栋也毫无见地，天天奔走问计于他人。人称：

> 制台不要头，
>
> 抚台不要脚。
>
> ——《汪穰卿笔记》卷四

对于普通民众来说，战争对生活的直接影响也许有限，他们没有机会了解王朝里的军国大计，也自然不知道该如何检讨一次又一次的失败。但民众自有民众的评判标准，依据忠奸论，这些腐败无能的官员都是勾结洋人的卖国罪人：

> 大清气运未曾倾，
>
> 闽省缘何出佞臣？
>
> 船政有心私法国，
>
> 制台素性爱夷人。
>
> 贪心巡抚图自己，
>
> 舍命将军感鬼神。
>
> 可笑钦差无用辈，
>
> 空悬圣诏误朝廷。
>
> ——《清诗纪事》廿二

中法战争一役，又一次证明了清王朝的脆弱，而百姓也意识到，噩梦还远没有终结。一首据说是光绪年间的歌谣，颇带有谶纬的味道。其谓：

> 点一点二点老君，
>
> 里裹老君坐门墩，
>
> 谁牵牛，我牵牛，
>
> 东方小鬼来打头，
>
> 西方小鬼来打头。
>
> ——《成安县志》卷十

10年以后，厄运又一次降临到清政府头上。自己的近邻、以前被视为蕞尔小国的日本这次成了它的对手。就在战争爆发前，还有西方观察家认为日本的挑衅无异于以卵击石，但结果不仅令观察家们大跌眼镜，也令中国人承受了最沉重的一次打击。这种打击不仅在于战争惨败的结局，更在于民众心理上的沉痛创伤。

> 十月里芙蓉江上生，
> 大东沟外炮声轰。
> 马关订约台湾割，
> 四兆同胞大梦醒。
>
> ——《沪谚外编》

是年，正逢西太后那拉氏 60 寿辰，这位晚清历史上最有权势的女人，对自身的大寿庆典远比军国大计更上心。即使在战争败局已定、清政府被迫割让台湾后，不知国家为何事的太后竟然若无其事，还在计划她的万寿典礼：

> 万寿无疆，
> 普天同庆；
> 三军败绩，
> 割地求和。
>
> ——《中国近代反帝反封建历史歌谣选》

又谓：

> 台湾省已归日本，
> 颐和园又搭天棚。
>
> ——《中国近代反帝反封建历史歌谣选》

一面是接踵而至的外敌入侵，一面是依然故我的忘情歌舞，晚清政治留给民众的，就是这样一种印象：

> 前门开，
> 后门张。
> 前门引进虎，

长官不幸，连朝公署苦逢迎　碌碌无为的晚清官员，除了
迎来送往，别无他长。

——《邻女语》

后门又进狼。

不管虎与狼，

朝廷终日当当当。

——《中国歌谣选》第一集

正如舞台上不同脸谱象征着不同角色一样，民众习惯于把不同的人归于不同的类型，比如忠良与奸臣。在民众眼里，大清朝之所以每况愈下，屡战屡败，原因就是腐败无能的官员充当了洋人的帮凶。在北京，著名的昆戏丑角杨鸣玉去世后，社会上有这样的说法：

> 杨三已死无苏丑，
> 李二先生是汉奸。
> ——《中国近代反帝反封建历史歌谣选》

这位"李二先生"就是晚清历史上颇负盛名的李鸿章大人。

用今天的理念来衡量，把罪责都推在李鸿章身上，似乎有欠公平。但换个角度想一想，如果李鸿章之流不负责任，又应该由谁来负责呢？天下兴亡，匹夫有责，固然是一句有道理的话，但清王朝的天下又怎么称得上是天下人的天下呢？倒是普通民众对外敌的侵略充满激愤之情。甲午战争后，一首山东民谣说：

> 东洋鬼儿，
> 招炮子儿，
> 打碎船儿，
> 喝海水儿。
> ——《歌谣》第三十一号

甲午战争的奇耻大辱，比此前任何一次对外失败都更令人刻骨铭心。接踵而来的瓜分狂潮，使横亘东亚大陆的老大帝国成了东西列强随意宰割的对象。危如累卵的国势令热血志士披发狂走，催生了19世纪末年那场著名的变法。试图振作的光绪帝在维新派支持下，推行了戊戌新政。然而好景不长，在顽固派的一片抵制声中，新政昙花一现，终以失败结束。参与变法的戊戌六君子——杨锐、刘光第、杨深秀、林旭、谭嗣同、康广仁蒙难于北京菜市口。

> 十一月水仙冷清清，

> 康梁变政讲维新。
>
> 好头颅六个凭空送，
>
> 菜市街夜夜叫冤魂。
>
> ——《沪谚外编》

外敌入侵的压力，不仅施加于清政府，也传递到普通民众身上。不断失败的耻辱，使他们不无愤慨与忧虑。义和团时期，流传着据说从北京温泉山煤洞中挖出的刘伯温碑文，上面说：

> 庚子之春，日照重阴，
>
> 君非桀纣，奈佐非人。
>
> 最恨和约，一误至今，
>
> 割地赔款，害国殃民。
>
> 上行下效兮，奸鬼道伸。
>
> 中原忍绝兮，羽翼洋人。
>
> 趋炎附势兮，肆虐同群。
>
> 红灯照夜兮，民不迷津。
>
> 义和明教兮，不约同心。
>
> 金鼠漂洋孽，时逢本命辰，
>
> 待当重九日，剪草自除根。
>
> ——《义和团文献辑注与研究》

这份显然出自知识人之手的文件，至少代表了部分中国人对那个时代政治的理解。他们把一切屈辱的根由归于奸臣当道与洋人肆虐，依据忠奸理论而推演出的对朝政的见解，与朴素的民族情感相混合，代表了19 世纪与 20 世纪之交中国社会普遍的感受。我们有理由相信，在 19 世纪末年，即便是信息闭塞的乡民，同样能够感受到世道变迁所带来的冲击。正因为如此，他们标榜抵制西洋的正义性，把自己看做上为皇帝下为黎民、替天行道的角色：

> 好汉来到十字口，

众位衙房听根由，

一不是响马共贼寇，

二不是图财害命把命丢。

只因为外国来争斗，

杀了鬼子烧洋楼。

——《山东大学义和团调查资料汇编》下册

基于卫道的信念，排外者始终把自己置于道德上的崇高地位。在前述1870年天津教案发生后，20名鼓动和参与闹事的百姓被处死，多位官员受到处罚。尽管如此，民众仍然认为这是一次胜利：

法国人，真强盛，

拐去幼童数百口，

摘心挖眼把命送，

恼怒了天津的众会手。

杀鬼子，烧洋楼，

大法国，他败走，

顺水推舟往下流。

——《山东大学义和团调查资料汇编》下册

在一个相当长的时间里，那些参与了这场斗争，尤其是慷慨赴死的人们仍然受到了英雄般的尊重。他们虽然输掉了性命，却被看做是道德上的胜利者。当西洋人以坚船利炮打开中国大门，当以不平等条约为护身符的传教士在中国肆意而为的时候，朴素的爱国情感往往是激发民众的工具。在前述周汉等人刊布的歌谣揭帖中，就有对洋人侵略的揭露：

睁眼看，鬼子们，狼心狗胆。

借邪教，欺骗我，一班良民。

说他是，上帝爷，独生爱子。

把中国，不当人，任意欺凌。

尤可恶，有一些，贪官污吏。

媚外人，欺己国，秀士良民。

更可叹，居然有，一班痞棍。

拜奉他，猪羊鬼，做子充孙。

三顶拐，上衙门，冲进撞出。

辱祖先，毁圣道，败灭人伦。

引强徒，窥伺我，廊房财宝。

三分人，七分鬼，丧惑人心！

　　　　　　　　——《反洋教书文揭帖选》

在西方殖民征服背景下进入中国的西洋人，手持的是清政府在列强威逼下被迫签订的不平等条约，背后清晰可见的是停泊在中国各处海口的艘艘战舰，而与他们站在一起的，则是一个个盛气凌人的外交官。宗教与政治不能脱离干系，民众自然也能感受到这一点。修筑教堂是扩充教会势力的象征，又是当时民教纠纷的一项重要内容：

洋教士，修教堂，

中国地，中国梁，

中国砖，中国匠，

不给修，把命丧。

　　　　　　　　——《中国近代反帝反封建历史歌谣选》

政治腐败的清王朝，已经丧失了应付变局的能力。不断遭受侵略的现实，使民众承受了不尽的屈辱。从远迈万国的天朝到求其平等犹不可得的弱国，中国的地位可谓发生了双重的失落。这种情形，不能不引发群体性的忧愤：

中华素称礼仪邦，

国泰民安都尊敬，

自从鬼子到中华，

富强害得成贫困。

不独通商传教人，

假名游历数不尽。

甲想夺我筑路权，

乙想矿产齐吞并。

鬼子心比虎狼凶，

合力驱除须鼓劲，

果然万众一条心，

保管中华能制胜！

——《反洋教书文揭帖选》

对晚清民间社会排外情绪的评说，不能忽视这种屈辱心态的存在。对西洋人而言，他们把对中国的征服看做是将"文明"带给中国；但对中国人而言，他们体验到的则是一次次失败的痛苦和前所未有的耻辱。晚清民众确实不具备现代的民族意识，但这并不意味着他们没有反抗的权利。连续不断的外敌入侵、与日俱增的忧患意识，使一波一波的排外冲动成为19世纪国人与沦亡命运相抗争的重要形式。

在这些年里，民众的情绪尽管激愤，但仍处于被抑制的状态，国家权力仍然可以实施虽然磕绊但不失效力的监控。然而，当这一切延续到19世纪末年，形势发生了改变，甲午战争后更为险恶的处境，使积蓄已久的忧愤到达了爆发的临界点。西太后欲废除光绪帝的"家务事"被洋人干涉后，朝廷也因此大感恼火，他们需要报复。民众忍无可忍的仇恨意念、保守者夹杂私利的鼓动，使原本脆弱的平衡在一瞬间被打破，波澜起伏的义和团运动迅疾而狂暴地席卷了北中国的大地。

二四加一五，

这苦不算苦，

天下红灯照，

那苦才算苦。

——《义和团文献辑注与研究》

19世纪末年在山东、河北等地广为流传的这首神秘的乩语，在那些习惯以五行学说解释歌谣的人们看来，似乎透着某种玄机。

红灯照：蒙昧时代的冲突

来到庚子年，

遍地义和团，

烧了天津卫，

北京把门关，

乱，乱，

六国起狼烟，

朝廷下长安。

——《山东大学义和团调查资料汇编》下册

延续数十年的反洋教斗争，在19世纪末20世纪初，终于汇成了一场波澜壮阔的大事件，这就是我们熟知的义和团运动。对于世纪之交的这场事件，不同的观察视角会形成不同的认识。政治的、文化的、宗教的、习俗的种种因素，以及文明与野蛮、反帝与排外、革命与迷信、进步与愚昧的种种倾向，使这场运动成为最难以解读的历史事件之一。从京城里的最高统治者、王公大臣、官宦胥吏，一直到乡村士绅、街头豪强、失业游民、普通百姓，社会各色人等不同程度地卷入，也使事件本身充满了扑朔迷离的色彩。

无论如何，当千百万民众通过某种组织形式会聚起来时，展示出来的是一幅动人心魄的历史画卷。作为孔孟之乡的山东，是这场风暴最主要的策源地。在这里，普遍存在着形形色色的拳会、民间宗教以及各种地方自卫组织，它们是19世纪末年反教活动的重要力量，大刀会就是其中之一：

大刀会，来仓仓，

先杀天主教，

后烧鬼子堂。

打洋鼓，吹洋号，

大刀会又来了；

拆了堂，盖上庙，

看你害臊不害臊。

打洋鼓，吹洋号，

大刀会又来了；

拆洋楼，盖上庙，

问你反教不反教。

金马银铃铛，

大刀会来到南门上，

义和团，红灯照，

杀了洋鬼子，

灭了天主教，

拆了洋楼，盖上关帝庙。

——《山东义和团调查资料选编》

尚武好勇、练拳习武是山东、河北一带乡村的传统。梅花拳、金钟罩是当地重要的拳种，在 19 世纪下半期逐渐演变为一种组织的名称，也是与教会作对的主要力量：

先学梅花拳，

后学金钟罩，

杀了洋鬼子，

再灭天主教。

　　　　　　　——《山东义和团调查资料选编》

　　山东义和团兴起过程中，朱红灯是一个重要首领。歌谣有谓：

先有朱红灯，

后有红灯照；

烧了西洋楼，

盖上吴云庙；

先杀洋鬼子，

后打天主教；

大清国，真热闹。

　　　　　　　——《山东义和团调查资料选编》

　　在这些民间组织不断活跃的同时，义和团出现了。后世的研究者习惯于从一个普通的北方村庄——山东冠县梨园屯开始他们的叙述。关于这个村庄的故事是：多年以来，围绕村中一座玉皇庙，信教的村民与不信教的村民展开了一场旷日持久的争夺，拳师阎书勤等人挺身而出，与当地的教民进行了多年的争斗。由于矛盾不断激化，这种争夺最终演变成流血冲突：

梨园屯，两头翘，

堂间有座玉皇庙。

拆了庙，毁了神，

洋枪排的阎书芹。

　　　　——《山东大学义和团调查资料汇编》上册

　　不过，梨园屯的故事只是一个象征性的起点，风暴的起源自有它更复杂的背景，并交织了种种神秘的色彩。据说此前在山东聊城挖运河时，从河底挖上来的一块小铜牌上有这样几句诗：

一幅义和团民画像。
——《老照片：二十世纪中国图志气》

他他他，真可笑，

不用问，便知道。

黑阴路，白挡道，

重神灵，逐鬼教。

披金甲，开铁炮，

黄雾消，红灯照。

——《山东大学义和团调查资料汇编》下册

这些神秘主义的乩语，为庚子（1900 年）、辛丑（1901 年）之际的义和团运动蒙上了动乱时代的异样色彩。劫难就要降临，大地将要笼罩在黑暗之中，一切秩序将荡然无存。在纷乱的年代里，这类流言的迅速播散，对每一个社会成员都会构成精神上的压力：

打洋鼓，吹洋号，

先杀洋鬼子，

后拿天主教。

——《山东义和团调查资料选编》

对于千百万普通民众来说，他们只是认识到，洋人是灾祸的根源，灭洋是解除灾难的唯一出路。19世纪末年的华北乡村社会，几乎所有人都相信，借助于神灵的力量和神秘的诅咒，就能消灭给他们带来厄运的洋人。有谓：

> 一百篦子二百瓢，
>
> 十字路口烧红毛，
>
> 烧的红毛断了筋，
>
> 黎民百姓安了心。

——《山东大学义和团调查资料汇编》下册

在山东曹州、濮州一带，老太太收集各家的面和水，捏面人放在锅里，拿到十字路口去煮。把小洋鬼样的米面人煮熟后，给小孩子分开了吃，有吃头的，有吃腚的。一边煮一边念下面的歌谣：

> 千家面，百家水，
>
> 活活煮死小洋鬼。

——《中国近代反帝反封建历史歌谣选》

在山东高唐、河北廊坊等地，灭洋的巫术甚至延伸到儿童的游戏歌谣中：

> 清早起来拐打拐打腚，
>
> 毛子死个净。
>
> 清早起来好晴天，
>
> 毛子死两千。
>
> 今个天挺热，
>
> 毛子死楼垛。
>
> 一块萝卜一块瓜，

> 毛子死在白菜洼，
>
> 一块萝卜一根棍，
>
> 毛子死在天津卫。
>
> ——《中国近代反帝反封建历史歌谣选》

在交织着迷狂与幻觉的灭洋气氛下，与梨园屯情形相似的千千万万个村庄正凝聚着令人不安的力量，日益显露出冲动的欲念。当民众对洋教的反感已无从克制而又毫无宣泄的渠道时，一场猝然的爆发就不可避免。他们相信，生活的不太平都是因为洋人而起，甚至天灾也是由洋鬼子引起的——在世纪之交的几年间，华北正经历着一场严重的旱灾。山东、河南一带收成极差，有的地方近乎绝收，不少人度日艰难，甚至被饿死。在灾荒的逼迫下，民众情绪趋于绝望，而有关洋人用法术阻止上天降雨的说法不胫而走。义和团一首打油诗揭帖称：

> 天无雨，地焦旱，
>
> 全是教堂止住天。
>
> 神发怒，仙发怒，
>
> 一同下山把道传。
>
> ——《义和团文献辑注与研究》

民众以为，由于洋人和他们的神作祟，惹恼了天庭，才导致天下大旱。这种以宗教形式表露出的荒诞意念，隐含的是对吃饭与生存这一现实的诉求。1900年北京附近的一首义和团告示称："天主教由咸丰年间，串结洋人，祸乱中华，耗费国，拆庙宇，毁佛像，占民坟，万恶痛恨，以及民之树木禾苗，无一岁不遭虫旱之灾，国不泰而民不安，怒恼天庭。今以上天大帝垂恩，诸神下降，神传教习子弟，扶清灭洋，替天行道，出力于国家而安社稷，佑民于农夫而护村坊，否极泰来之兆也。"

> 你没吃，我没穿，
>
> 趁早加入义和团，

打败洋人吃饱饭。

——《中国近代反帝反封建历史歌谣选》

在民众看来，洋教对中国文化与伦常的颠覆和悖离、教堂建筑对天意的冒犯，乃至西洋人奇怪的长相，都是他们必须采取行动的理由。他们声称，正是由于洋人和洋教的到来，才使神灵感到震怒，不再保佑自己的生活。他们要做的，就是驱除这些来自西洋的邪恶力量，恢复固有的秩序。义和团运动时期一首非常著名的歌谣说：

神助拳，义和团，

只因鬼子闹中原。

劝奉教，真欺天，

不敬神佛忘祖先。

男无伦，女行奸，

鬼子不是人所添。

如不信，仔细看，

鬼子眼珠都发蓝。

不下雨，地干旱，

全是教堂遮住天。

神发怒，佛发烦，

一同下山把道传。

非是邪，非白莲，

独念咒语说真言。

升黄表，焚香烟，

请来各等众神仙。

神出洞，仙下山，

附着人体把拳传。

兵法艺，都学会，

要平鬼子不费难。

拆铁道，拔电杆，

紧接毁坏火轮船。

大法国，心胆寒，

英美德俄势萧然。

洋鬼子，全平完，

大清一统太平年。

——《中国近代反帝反封建历史歌谣选》

　　练拳习武的义和团民被称为神拳，他们每人都有一个神灵，需要时就可附体。这些神灵五花八门，比如《封神演义》、《三国演义》、《西游记》等中的人物，都是他们的附体神。团民在练习时，要念诸如"头顶天灵，脚踏地灵，身披黄灵，我有十万神兵、十万鬼兵。遇山山倒，遇地地崩，遇树两截。无奈太上老君，急急如律令"之类的定神法。有请神咒谓：

天灵灵，地灵灵，

奉请祖师在显灵：

一请唐僧猪八戒，

二请沙僧孙悟空，

三请二郎来显圣，

四请马超黄汉升，

五请济颠我佛祖，

六请洞宾柳树精，

七请飞标黄三太，

八请前朝冷于冰，

九请华佗来治病，

十请托塔天王、金吒、木吒、哪吒三太子，

率领天上十万神兵。

——《义和团文献辑注与研究》

团民们相信，一旦神灵附体，就可以刀枪不入：

> 弟子在红尘，
>
> 闭住枪炮门。
>
> 枪炮一齐响，
>
> 沙子两边分。
>
> ——《义和团文献辑注与研究》

又有：

> 北方洞门开，
>
> 洞中请出铁佛来，
>
> 铁佛坐在铁莲台，
>
> 铁盔铁甲铁壁寨，
>
> 闭住炮火不能来。
>
> ——《清诗纪事》廿二

由年轻女性组成的红灯照，同样宣称具有神奇的能力。加入红灯照的女子大多十七八岁，着红巾、红衣、红鞋，一手持红扇，一手持红灯，择静室练功，据说神功练成后，扇子一扇，人就可以徐徐升空，飞到外洋去灭洋人：

> 身穿一身红，
>
> 手提小灯笼，
>
> 呼呼扇小扇，
>
> 骨碌上天空。
>
> ——《中国近代反帝反封建历史歌谣选》

又谓：

> 红灯照，穿得俏，
>
> 红裤子红袄红裹脚。
>
> 杀了洋毛子，

灭了天主教，

拆了洋楼扒铁道，

电线杆子全烧掉。

———《河北歌谣》

练了红灯照，

鬼子见了吓一跳。

练了义和团，

见了鬼子不耐烦。

———《清诗纪事》廿二

讖语、关于教会与西洋邪魔的讹言、附体神以及对种种不可思议的法术的崇拜，展示的是义和团运动的神秘主义。虚幻的意愿与义无反顾的激情结合在一起，使得这场运动展示出令人慷慨万千的内容。在神灵鼓舞下，挥舞大刀、长矛，甚至赤手空拳的义和团民毫无惧色，无论是敌手还是旁观者，都不能不为之震惊：

义和团，喝白水，

依仗人多不怕鬼。

———《中国近代反帝反封建历史歌谣选》

"拿鬼子不费难，晴一天，拿一千。"盲目地仇杀、灭尽一切洋人的愿望，对西洋事物的一概排斥，使蒙昧主义与义和团相伴始终。在河北安次，曾经做过义和团大师兄的姚福才口述的一首歌谣是：

义和团，得了胜，

毛子死了干干净。

义和团，得了安，

毛子打死万万千。

———《中国近代反帝反封建历史歌谣选》

教民以及给洋人做事的人都被称为二毛子，也是义和团打击的对象：

> 二毛爷，二毛爷，
>
> 只认洋人不认爹。
>
> 通风报信还不算，
>
> 伺候洋人团团转。
>
> ——《中国近代反帝反封建历史歌谣选》

电线、轮船、火车之类，都是洋人带来的，同样要扫除净尽：

> 一入庚子年，
>
> 起了义和团，
>
> 杀了洋教士，
>
> 拔了电线杆。
>
> 拦、拦、拦，
>
> 赶走了外国船。
>
> ——《中国歌谣选》第一集

那个时代的混乱与无序，使我们无法辨清这一切行动的意义。但无论如何，情绪上的冲动已经演变成不顾一切的破坏，杀洋人、平教堂、毁铁路、拆电线，这种违背常理的行为成为义和团显明的标记。他们中间确有不少人是因为近代生产工具的输入而丧失了自己的谋生手段，比如修筑铁路所造成的运输工人的失业，但小生产者眼光的狭隘无疑是促成这类行动的主要原因。他们天真地认为，只要消除了这些洋事物，就能重新回到天下一统、不受打扰的静谧生活：

> 义和团，红灯照，
>
> 一心要灭天主教。
>
> 拆洋楼，拉铁道，
>
> 电信杆子全不要。
>
> ——《中国近代反帝反封建历史歌谣选》

兵法书，全学完，

要平鬼子不算难。

掀铁道，拔线杆，

接着打沉火轮船。

大法国，心胆寒，

眼看就要快玩完。

——《中国近代反帝反封建历史歌谣选》

躁动中的人们开始了行动。拆教堂、杀洋人、惩罚信教的二毛子，从山东到河北，到天津，到北京，义和团的坛口出现在大街小巷，他们的喊杀声回响在每一个角落，迅速蔓延成一股风暴，裹挟着巨大的力量席卷而过：

先学义和团，

后学红灯照，

杀了洋鬼子，

平了天主教。

掘了洋线杆，

挑了火车道。

点了他的洋楼，

烧得他吱哇乱叫。

——《山东义和团调查资料选编》

"民不畏死，奈何以死惧之"，水浒好汉的行径、替天行道的情怀、舍生取义的赴死精神、大块吃肉、大碗喝酒、生死与共、义薄云天，等等，表露出千百年中国农民的英雄主义情结。尽管在绝大多数的时间里，他们更愿意生活在中庸之中，但在特定的绝望或狂热情绪的左右下，他们也会放弃中庸，将这种情结以一种扭曲的形态展示出来：

还我江山还我权，

刀山火海爷敢钻，

哪怕皇帝服了外，

不杀洋人誓不甘。

扛起扎枪拿起刀，

日子过得要逍遥。

宁可犯下造反罪，

先让洋人祭了刀。

酒色财气一旦抛，

一心一意练大刀，

坑害百姓百姓起，

洋人官兵一齐削。

——《河北歌谣》

　　这首或许出自后人之手的歌谣，展现了义和团运动的慷慨气概。尽管义和团的英雄主义最终以悲剧而结束，但它的刚烈性格却给当时以及后来的中国人留下了至为深刻的印象。

　　1900 年的五六月间，是义和团运动最为高涨的时期，各地的义和团队伍不舍昼夜地向北京开进，在京城里，坛口遍布大街小巷，整个城市开始沸腾。正如一个外国人所形容的，北京正在经历一个火红的夏天。甚至在朝廷大臣的府邸，也出现了义和团的踪迹。守旧大臣、端王载漪是义和团的支持者，歌谣中有谓：

义和拳，瞎胡闹，

端王府里去挂号。

——《山东大学义和团调查资料汇编》上册

　　街头的一首童谣则是：

铁蚕豆，炒了个熟，

先杀鬼子后烧楼。

——《中国近代反帝反封建历史歌谣选》

在义和团运动的高潮时期，北京义和团和清军最重要的灭洋举动，是围攻东交民巷使馆区和西什库教堂。尽管这一远非理智的举措并非义和团的责任，但还是显示出义和团愚昧的一面：

吃面不搁酱，

炮打交民巷；

吃面不搁卤，

炮打英国府；

吃面不搁醋，

炮打西什库。

——《北京的歌谣》

也就是在这一时期，东西方列强组成的八国联军开始了他们残酷的征服，这成为近代中国历史上最令人屈辱的一页。面对八国联军先进的杀人武器，义和团的血肉之躯只能成为蒙昧时代的殉葬品。在天津，义和团对老龙头火车站的进攻十分惨烈，一位曾经见证了这一场面的俄国记者写道：

每一次齐射之后，我们都听到刺耳的号叫声，只见灯掉落了，溃散了，熄灭了，但是团民们仍然挥舞着大刀长矛，高喊"义和拳！红灯照！"向车站前进。他们中有一位师傅，是个脸色阴沉的高个子老头，他带领着一群团民径自向我们冲过来，走在前头的小孩子举着大旗，上面写着"义和团"三个大字，月光照耀着这些丧失理智的莽汉，照耀着他们的大刀和旗帜，一排子弹射过去，大旗倒下了，又举了起来，接着又倒了下去。

我们无须详述这场战争的进程，在列强国家近代化的战争机器面前，神灵与咒语挽救不了义和团，也不会成为清王朝的护身符。天津失

炮打西什库　在北京义和团最活跃的时期，西什库教堂是围攻的重要目标。
——《苏联藏中国民间年画珍品集》

陷了，北京失陷了，当那些自诩为来自文明世界的八国联军开始他们疯狂的杀戮和抢劫时，他们的行径其实并不比被他们视为"暴民"的义和团更文明：

> 天津卫，北京城，
>
> 洋鬼害人可不轻。
>
> 横抢竖夺还不算，
>
> 杀人放火家常饭。
>
> ——《中国近代反帝反封建历史歌谣选》

战争开始的时候，一般民众还寄希望于清朝官兵的抵抗，一首关于清军将领董福祥的歌谣是这样的：

> 芝麻酱，下白糖，

> 鬼子就怕董福祥。
>
> 福祥足，两头翘。
>
> 先杀鬼子，后折铁道。

而随着无能清军的失败，歌谣就变为：

> 芝麻酱，下白糖，
>
> 鬼子最恨董福祥。
>
> 福祥足，跑得快，
>
> 未曾开炮就先败。

——《清诗纪事》廿二

八国联军打进北京之际，西太后携光绪皇帝仓皇出逃，亡命西安。然而，即便大祸临头、亡国之难就在眼前，那些平素就有贪婪之名的宫中侍宦，也忘不了沿途勒索。民间因此有歌谣谓：

> 光绪跑煞，
>
> 太监饱煞。

——《中国近代反帝反封建历史歌谣选》

战争以中国的惨败而结束，惊魂未定的西太后这时已顾不上其他，只要自己能够保全，就无所谓国家，也无所谓百姓。在随后的《辛丑条约》谈判中，清政府已经没有任何勇气为自己辩护，只能任由列强勒索。这一空前苛刻的条约，仅仅赔款一项，就达到白银四亿五千万两之巨，还不包括各种名目的地方赔款。

> 西太后，真不赖，
>
> 腿儿长，跑得快，
>
> 长安一住把国卖。
>
> 赔银数不清，
>
> 卖地好大块。

——《中国近代反帝反封建历史歌谣选》

一切重新安静下来，清王朝被保全了，义和团运动被平息了，列强
的军队驻扎在中国的领土上，紫禁城暴露在使馆的炮口下。但是，悲愤
的人们在被迫低下他们的头颅之时，并没有承认这是一个合理的世界。
义和团期间天津的一则乩语传单说：

> 上帝今有七怒：
>
> 一怒庆王天主翁，
>
> 二怒钦差袁奸雄，
>
> 三怒助洋鸿章李，
>
> 四怒将军裕不忠，
>
> 五怒聂姓提督死得苦，
>
> 死后还得留骂名，
>
> 六怒贼子通洋保国会，
>
> 不久落头归阴城，
>
> 七怒遍地人死一多半，
>
> 闰月秋时是大乱。
>
> ——《义和团文献辑注与研究》

另外一首以同样方式流传的歌谣，假托是直隶总督裕禄请乩，问
"大事如何?"结果吕祖降坛，说了这些话：

> 你问吾，吾问谁?
>
> 十个官，九个肥。
>
> 盗入内，不拿贼，
>
> 放走了，埋怨谁?
>
> ——《义和团文献辑注与研究》

这些歌谣所包含的内容无疑是多重的，但种种模糊的意念透露出的
其实是一种难以言说的激愤与无奈。

> 十二月腊梅性耐寒，

西太后逃难到西安。

大清难保洋难灭，

可怜那一片痴心义和团。

——《沪谚外编》

世纪之交的义和团，交织了正义、英勇、愚昧、迷信、狂热、悲壮等多重的色彩。从不同的角度来审视这场运动，会得出不同的甚至大相径庭的结论。我们可以指责义和团的盲目和无知，但却不能剥夺他们反抗的权利。同样，尽管千百万下层民众以他们的血肉之躯面对八国联军现代化的杀人武器时毫无惧色，但最终却不可能实现灭洋的目标。义和团给今天的人们留下的，仍然是一个值得思考的问题。

庚子年，义和神拳，

仇视外国人，闯下祸端。

各国串通着反中原，

联军来，清帝西迁。

大局定就后，祸事已完；

真可叹，赔款四万万。

——《清诗纪事》廿二

面对这一段历史，除了感慨之外，今天的我们似乎也没有更多的言语。

第四章
阿 Q 的年代

　　鲁迅先生在他的名著《阿Q正传》中，刻画了一个可怜、可悲、麻木、愚昧的农民形象。阿Q的形象，同时又打着清末民初的时代烙印。

　　20世纪初的中国社会，呈现出变革时代的多种面相。危在旦夕的民族命运牵动了无数人的神经，不同政治势力之间的搏杀，显现出清王朝的穷途末路，清政府筹划的变革没有挽回厄运，在某种意义上反而使它的政治信用丧失殆尽，最终为革命者所推翻。在纷乱的社会场景中，新的人群不断走上前台，个人与群体角色的错位隐含着社会结构性变动这一时代趋向，流风所及，社会生活方式与内容都打上了纷然无序的过渡年代的标记，使民众发出了世道沧桑的感叹。

裂变中的社会

　　遭受了八国联军入侵后，清政府于1901年宣布实施"新政"，谋求有限的改革。自此开始，整饬吏治、振兴商务、建设铁路、创办学堂、废除科举、改革律例、编练新军、兴办警政等举措纷纷出台。至1905年，清政府迫于政治压力，又派五大臣出洋考察宪政，次年宣布仿行宪政，从厘定官制、改良法律入手，展开一系列政治改革，1908 年《宪法大纲》颁布，1909 年各省咨议局陆续成立，1910 年中央资政院开院，等等。为了挽回其政治颓势，清王朝不得不在它最后的年代扮演改革者的角色。

清政府所推行的变革，虽然不足以挽救其黯淡的前途，却成为这一时代社会变革的催化剂。经历了几十年欧风美雨的熏染后，20 世纪初的社会面貌与以往相比，具有了更丰富的色彩。文明与愚昧的交替、新与旧的嬗代、中与西的并存，使社会呈现出纷纭复杂的面相。其时，山东民谣中有"四大时兴"与"四大不时兴"之说。四大时兴为：

> 天主教，退伍兵，站段的，洋学生。

"四大不时兴"是：

> 老秀才，破古庙，义和团，白莲教。
>
> ——《山东大学义和团调查资料汇编》下册

一首相似的山西歌谣中，"四不时兴"是：

> 破戏台，烂秀才，
> 小足板子洋烟袋。

"四大时兴"则是：

> 火车站，德律风，
> 大足板子毕业生。
>
> ——《山西各县歌谣解释》

所谓时兴不时兴，表明了社会整体的趋新特征。置身其中的人们，总能发现周遭不断出现的新事物。在清末北京竹枝词中，常见此种内容的咏诵。比如北京的街道，先前中间高出数尺，左右为路，本来就很狭窄，又加上货摊随意摆放，车马行人十分拥挤，清末则一律改为宽平的马路，人皆称便。竹枝词有谓：

大街拥挤记当年，

高在中间低两边。

一自维新修马路，

眼前王道始平平。

——《清代北京竹枝词·京华百二竹枝词》

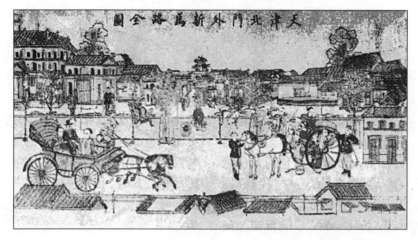

天津北门外新马路

——《苏联藏中国民间年画珍品集》

城市管理方式受西人租界的影响，有所改进，街道上不准随处倾倒垃圾，随地便溺，还新修了厕所。专门收集粪土的车辆以摇铃为号，人皆称便：

粪盈墙侧土盈街，

当日难当两眼开。

厕所已修容便溺，

摇铃又见秽车来。

——《清代北京竹枝词·京华百二竹枝词》

新式医院过去大多只见于通商口岸外国人聚居之地，现在官方也有建立新型医疗设施的举措。清末民政部在北京设立内外城官医院，房屋整洁，院宇宽敞，种植树木，一改旧式医院的模样。有谓：

> 一从新立官医院，
>
> 大益人民在卫生。
>
> 不见荒榛与沟堑，
>
> 果然沧海有时平。

——《清代北京竹枝词·京华百二竹枝词》

晚清时代，公共文化设施最早由来华外国人开办，中国官绅参与者很少。为了开启民智，1906 年出洋考察的宪政大臣回国后，向清政府建议设立图书馆、博物院、万牲园（动物园）、公园等设施，作为"优游休息之地"，"足益见闻之陋"。各城市由此出现这类设施。竹枝词咏北京万牲园称：

> 全球生产萃来繁，
>
> 动物精神植物蕃。
>
> 饮食舟车无不备，
>
> 游人争看万牲园。

——《清代北京竹枝词·京华百二竹枝词》

政府鼓励工商，民间资本日渐活跃，各地经常举行工艺展览活动，以起促进工商业之效。农工商部在北京广安门大街设立劝工陈列所，高楼数百间，陈列各省诸色货物，可以购票参观，上下出入路线，均界以绳，有条不紊：

> 忽见广安门大街，
>
> 劝工陈列所新开。
>
> 吾华样品多如许，
>
> 日日游人结队来。

——《清代北京竹枝词·京华百二竹枝词》

在外国银行进入中国数十年后，国人自办银行在 19 世纪末 20 世纪初开始出现。这些银行门面辉煌，楼房高耸，吸引了人们的目光，也成为人们吟诵的对象：

> 但于国计民生便，
>
> 善法何嫌仿外洋。
>
> 储蓄、交通均有益，
>
> 巍然开设几银行。
>
> ——《清代北京竹枝词·京华百二竹枝词》

文明一词，为 20 世纪初一大流行语。北京的菜市从明朝开始就是刑场所在，每遇行刑，围观者甚众。此种野蛮做法，在清末也得到改变，新建立的刑场，有高墙屋宇，时人称其"既益卫生，复合文明之举"，竹枝词中也有：

> 当年弃市任观刑，
>
> 今日行刑场筑成。
>
> 新旧两般都有意，
>
> 一教警众一文明。
>
> ——《清代北京竹枝词·京华百二竹枝词》

北京城里的这些变化，是社会变化的一个缩影，新事物的广泛出现，不但改变了城市的面貌，也改变着人们的生活。尽管改良只是局部的，但却带动了整个社会文明与趋新的风气。

在 20 世纪初的种种新事物中，新式报纸为其一。为了配合新政与立宪，一批有志于启迪民智的人士，创办各种报刊，登载大小新闻，发表时事评论，传达各地消息，散布奇闻逸事，很受一般知识阶层和大众社会的欢迎，阅报在民间渐成风气。清末北京竹枝词中也有这方面的内容。所谓的"中央"、"大同"，均是当时北京的报馆名称：

> 报纸于今最有功，
>
> 能教民智渐开通。

文明小史 读新闻纸渐悟文明。
——《绣像小说》

眼前报馆如林立，

不见"中央"有"大同"。

——《清代北京竹枝词·京华百二竹枝词》

　　在各类报刊中，通俗易懂、妇孺皆宜的画报最为流行。画报"工本既省，售价亦廉，便于妇孺，引人入胜，故销行最广"。至于画报的内容，"则无一篇不载娼窑公案者是也……而略识之无之学生，最乐购阅"。竹枝词谓：

各家画报售纷纷，

销路争夸最出群。

纵是花丛不识字，

亦持一纸说新闻。

——《清代北京竹枝词·京华百二竹枝词》

民间阅报风气逐渐形成，表明文化消费已成为都市人群日常生活的一部分。风气所及，一位为老丈人拜寿的女婿把新闻纸（报纸）作为寿礼，多少也算一件新闻：

阿爷生日，月之二十六：

大姊夫，

送来寿花同寿联，

猪肉两三肘。

二姊夫，

送来寿果并寿衣，

一圈大爆烛。

三姊夫，

定了新闻纸，

天天送几张，

代替寿桃与寿酒。

——《歌谣》第廿六号

各种新事物在民众生活中扮演着越来越重要的角色，比如铁路。清末是中国铁路修筑的一个高潮时期。1897 年，清政府设铁路总公司，铁路修筑规模渐次扩大。约略统计，清政府时期中国共建成 9100 余公里的铁路线，绝大多数建成于清末 10 余年间。浙江嘉兴一首关于铁路的歌谣是：

正月梅花阵阵香，

铁路花名唱开场，

光绪皇帝龙位坐，
六部大臣来商量。

二月杏花朵朵开，
皇帝圣旨传下来，
天下百姓都晓得，
造建铁路大家办。

三月桃花真鲜艳，
铁路造到苏州城，
大户房子都要拆，
江北人动手创刨墩。

四月花开是蔷薇，
宁波匠人都到齐，
主人房屋都要拆，
借点田地啥稀奇。

五月石榴是端阳，
千年祖坟要搬场，
一幅告示三县出，
有铜钿也勿敢响。

六月荷花透水红，
铁路工程大开工，
逢水造桥逢水过，
花轿礼拜都停工。

七月凤仙秆子青，
洋桥造来一天平，
上面过车下过船，
铁栏扶杆两边分。

八月桂花飞落地，
铁路造得两边低，
四处百姓都来看，
大倌小女都到齐。

九月菊花是重阳，
铁路造来通两省，
来往人客生意好，
旱火轮一刻到城厢。

十月芙蓉白淡淡，
家家店店人人赞，
旱火轮一鸣到上海，
男女老少心开怀。

十一月水仙雪花飞，
旱火轮开得能介快，
上头好比乌云堆，
下比飞马快十分。

十二腊梅花开完成，
旱火轮个个码头都到齐，
呒曾上船先买票，

票子拿到就动身。

——《中国歌谣集成》浙江卷

铁路的出现，不仅改变了人们的出行方式，加快了信息的传播，也影响着人们的观念，自然会引起大众的热烈反应。形形色色的新事物，标示了清末社会变动的一个侧面。

与新事物相对应的，是各类新人物的出现，事实上，个人职业、身份的变化更能代表清末社会的裂变趋向。兴学与废科举是最有社会影响力的新政举措。在科举制的时代，获得功名意味着拿到了进入士大夫阶层的通行证。即便没有机会做官，也可以凭借自己的士绅身份，赢得人们的尊重。然而，时代已经不同，清政府于 1905 年宣布废除科举制，事实上切断了传统中国社会流动最重要的一条途径，旧士子逐渐退出了社会舞台的中心，取代他们的是留学生和国内新学堂的洋学生。一群群学生招摇过市，意气高昂，成为都市一景。在守旧官员的描述中，这些新学生"往往身着操衣，横行街市，成群结党，无事生风，以孔孟为不足学，以经书为不必读，诐词邪说，恶习难堪"，"于人心风俗，大有妨

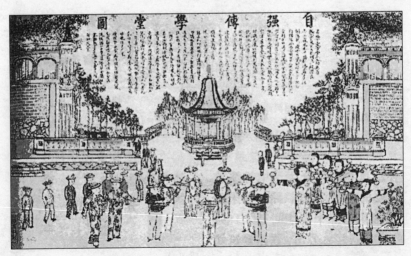

新学堂兴起 自强传学堂图。
——《苏联藏中国民间年画珍品集》

碍"。正好从反面说明了学生群体在社会变革中的角色：

> 自停科举换新章，
>
> 子弟从师入学堂。
>
> 书备中西须并习，
>
> 至今效法遍城乡。
>
> ——《上海洋场竹枝词·沪江商业市景词》

　　清末的兴学热潮，造就了数百万的学生群体，他们是社会变革的产物，又是社会变革的推动力量。不过，无论学生还是先生，良莠不齐大约是通病。所谓学生"十不好"指的是：

> 一不好，无心课学做花巧。
>
> 二不好，仇视同学大欺小。
>
> 三不好，上课之时多白话。

学堂风潮
——《绣像小说》

作冶游公子出学堂
——《绣像小说》

四不好，散课之时做胡闹。

五不好，侮慢师长多歪嬲。

六不好，作文习算窃人稿。

七不好，抄书写字多潦草。

八不好，自修工夫极其少。

九不好，缺课不补徒懊恼。

十不好，屡犯校规面皮老。

而教员"十不宜"则是：

一不宜，疑难之字懒于翻字典。

二不宜，不自郑重少威严。

三不宜，讲课齿牙不清利。

四不宜，不做预备硬是舌根说过去。

五不宜，学生吵闹不管理。

六不宜，抄书写字不圈点。

七不宜，到校时刻不能照钟点。

八不宜，星期麻雀做成例。

九不宜，口咬香烟好有味。

十不宜，浪用修金不能带回家里去。

——《沪谚外编》

在国内兴学的同时，大批青年士子走向海外，留学日本在 20 世纪初形成热潮。清末留学运动有其政治意义，但对于不少人来说，留学更是谋生的需要，留学生是一块金字招牌，是他们在新社会获得地位和身份的通行证。清末曾对归国留学生进行考试，取中者以举人、进士录用，不中者则自己谋职。竹枝词称：

各国归来留学生，

一经朝考上蓬瀛。

可怜不及格人在，

如要谋差须自行。

——《清代北京竹枝词·京华百二竹枝词》

剪去发辫、改换洋装的留学生，在社会上被归于新人物之列，自然也受到一些老派人士的讥诮。竹枝词中有谓：

出洋子弟改洋装，
辫发无存祖制忘。
航海归来人不识，
惊传某里到西商。

——《上海洋场竹枝词·沪江商业市景词》

留学者以资格相标榜，已是风气。小说家李伯元《南亭笔记》中记载：一个名叫金邦平的留学生谒见直隶总督袁世凯，身坐四人大轿，另有衔牌两对为之前导，如此排场，可见其自视之高。不过，留学生并非个个都才高八斗，学有所成。一首讽刺不良留学生的竹枝词是：

志士而今喜改装，
托言留学到东洋。
一年毕业成功速，
旅费何妨暂宿娼。

——《上海洋场竹枝词》

旧派人士不明世风趋向，他们的嘲讽多少有失落心态的作祟，但从反面说明了社会风气所向。留学生与国内学堂学生一起，成为清末新知识界的主体和社会舞台上举足轻重的角色，是清末社会变革的一个主要内容。

与学生群体崛起相同步，军人社会地位的上升也是清末社会的显著趋向。从清末新军的编练开始，由于大批文人投军，以往"好男不当兵，好铁不打钉"的观念逐渐改变，军队素质有了提高，待遇有了改善，结构也发生了变化。在民族命运萎靡不振的时代，军人是振兴国家的希望，也被看成是社会各阶层的表率。意气昂扬的军人身着新式军

197

服，往来于街衢之上，往往会引来不少人羡慕的目光。清末有知兵之名的宗族载洵和载涛，出门就常着军服，见者无不称其精神：

> 定章军服精神好，
> 旧式冠裳可弁髦。
> 试看知兵两贝勒，
> 不穿短褂与长袍。
>
> ——《清代北京竹枝词·京华百二竹枝词》

社会生活的丰富，为人们提供了更多的职业选择机会。随着新式工厂的增加，与机器生产相联系的职业多了起来。替外国工厂主当监工，即"那摩温"，就是一种：

> 头戴洋草帽，
> 身穿竹布衫，
> 不会说洋话，
> 光会说个"难卜儿湾"（Number One）。
>
> ——《民间歌谣全集》

接受新教育的学生、身穿制服的军人、与工商经济相联系的商人，构成了社会新的显贵阶层，逐渐取代了传统特权阶层的地位。从通商口岸到内地城镇，几乎都能看到他们的身影。个体与群体社会角色的急遽变动、社会流向的复杂化以及职业的多样趋向，成为传统社会结构和社会面貌变动的一个侧面。

旧派人士的讽刺，流露出他们对特权社会身份错动的不适应。但对普通百姓来说，新权贵与他们仍然有相当的距离。他们更熟悉自己身边出现的各种人物及那些民间社会的新职业、新行当、新角色。在北京的一首歌谣里，有这样的描述：

> 一什么一？什么人兴的拉胶皮？
> 二什么二？什么人兴的拄拐棍？

三什么三？什么人兴的吸大烟？

四什么四？什么人兴的写大字？

五什么五？什么人兴的卖烟土？

六什么六？什么人兴的抢狗肉？

七什么七？什么人兴的去投机？

八什么八？什么人兴的当丘八？

九什么九？什么人兴的喝烧酒？

十什么十？什么人兴的假钻石？

——《北平歌谣》

市井社会形形色色的职业与人等的出现，构成了民众眼中的世道变革风貌。这里有过去的延续，同样有新内容的加入。从社会上层到下层，从官僚政客到巡警车夫，不同社会领域和人群的纷繁活动，渲染了清末社会躁动不安的裂变氛围。当传统的士农工商职业等级结构被打破后，一个纷纭复杂的社会出现了，形态各异的生活交织出一个五光十色的时代。生活节奏的加快，使置身其中的人们在恍惚之余，又多了几分感叹。浮尘荡起，在流离而模糊的背景中，一个不同以往的新社会已隐然可见。

革命与辫子风波

社会情景的变幻，预示着一个新时代即将到来。当衰败的清王朝努力延缓自己走向命运尽头的脚步时，革命已成为 20 世纪初中国社会的主流话语。

犯关犯关真犯关，

宣统皇帝坐牢监，

苍鹰飞过太白山，

> 革命党里出个孙中山。

> ——《中国歌谣集成》上海卷

外患日重，内政日非，一次一次的战争失败，始终不上轨道的王朝政治，已经将中国逼到了无路可走的境地。命若游丝的清政府在最后10年间，试图通过所谓的新政和立宪来摆脱命运的安排。尽管今天的人们已经能以更平允的态度给予这场革新越来越多的同情，但无论如何，改革事实上未能成为起死回生的灵丹妙药。如同濒死者要抓住最后一根救命稻草一样，不无失落危机、无能而充满疑忌的亲贵们为了把权力牢固地控制在自己手里，将改革在相当程度上变成了一场利益争夺。1908年，光绪帝和西太后仅隔一天相继死去，清朝最后一个皇帝宣统即位。一首据说出于此时的歌谣说：

> 爷爷落，鬼出窝，
> 赶上小儿跑不脱。

> ——《成安县志》卷十

又有谓：

> 大青灰，大青蓝，
> 大青黑紫大清完。

> ——《阳原县志》卷十一

在好事者看来，这就是清王朝社稷将倾的预言。

这些谶纬性质的谣谚虽然出于附会，但民众情绪的变化却是真实的。如同历史上多数王朝的末路时期一样，改朝换代的大众心理正在兴起。不同的是，这一次，充当颠覆者角色的是历史上从未有过的新的革命力量。清末类似的歌谣还有：

> 头顶磨磨盘，
> 身穿一里圆，
> 宣统坐天下，

不过二三年。

　　　　　　　　——《中国民歌千首》

又谓:

高领护油头,

鲢鱼满街游,

万国来赛会,

宣统一旦丢。

　　　　　　　　——《中国民歌千首》

暗杀为一时风潮

　　　　——《绣像小说》

衣饰的变化（如所谓的鲢鱼，就是当时一种流行的鞋样式）与王朝的命运联系在一起，对歌谣的制作者来说，也许只是无意，但我们却不妨以为，它透露的正是清末社会变革与政治革命的关联性。其实，谶谣也是革命者借用过的宣传方式，革命党人景梅久记载了这样一首：

> 不用掐，不用算，
> 宣统不过二年半。
> 今年猪吃羊，
> 明年种地不纳粮。

——《清诗纪事》廿二

前两句是自编，后两句则是在流传中增加的。

当孙中山在檀香山建立最早的革命团体——兴中会时，民众尚处于"听平逆武功"的状态，不到 10 年，革命已经成为不可遏抑的社会潮流。尽管民众对革命只有有限的参与，但这并不妨碍他们对这场充满激情与英雄主义色彩的革命的记忆。一首潮州民谣描写了一个革命者手持炸弹追赶巡警的场景：

> 我革命，你巡警，
> 你走，我蹭。
> 要降呀唔降？
> 唔降我要掷炸弹！

——《民间歌谣全集》

20 世纪初年的革命，就是由这样一些生动细节组合而成的。挫败中的屈辱与愤怒中的抗争，透露出那个年代特有的激情。著名的革命领袖徐锡麟在绍兴大通学堂筹备革命时，曾教唱过这样一首歌：

> 我有宝刀真利市，快活沙场死。
> 短衣匹马出都门，喇叭铜鼓声。
> 赴战地，临大敌，战袍滴滴胡儿血。

上海通商庆贺总统万岁
——《桃花坞年画》

> 自问平生，博得自由，
>
> 头颅一掷轻。

——《中国歌谣集成》浙江卷

　　年轻革命者以他们的喋血精神，奠定了共和国的根基。在遭受了一次又一次的挫折后，他们终于实现了自己的理想。1911年10月，武昌起义爆发，湖北新军官兵打响了革命的第一枪，清军统制张彪与驻武昌的两江总督瑞澂逃走，革命率先在武汉三镇取得了胜利：

> 八月十九武昌城，
>
> 起了革命军，
>
> 张彪与瑞澂，
>
> 纷纷出城去逃生。

——《中国歌谣集成》上海卷

　　武昌起义后短短几个月里，革命犹如一场风暴席卷江南大地，半壁江山光复。1912年元旦，新生的中华民国在南京成立。随后，在黯然伤神的气氛中，宣统皇帝走下了他的宝座，中国的帝制就此宣告结束。

> 黄龙既折满清倒，
> 五色旗飘民国兴；
> 直至青天白日见，
> 欢呼齐做太平民！
> 豚尾万邦贻笑柄，
> 并州一剪见文明；
> 维新更有女中杰，
> 鬓发光光髻不存。
>
> ——《民间歌谣全集》

这显然不是一首真正意义上的歌谣，但却道出了革命带来的新景象。去掉旧时代的羁绊，革命时代的社会图景与民众固有的呆板印象相印证，给他们带来了心理上和精神上的强烈刺激。在辞别旧王朝的同时，他们为新的共和国送上了平安的祝愿。扬州一首民谣是：

> 扬州城，十二门。
> 宣统江山坐不成。
> 六吊桥，四水关，
> 中华民国保平安。
>
> ——《中国近代反帝反封建历史歌谣选》

挣脱了专制政治羁绊的民众，流露出对革命的欢欣。在一首广东潮州歌谣中，他们表达了这种心情：

> 天顶一条虹，
> 地下出革命。
> 革命铰掉辫，
> 娘仔掏脚缠。
> 脚缠掏来真着势，
> 插支鲜花幢幢递。
>
> ——《民间歌谣全集》

剪掉辫子，放了天足（"脚缠"），插上一枝摇曳的鲜花（所谓"幢幢递"，就是摇曳的意思），这成了民众呼应革命最直接的方式。他们或者并不清楚革命的真正含义，但对腐败无能的清王朝的厌倦，已足以促使他们对革命表现出某种认同。当时山东的一首童谣是：

> 黏糕黏，枣又甜，
> 大人吃，小孩看，
> 中华民国万万年！
>
> ——《山东歌谣集》第一册

边陲之地云南，同样有歌谣谓：

> 太阳出来白又白，
> 变了颜色为青色，
> 中国国旗变了样，
> 自从清朝转民国。
>
> 月亮出来白又白，
> 光明月亮被云遮，
> 黑云被风吹散了，
> 变成光明是民国。
>
> ——《西南采风录》

正如我们不怀疑这场革命的正义性一样，我们不怀疑民众曾经有过对革命的欢呼。然而，一切并不这样简单。对于世世代代生活在王权政治阴影下的绝大多数民众而言，皇权对于他们不只是外在的制约力量，在相当程度上已经变成了一种自觉的心理归属。要在心理上真正承认和接受革命这一事实，还需要一个过程。失去了皇帝，不仅使社会上的守旧者如丧考妣，不安的气氛也弥漫在一般民众中间。数千年的循规蹈矩使人们相信，对传统进行任何细微的改变，都会带来灾难。在民国最初的时日里，一般民众似乎很难看好它的前途。云南有歌谣谓：

新建房屋会漏雨，

新建民国不安居，

安乐朝代过去了，

直到何日出皇帝。

——《西南采风录》

对民国命运的忧虑，表明了大众心理对革命的极度不适。国旗是国家的象征，中华民国成立后，几经争执，最终确定以象征五族共和的五色旗为国旗，其形式与清朝的镶边龙旗颇不同。一首山东歌谣说：

五色旗，没有边，

大总统，做几天；

天也愁，地也愁，

先割辫子后割头。

——《歌谣》第三十号

对普通民众来说，他们不可能全然明了革命的政治意义，也不会留意南京与北京、孙中山与袁世凯之间那场关乎民国政治前途的斗争。真正让他们情绪为之波动、心理为之焦灼的，是革命者强力推行的剪辫运动。

当满清的铁蹄踏上中原后，在留发不留头、留头不留发的剃发令下，辫子成了满洲贵族统治权的一个标记，对汉民族而言，则表明他们被迫接受了满清统治的屈辱命运。正因为如此，几百年之后，夹杂着留发、复衣冠旧制情结的革命者格外看重辫子的政治符号意义。革命之后辫子的去留，也就成为人们是否与旧王朝脱离关系的象征。这使得在今天看来无足轻重的辫子，在当时却变为最能引起民众忧虑的问题。事实上，这场革命对民众的意义，或者说，革命为民众留下的首要印象，就是剪掉脑后的辫子。

剪辫的举动，清末就已经出现，出洋的留学生与谋生海外的华侨，或为表示与满清的决裂，或为方便生活，受外洋风俗的影响，常有剪辫之人。随后，国内学生和趋新人士也受此风感染，其他社会人群如新军士兵与巡警等因为职业的关系，偶尔也有剪辫留发者。政府虽有禁令，但大多睁一只眼闭一只眼，并不认真追究。然而，民国初年的情况已经完全不同了，辫子的革命已经到了普通人的头顶，无论是否接受，辫子总是要被剪去。

民国初年的剪辫运动，可以称得上是革命在民众生活领域中最直接的反映。正如历史学家已经指出的，剪掉辫子是革命最具有象征意义的作为之一。对于革命者而言，剪辫子无疑是值得欢欣的：

> 五色花花旗，
> 孙文登了基，
> 剪脱大辫子，
> 做人真惬意。
>
> ——《中国歌谣集成》上海卷

然而，对更多的人来说，辫子的去留成了一个艰难的抉择过程。浙江海盐县的这首《剪辫子歌》，生动地描述了当地推行剪辫的情形，也可见社会人等对剪辫的反应：

> 辛亥革命气势浩，
> 各地新闻一老淘。
> 单讲剪辫子，
> 笑话也不少。
> 商团赵富家，
> 手里捏剪刀，
> 碰着长辫子，
> 喀嚓一剪刀。
> 有个辫子粗，
> 手里剪出泡。
> 喀嚓喀嚓剪不动，
> 好比钩刀割藜草。

也有勿肯剪辫子，
买顶毡帽戴戴好。
挑挑帽子担，
毡帽真好销。
辫子绕绕结，
戴顶铜盆帽。
也有杜做货，
赛过戴荷包。
也有戴草帽，
也有和尚帽。
剃头店里冷清清，
头发越兴越时髦。

上头文书又来到，
辫子一定要剪掉。
街上查警察，
乡下查地保，
商团齐出动，
人人捏剪刀。
栈船刚刚到，
街上真热闹。
把守寺弄口，
又守关王庙；
北门夜船埠，
东门守吊桥；
把住南城门，
拦住叶家桥；
上南乌曲堂，

守牢火烧桥。
团团四转都把牢，
叫你辫子无处逃。

碰着熟人还算好，
望准楼上去蟠好。
还有勿熟悉，
实在无处逃。
逃到坑缸棚，
一把就拖牢。
出力犟一犟，
连底就翻倒。
跌在坑缸里，
臭来勿得了。
剪了辫子也就算，
一身臭气实难熬。

碰着一个土财主，
正好来到朝圣桥。
见了警察兵，
进弄出力逃。
跑到臭水浜，
啪嗒一翻跤，
跌到阴沟里，
好像泥神道，
叉开脚馒头，
鲜血嗒嗒滴。
一把拖牢来剪脱，

仍旧逃来白白叫。

说起有个怕家婆，
想想实在真好笑。
今朝上街去，
要买糙纸包。
碰牢警察兵，
拖牢就剪掉。
拎根长辫子，
回去好心焦。
娘子看见了，
骂来无处逃。
"你只臭乌龟，
辫子管勿牢！"
拿把扫帚柄，
打来嗤嗤叫。
今夜床上勿得困，
算是和尚少件宝。

有个姑娘学时髦，
走在路上像出操。
丫髻宕七寸，
梳得实在好。
拖在背当中，
像个男宝宝。
警察走过去，
喀嚓就剪掉。
姑娘跺脚开口骂：

"害我丫髻梳勿牢。"

不剪辫子像只猫，

寸步难行去煨灶。

勿如自家剪，

店家借剪刀。

别家拖牢剪，

剪得也勿好。

自家情愿剪，

心里顺苗苗。

也有伴工剪，

剪来又介好。

大家动手剪辫子，

都说辫子剪得好！

——《中国歌谣集成》浙江卷

　　在清朝200余年的统治下，人们已经习惯了做大清子民，也习惯了自己头上的辫子。但似乎在突然之间，他们发现，招摇过市的人群中，多了不少剪去发辫的"和尚"，甚至自己走在街上，会无端地被人拉到一边，强行剪掉头上的辫子。对于那些尚茫然于革命的人们而言，它引发了心理上的惶恐，难免有大祸临头的感觉。头顶上的辫子去掉了，但心理上的辫子却仍然保存着。所谓：

宣统退位，

家家都有和尚睡。

——《歌谣》第四十七号

大总统，瞎胡闹，

一帮和尚没有庙。

——《歌谣》第四十七号

如今事，真颠倒，

> 一街的和尚没有庙，
> 不使铜子使钞票。
>
> ——《民间歌谣全集》

剪掉辫子的男人们或留发齐耳，或理成平头、分头，有的干脆剃成光头，民众把他们称为和尚。这种称谓实际上表达了他们在心理上对革命不无保留的态度。对他们来说，留辫子如同有皇帝一样，已经成为自然而然的事情，突然的改变，让他们无法适应。

> 城隍庙，挂龙旗，
> 龙旗倒了打秃驴。
>
> ——《民间歌谣全集》

在他们的印象中，革命的出现，似乎又是宣统皇帝从了外洋的结果，或者仍以为革命会带来天怒人怨，剪去辫子的人会因此而掉脑袋。事实上，民国初年确实有一些地方出现过针对剪辫者的流血事件：

> 宣统番烧，
> 小秃儿要挨刀。
>
> ——《歌谣》第四十七号

尽管人们对剪辫子在心理上有着种种的不适应，但在这场声势浩大的运动面前，他们最终还是不能保住自己的辫子。我们有理由把剪辫看做革命向千百万民众发出的兆告，民众就是从自身头顶的变革体会到革命的到来。当然，尽管商团与警察的剪刀带着强加于人的意味，但民众的心理也会随现实而改变。在此后几年间，人们看到，剪掉辫子并没有什么不祥降临，不剪辫子反而无法在社会上抛头露面了。民国初年，忠实于清朝的张勋以长江巡阅使的身份盘踞徐州，他和他的军队都保留了辫子，而且强迫这一地区的民众留辫子，这让当地的百姓颇感为难，民国初年当地的一首民谣是：

> 带着辫子没法混，

割了辫子怕张勋。

——《歌谣》三卷十三期

到这个时期，留辫子已经成了怪异的事情，不能为社会所接受。不过，当张勋复辟的闹剧在北京上演时，辫子问题似乎还没有终结：

宣统回了朝，

秃头要开瓢。

宣统跑了，

秃头好了。

——《北平歌谣》

这些歌谣中，或者夹杂了一些王朝追随者对革命的忧愤，他们虽然不得不承认了中华民国的现实，但依然把革命视为一场变乱，而希望有朝一日能够重新恢复清朝的天下。正如歌谣所谓：

小宣统，别着急，

八月十五挂龙旗。

——《歌谣》第四十七号

无论如何，围绕辫子的歌谣让我们直接感受到民众在变革时代忐忑不安的情绪。仅仅因剪掉辫子就带来了如此强大的社会心理压力，这从一个方面表明了习惯与传统对社会变革的强大阻力。尽管革命具有毋庸置疑的意义——比如它对传统政治秩序的颠覆以及由此产生的种种心理上和精神上的冲击，然而，革命并不能在一瞬间切断传统与历史。在《阿Q正传》中，我们看到如此的描写：

未庄的人心日见其安静了。据传来的消息，知道革命党虽然进了城，倒还没有什么大异样。知县大老爷还是原官，不过改称了什么，而且举人老爷也做了什么——这些名目，未庄人都说不明白——官，带兵的也还是从前的老把总。

……

213

但未庄也不能说是无改革。几天之后，将辫子盘在顶上的
逐渐增加起来了，早经说过，最先自然是茂才公，其次便是赵
司晨和赵白眼，后来是阿Q。

把辫子盘在头顶上，与其说是未庄人顺应时事的表示，不如说是应
付变局的一种手段。不过，这种不失圆滑的应变策略，最终还是没有成
为习惯，辫子从中国男人的头上彻底消失了。尽管这种奇怪的发型在当
下的电视屏幕上仍飘来荡去，但我们已经不觉得它与自己的生活有任何
联系了。历史的沉重已化作一缕轻烟，无影无踪地飘出我们的视线。我
们所能听到的，只是后来的男人们以颇带一丝自豪的口吻说：

> 剪发好，
>
> 剪发好，
>
> 剪了发不怕虱咬了；
>
> 也不受老婆子吵！
>
> ——《山东歌谣集》第一册

对于民众来说，这也许就是他们所体验到的革命。

物质的变迁

当西洋文明在 19 世纪中期登陆东南沿海时，最初与之发生联系的，
是大都市里的上层社会。对于绝大部分的普通民众和内陆地区而言，这
一切依旧十分遥远。从城里的亲戚或时常出入于城市的小商贩那里，他
们对外边的世界或许有一些道听途说的了解；偶尔出现在乡村的传教士
和"大地方"来的人，除了令人觉得陌生和惊惧外，也会给他们留下持
续一段时间的新奇谈资。然而，当瞬间的激动平静下来后，一切依旧按
部就班。尽管他们的生活也许已经因为新事物的进入而发生了某种改

变，但还不足以给他们留下更深刻的印象。只有到了清末民初的时代，普通民众对物质变化的感受才凸显出来。

清末民初时期，各式各样的新器物从上层家庭蔓延到一般居民，从沿海口岸贩卖到内地城镇乃至乡村。城市里多了新鲜的设施，报纸上多了奇巧的消息，现代交通手段增加了社会流动，职业多样化丰富了信息来源，酒肆茶馆、街头巷尾也有了无数新鲜的话题。在浙江龙岩，有一首名为"十巧变"的歌：

> 第一巧变真灵通，
> 有人识得造时钟；
> 日子长短伊也知，
> 子时午时针对中。
>
> 第二巧变留声机，

年画中的上海汽车电船图
——《中国民间年画百图》

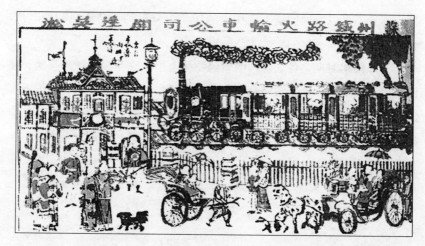

由苏州开往吴淞的火车
——《桃花坞年画》

里头有了几台戏；
打锣打鼓当咚响，
弹琴吹箫都凑句。

第三巧变做电影，
也有风炉也有鼎；
讲话生活有声音，
雅脚雅手骗人钱。

第四巧变德律风，
千里万路也会通；
讲话只凭一条线，
无人看着有声音。

第五巧变造飞船，
空气堆满大车轮；

炸弹打落收人口，
残害生命天不容。

第六巧变造火车，
载人载货力许大；
走路可比弓射箭，
路站到了就停脚。

第七巧变造枪支，
害了百姓受吃亏；
军队出来拿担担，
男丁女妇都走开。

第八巧变造轮船，
水汽蒸发转车轮；
海中并无山看着，
四面是水水连云。

第九巧变潜水艇，
潜行海底看分明；
水内开枪波振动，
单打战船攻敌人。

第十巧变变得透，
男丁女妇太坏了；
国中内乱无底止，
安得等到太平朝。

——《龙岩歌谣》第一辑

时钟、留声机、电影、电话（德律风）、飞艇、火车、枪炮、轮船、潜水艇，这些东西大多是在 19 世纪末 20 世纪初传入中国或为国人所知，虽然民众未必有机会亲眼看到，但毕竟感受到了它们的存在。这些闻所未闻的新奇玩意儿具有的魔法般的功能，令人在目瞪口呆之余，发出世道迁移的感叹。

各类新式交通工具是清末及此后民谣中经常吟诵的对象。电车 1906 年率先出现在天津，两年后上海也开始行驶有轨电车，此后其他城市陆续引入。有人作歌谣曰：

> 电车做个司机人，
> 营业之中算最新。
> 脚踏铃声当当响，
> 双手掌住快慢轮。
> 铃声响处电车过，
> 车辆行人齐让路。
> 转弯角上要留心，
> 莫开快车闯穷祸。

——《沪谚外编》

不过，电车的缺陷也成了人们嘲讽的对象。20 世纪 20 年代的北京，有一首描述电车"十怕"的歌谣。所谓的"十怕"是指：

> 车碰车。
> 车出辙。
> 弓子弯。
> 大线折。
> 脚蹬板儿刮汽车。
> 脚铃锤儿掉脑壳。
> 执政府接活佛。
> 挂狗牌儿坐一车。

不买票的丘八哥。

没电退票，卖票的也没辙。

——《歌谣》第九十一号

年画中的天津马路
——《苏联藏中国民间年画珍品集》

电车之外，19世纪下半期进入中国的人力车到20世纪初也越来越多。"祥子"们出现在大小城市的街头，"拉胶皮"的车夫们为生计而奔走，成为城市一个重要的行当。不过，坐人力车还只是有钱人的专利。在河南新乡，拉洋车被形容为：

东洋车，中国驴，

谁有钱，叫谁骑。

——《歌谣》卷三第十三期

在山东济南、济宁等处，人力车和楼房、电灯、电话一样，都是让民众感到新鲜的事物：

楼上楼下，

电灯电话。

洋车一走，

拉狗，拉狗！

——《山东歌谣集》第一册

所谓"拉狗，拉狗"，既是模仿洋车上的喇叭声，又骂了坐洋车的人。他们对这些新的东西似乎还有些不习惯，但寻开心也并不完全代表敌意。

在通商大都，排场与阔绰的马车在数量上比以前大有增加，官员与富商出行，多以之代步。马车夫身穿号衣，驾车驰骋而过，成了城市一景。有人作歌谣：

马车近来生意忙，

不但单做马车行。

中西官场一概用，

还有富绅和巨商。

簇新号衣穿一领，

披肩一个披端正，

莫教错认前清新秀才，

只有蓝衫无雀顶。

——《沪谚外编》

自行车在19世纪进入中国，清末时，城市已较多见。到20世纪二三十年代，往来于城乡之间的买卖人和村庄里的小康之家，也往往会置办一辆脚踏车（自行车）。在那时，自行车还是一件新鲜物件。率先在乡下骑自行车的人，在坎坎坷坷的土路上，自然会遇到种种不便，不得已时还得扛车而行，这种情形便成了大家取乐的对象。山东济宁、鱼台等处，乡民讽之为：

远看一条龙，

近看铁条拧。

好路龙驮鳖，

坏路鳖驮龙。

——《歌谣》卷二第二十一期

在物质生活的种种变化中，服饰的变革也很能引起人们的注意。清末，人们的衣着打扮已经渐趋多样，好时髦讲阔气的城市少年往往注重修饰，不过，他们那种亦新亦旧的装扮不伦不类，经常受人嘲笑。一首浙江歌谣是：

少年真风流，
辫子改平头。
生发油搽得滑油油。
金丝眼镜轧鼻头。

书生改洋装

——《绣像小说》

香烟口枝三寸头,

十支香烟九支喝,

赛比黄狗咬骨头。

对襟褛衫骨头扣,

大裤脚阔边头,

兰花肚兜双银钩。

丝光洋袜长鞋头。

爱国伞大钩头,

洋毛汗巾双块头。

裤带三周头,

日来荡荡街路头,

夜来荡荡弄堂头。

十个女客九个呕。

一走走个房里头,

口对口来手对手。

这种味道哪里有?

一把抓住呕救救!

——洪亮编:《浙江歌谣》

眼镜、香烟之类代表着时髦与排场,也免不了为乡下人所模仿:

乡下人,大开通,

入门先问几点钟。

衣裳破烂不要紧,

金丝眼镜摆威风。

借撮铜钱叉麻雀,

吃口香烟吐雾与喷云。

——《沪谚外编》

西服和中山装是男子服装革新的主要形式。西服从清末逐渐流行,而中山装则兴起于民国建立之后。穿上窄身瘦腰的西式制服，戴上一顶象征文明和身份的礼帽，是当时趋新男子的打扮。他们出现在街头，常作自命不凡之态。不过，他们的打扮往往并不纯为洋式，有冠履为西式而衣裤为中式，有仅戴西式礼帽而衣履悉仍其旧，常为老派人士所不屑。民国之后，新式制服从城市流传到乡村，一时间还不能让人们接受。在山东昌乐等处，有专门为这些人编写的一首歌谣：

> 头戴两元六，
> 身穿一身瘦。
> 远看像个洋鬼子，
> 近看原是个本地做。
>
> ——《歌谣》卷二第二十一期

守本分是乡村民众的基本信条，他们对瘦身西服之类其实也说不上厌恶，只不过以为那是洋人或者城里人的打扮，与自己的生活无关。这些事物一旦在自己的生活环境中出现——一个本地人穿着这样的制服，便会被百姓看做不合宜，成为嘲笑的由头。所谓的"两元六"和下面这首相似歌谣中的"一吊六"，都是指帽子的价钱而言：

> 身穿一身儿瘦，
> 头戴一吊六，
> 远看像洋人，
> 近看本地做；
> 每天二百钱，
> 吃吗吗不够，
> 大伙说辞了他！
> 局总还要揍。
>
> ——《歌谣》第三十三号

在这首河北蠡县的歌谣里，那些身着洋式服装的人被认为混吃懒做，等同于社会上游手好闲之徒，心理上的先见是促使人们产生这种印

课堂指点，豆眼初开
清末民初兴学热潮中普遍出现的新式学堂。

——《绣像小说》

象的一个因素。

中山帽是男性服饰变化的一部分，集市上的小贩会这样吆喝：

> 中山帽，
>
> 没有边，
>
> 戴在头上很凉快，
>
> 不怕急风吹，
>
> 不怕严日晒，
>
> 兄弟姊妹都来买！

——《山东歌谣集》第一册

民国时期，兴学热潮仍在继续，但新式教育也有一个认同问题。废除科举之举当时就颇受质疑，对新学堂的接受自然也要经过一个过程。即使到了民国时期，仍然有人对学堂心存疑虑。挂着民国国旗，七天一个星期，开设了外语和体操课程的新学堂与人们印象中的塾学相比，多少还有几分奇异。山东招远民众谓：

> 七天一个礼拜日，
> 门口挂上五色旗，
> 先学鬼子叫，
> 后学驴蹄蹄。

——《歌谣》第八十七号

新书籍与新知识
——《绣像小说》

　　至于多少读过点"子曰"的乡村知识分子，不承认除了"四书五经"之外还有什么学问，在他们看来，那些音乐、体操实在算不上正经知识。走进学堂的新先生，也很难让这些老学究们服气：

> 左手拿着棍，
>
> 右手拿着箫，
>
> 头顶上还有一撮毛，
>
> 请问先生腹中何有？
>
> 豆来米法会体操。
>
> ——《歌谣》卷二第十四期

　　不过，不管老学究们是否愿意，新先生还是在逐渐代替了他们的位置。学堂毕业生的资格是一块金字招牌，以此标榜者不在少数。一则笔记是：一位 38 岁的女学生与河南一位丧偶官员成婚，送嫁妆时，专门将其毕业文凭置于一小亭内，招摇过市，有好事者视之，是一张初等女小学堂文凭。

　　从清末开始，在留日学生和国内新学堂中，学生制服开始流行。民国时期的乡村，也出现了穿长袜短裤、留新式发型的学生。在少见多怪的乡人看来，这也是乡村一景。在山东鱼台，人们这样描述"洋学生"的行头：

> 东洋头，西洋脸，
>
> 洋袜子吊带裤子短。
>
> ——《歌谣》卷二第二十一期

这种打扮，让远在浙江的乡人也感到担心：

> 洋袜吊带纱灯裤，
>
> 落雪落雨该吃苦。
>
> ——《歌谣》卷二第十五期

与男子服饰变化相同步，女性服饰也有不少改变。民国政府曾经公布过女性礼服，上为及膝的对襟长衫，下为裙，周身加绣饰，但未普遍采用。在实际生活中，上衣下裙或上衣下裤较多见，高领、修长的衫袄与黑色长裙相配，被称为文明装。妓女和学生被认为是时髦的主要追随者。在女性服装领域，一个重要特点是时尚的出现。民国十年（1921年）左右，天津妇女开始穿着过去为男子专利的长袍，男子则时兴一种头尖脸长的新鞋样式。这些新潮的男子、女子走上大街，会招来小孩子们起哄：

> 劫瞪劫，劫瞪劫，
> 爷们穿着娘们鞋，
> 劫瞪巧，劫瞪巧，
> 娘们穿着爷们袄。

——《歌谣》卷三第十三期

时尚不仅出现在都市，也传播到乡村。新服饰通过特定人群的示范，引起大众的模仿，很快就会流行起来，表明了社会信息传递的加快，也是社会封闭性逐渐被冲破的象征。在河北定县，一首关于小女孩衣着的歌谣是：

> 疙瘩头，菊花心，
> 现在时兴梅花枝儿。
> 梅花枝，两半截，
> 现在时兴小坤鞋。
> 小坤鞋，不绑带，
> 现在时兴小洋袜。
> 小洋袜，一丁丁，
> 现在时兴丝头绳。
> 丝头绳，扎三遭，
> 现在时兴莺莺脚。
> 莺莺脚，还要改，

不知时兴什么来？

——《歌谣》卷三第十三期

在礼制时代，个人生活包括服饰都有一定之规，不能随便逾越，现在的社会则改变了这一切。衣着之类时尚之所以形成，一定程度上说明社会开放程度和交往频率的相对提高，个人越来越容易受到外界的感染和左右。习惯了一成不变的生活，民众对这些变化最初的感觉是眼花缭乱。新鲜的东西刺激了他们的情绪，又让他们觉得有一点不安——谁也不知道还会有什么事情发生。不过，他们似乎也意识到，这种改变一旦开始，就不可能停下脚步。

此类新事物可谓层出不穷，表明社会生活的空前丰富。那些直接与民众生活相联系的变革，比如鞋子、香烟、钞票、铜圆乃至新发式，等等，给他们留下了深刻的印象：

> 穿鞋没脸儿，
> 花钱没眼儿，
> 吃烟没杆儿，
> 头发净是谷鬃儿。

——《歌谣》卷三第十三期

就一般情形而言，小农社会的民众往往对外在环境的星移斗转视而不见，但对自身物质生活的改变却表现得极为敏感。细节的点滴改变，几乎都逃不出民众的眼睛。把这些印象汇集起来，我们就能从中得到民国社会风尚变化一个近似的全景：男子的平头代替辫子，女性的圆头代替纂子，香烟代替旱烟杆，没脸的尖口鞋、没眼的铜圆以及上层社会使用的牙刷、手杖、眼镜，都成了生活中的新时尚。塞北的一首歌谣说：

> 中华民国真不差，
> 时兴的剪发剃秃子。
> 留平头，刷牙根，
> 三炮台的烟卷抽两根。

> 手里拿着文明棍，
> 脚下蹬着皮鞋子，
> 托力克的眼镜大光子。
> 尖口鞋，没有脸，
> 花的铜圆没有眼，
> 吸烟卷，没有杆，
> 留圆头，没有纂。

——《歌谣》卷三第十三期

对乡村绝大多数民众而言，他们没有机会去尝试这种新生活，也很少有能力去消费那些新式的生活用品。事实上，所谓物质的变革，更多地体现在城市和乡村上层人群，这使得城市与乡村的面貌越来越不同，乡民们对城市的光怪陆离越发感到陌生，难怪那些很少进城的乡下人会受到嘲笑，就像江南这位朴实的农民：

> 山尾佬，朴实好，
> 戴件高顶帽，
> 穿件茨莨袍，
> 终日田中饱，
> 田螺作至宝，
> 常常没有到过城里跑，
> 到来城里个个笑乡佬。
> 阿姊回来讲我知，
> 乡佬出城逢墟期，
> 睇见女仔剪发作奇异，
> 渠话半男半女中番鬼，
> 返去乡下放狗屁，
> 笑坏先生块肚皮。

——《民间歌谣全集》

在物质生活变得丰富的同时，新的社会娱乐方式也不断出现。从
20世纪初开始，公园、电影院、游乐场等成为城市新的娱乐和休闲场
所，也是人们经常光顾的地方。清末上海一首咏影戏的竹枝词是：

> 东西影戏到春申，
>
> 活动非常宛似真。
>
> 各式传奇堪扮演，
>
> 一经入目尽称神。
>
> ——《上海洋场竹枝词·沪江市景竹枝词》

影戏，或者指幻灯，或者是电影。前者于19世纪七八十年代传入，
后者是19世纪末引进。但看一场影戏并不便宜。在城市的大街小巷，
普通民众的精神享受方式可能是看西洋景。一个大木箱里装上若干西洋
画片，观者从透镜中看放大的画片，卖者则左右推动更换画片内容，一
边敲小锣，一边唱道：

> 嗨——望里看来望里张，
>
> 抽过一张又换一张，
>
> 西洋景致多花样，
>
> 三个铜板就可张。
>
> 喏！出水芙蓉大姑娘，
>
> 面孔生得真漂亮，
>
> 细皮白肉好卖相，
>
> 美丽姑娘出西洋。
>
> 嗨——抽过一张又换花样，
>
> 喏！英法联军大打仗，
>
> 烧掉北京圆明园，
>
> 咸丰皇帝真紧张。
>
> 北京赛过强盗抢，

满城百姓全遭殃，

清朝皇帝真腐败，

丧权辱国吃败仗。

嗨——抽过一张又一张，

外滩景致真漂亮，

万吨轮船大又长，

船上外国旗飘扬。

柏油马路锃锃亮，

高楼大厦好卖相，

大班身上穿西装，

挺胸凸肚威风扬。

嗨——抽过一张又变样，

爱多亚路洋泾浜，

大世界里面新花样，

人头拥挤轧闹猛。

京戏锣鼓敲得响，

门票卖得交关强，

两角小洋买一张，

十几个钟头好白相。

——《中国歌谣集成》上海卷

晚清以来，近代物质文明沿着从沿海到内陆、从通商口岸到次一级城镇的方向逐渐扩散和传播。与19世纪下半期相比，物质的变动在清末民初已经渗入到社会各个层面，尤其是在普通民众生活中出现的各种新奇事物，改变着他们日常行为方式和生活细节，也塑造着社会的整体面貌。衣食住行领域趋新、趋洋的风尚，与人们对文明生活的追求相联系，使物质生活领域的变动具有某些进步性的特征。

变与不变：女性的视角

从晚清开始，中国独特的女性社会境况吸引了人们越来越多的关注，对旧礼教的谴责、对女性所受非人道待遇的同情，与兴女学、戒缠足、男女平等、改良婚姻家庭的种种宣传相交织，提倡女性解放的风气渐次形成。及至清末民初，女性生活遂成为社会变革中一道独特的风景。

千百年来中国女性的悲惨处境和礼教对女性的种种束缚，借用清末思想家康有为的话，可谓"天下最奇骇、不公、不平之事，不可解之理"。当女性解放成为社会变革的议题，即便只是一线透进樊笼里的光辉，已足以使女性感受到前所未有的温暖与欢欣。在辛亥革命之际，社会上少数女性率先挣脱了家族、婚姻和礼教羁绊，从闺房走上街头，按照自己的意愿进行生活，构成了社会上一道亮丽的风景。尽管这类女性为数尚在寥寥，但足以产生某种示范效应。在保守者讥刺的口吻中，我们能够明显感受到北京大街上女性新形象给大众带来的视觉冲击：

> 一个女子，
>
> 二十多岁，
>
> 三从不知，
>
> 四德不讲，
>
> 五官挪位，
>
> 六亲不喜，
>
> 七乱修饰，
>
> 八处交游，
>
> 九成要跑，

十分自由。

——《民间歌谣全集》

在过去，女孩子是大门不出，二门不迈，现在则获得了出入街头的自由。她们不再顾忌未嫁从父、既嫁从夫、夫死从子的规范，也不再拿所谓妇德、妇言、妇容、妇功（东汉班昭之论）作为自我束缚的工具。对老派人士来说，这种冲击似乎比男人们剪掉辫子来得更为激烈。一首描写北京三种宝的歌谣是：

马不踢，狗不咬，

十七八的姑娘满街跑。

——《歌谣》卷三第十三期

女子求学为社会所提倡
——《杨柳青年画》

社会开明人士的倡导和革命的推动，是女性走向自由的助力。清末民初之际，不少知识界团体致力于女性社会的改良，提倡男女平权、婚姻自由，反对旧式家庭与礼教的束缚，呼吁女性解放。在他们的努力下，女性自主意识开始觉醒，女界生活出现了新的趋向。男女之间的社会交往增多，大都市携手逛街、同车而行，舞台上男女同台演出，离婚

案在报纸上时有报道，妻妾逃离家庭自谋出路，寡妇不顾非议再建家
庭，都已不再是新闻，反对纳妾卖淫、蓄婢溺婴呼声日高，妇女社会地
位逐渐为社会所承认。山东济南的一首歌谣是：

> 大哥好，二哥好，
>
> 娶个嫂子满街跑，
>
> 日落不回家，
>
> 两个哥哥同去找，

女界改良须眉失色

——《绣像小说》

男女称平权，

闹得满家糟。

——《歌谣》卷二第八期

在守旧者看来，女人跑上大街，实在过于疯癫，所以觉得"糟"，但却从反面映射出男女社会关系变化的一斑。事实上，不管守旧者是否接受，他们也确切地知道了世上还有男女平权这一种主张的存在，这正是新观念影响力的见证。尽管有反对的声音，但已经开始变得越来越丰富多彩的社会，并不会因此而拒绝女性的介入。

走进学堂，是女性生活的重要变化。在传统中国社会，绝大多数女性被剥夺了受教育的权利。晚清以来对妇女社会改良的种种倡议，都把兴女学作为一项重要内容。从清末开始，一批女子学堂相继开办，一首咏都市女学生的竹枝词是：

或坐洋车或步行，

不施粉黛最文明。

衣裳朴素容幽静，

程度绝高女学生。

——《清代北京竹枝词·京华百二竹枝词》

与传统女性相比，女学生在衣饰打扮上有了全新的形象，给人以清新、文明之感。在上海等风气较为开通的城市，她们被看做是社会新潮的引领者：

学界开通到女流，

金丝眼镜自由头。

皮鞋黑袜天然足，

笑彼金莲最可羞。

——《上海洋场竹枝词》

在清末兴学热潮中，除男子开办女学外，女子也不乏参与赞助者。

235

杭州旗营惠兴女士，为兴女学，四处奔波，筹银数百两，于 1904 年开办了一所女学堂。开学仪式上，惠兴发表演讲，激动得难以自制，拔刀剜臂，取下一块肉，其举动颇得关注和同情。后因经费不济，学堂几次停课，惠兴极为忧愤，仰药而死，以身殉学，在社会上震动一时。1907年，清政府将女子教育纳入国家教育范畴，至 1912 年国内女学学生已有 12 万多人。到民国初年，各类女学为数更多，大学开放女禁、中学男女同校也相继实现。在相对开放的乡村，女孩子也获得了读书的机会。河北定县的人们，把女孩子走进学堂看做是改良的结果：

> 中华民国大改良，
> 拆了庙，修学堂，
> 修了学堂真是好，
> 小女子，去上学。
> 进了门，进了屋，
> 坐下凳子去念书。
> 念书好，
> 会做裤子，会做袄。
> 大辫子，撒了脚，
> 放了学，在家跑。
> 跑到家，
> 又吃鸡儿，又吃瓜，
> 又吃鱼，喜喜喜，
> 她娘看见女儿就欢喜！

——《歌谣》卷三第十三期

　　女子教育为提高妇女素质、引导女性走向社会打开了大门。与此同时，女工的出现也为女性与社会的联系提供了新的途径。19 世纪七八十年代以后，城市棉纺、丝织等行业的兴起，吸收了相当数量的女工。到民国时期，一些内陆地区由于交通条件的改善，务工也成了乡村妇女

反缠足在社会新派
人士中已有一定影响
——《绣像小说》

的一条出路。河南新乡是平汉、道清两铁路的交叉点，工业兴起，一家
裕丰蛋厂，专门招收女工进去打蛋，尽管工资不高，仍然令乡人感到
新奇：

新乡县，大改变，

闺女娘们去打蛋；

一天不赚两千钱，

回家浑身上下搜个遍。

——《歌谣》卷三第十三期

除了进入工厂之外，社会服务行业也吸收女工。在北京的饭馆里，女招待这种职业很新鲜，但她们的工作却往往受到嘲讽：

女招待，真不坏，

吃三毛，给一块，

他要不给，

管斟酒，管布菜。

——《歌谣》卷三第十三期

尽管这些走出家门、介入社会的女性会受到刁难，但毕竟表明女性生活空间的扩展，在新思想、新知识的熏陶下，女性投身社会、追求文明生活方式，新的社会风尚改变了千百年中国女性的形象。下面这首重庆歌谣中，可见城市女性的时髦打扮：

哥哥来接妹，

接妹去看灯，

收拾多整齐，

头发两边飞，

红头绳，扎后跟，

金耳环，坠耳根，

子午表，挂胸心，

红缎裙子系下身。

——《歌谣与妇女》

　　随着人们生活方式的变化，求美之风也悄然兴起。清末笔记有载，一名来自欧洲的妇女，在上海为人"修治面目"，收费虽高，但官场、大商家、阔买办之少女、之宠妾仍络绎而来，营业颇盛。所谓修治面目者，当为美容师。其他如理发店，也常常自诩手艺高超，甚至打出了东、西洋理发师的牌子，以广招徕。镶牙这门技艺也不例外，西式镶牙法满足了一些求美观之人的愿望，尤其是女性：

> 镶牙齿，真本领，
>
> 外国学来好法子。
>
> 任凭牙齿一个无，
>
> 镶得假牙满一嘴。
>
> 女界镶牙尤喜欢，
>
> 全口灿然作美观。
>
> 逢人齲齿嫣然笑，
>
> 引得人人着意看。

——《沪谚外编》

女学堂演武也是一时新风气
——《中国民间年画百图》

对婚姻自由的追求是女性生活变化的一个重要方面。清末极端激进的女性已提出"家庭革命"的口号，主张毁家、毁婚姻，为女性争得无父无君无法无天的地位。社会著名人物对婚姻自由也积极倡导，如蔡元培在夫人去世后，提出五个续娶条件，除要求天足外，还有女方须识字、男方不娶妾、男死女可再嫁、意见不合可以离婚等。走进学堂、接受教育的女性有的退掉不如意的婚约，有的逃婚抗命，有的不再守节而另行择夫，有的不避非议大胆追求意中人，表现出初步的婚姻自主意识。辛亥革命后的广东有这样几句歌谣：

> 革命世界，
>
> 新式派头，
>
> 女子解放，
>
> 自由选婿。
>
> ——《中国近代反帝反封建历史歌谣选》

繁文缛节的旧式婚礼渐渐为新潮青年所抛弃。在上海等大城市，常有文明婚礼举行，男着西式礼服，女披婚纱，以西洋鼓乐为前导，到礼堂举行婚礼。其形式大致是：

> 结婚证书当堂读，
>
> 颂词祝词唱歌兼踏琴。
>
> 教员先生来赞礼，
>
> 请个前辈做证婚人。
>
> ——《沪谚外编》

新式婚礼摒弃了拜天地、拜父母等俗套，代之以演说、唱歌活动，与旧式婚礼相比，确是另一番气象，因而受到不少接受新教育的青年男女欢迎。竹枝词中有谓：

> 自由大可结婚姻，
>
> 免得堂前跪拜频。

只要登台同演说，

管教一世共相亲。

——《上海洋场竹枝词》

崇尚新婚姻观的青年不再以父母之命、媒妁之言为准，对自由婚姻的追求，表明了生活方式的进步。不过，在老派人士看来，未奉父母之命、不行婚姻大礼，实在过于草率和轻浮，自然难以接受。在当时的社会背景下，新式婚姻往往为保守者所嘲笑：

可笑文明女子进学堂，

自由择配有情郎。

秘密不向父母商，

三茶六礼一扫光，

一张证书百年好合做全堂。

——《沪谚外编》

民国时期有一首歌谣谓：

讲平等，讲自由，

女长十八没对头；

尚时髦，尚风流，

公园戏场去游游。

自己寻，自己找，

自由结婚都说好，

后来丈夫又恋爱，

居然娶个小奶奶。

——《新安县志》卷九

自由恋爱与迎娶小妾并行不悖，说明了民国社会新旧婚姻的交替过渡特征，但将此种情形的产生归于婚姻自由之过，并没有什么道理。对守旧者来说，男女平等，女子在社会上抛头露面，追时髦，尚风流，讲求婚姻自主、恋爱天然，无异于对原有秩序的一场颠覆。新的社会潮流让他们无可奈何，但最终还是不得不接受了这种变化。塞北的歌谣说：

> 石头砌墙墙不倒，
> 和尚进家狗不咬，
> 闺女养孩娘不恼。

——《歌谣》卷三第十三期

后一句话明显的夸张色彩，固然带有嘲讽的意味，"闺女养孩"毕竟还是家丑，更不可能被普遍认同。但在不得已的情况下，人们也就见怪不怪了。

争取受教育的权利、走向社会、追求婚姻自由，是清末民初女性生活变化的主要内容，但我们很难确定这些新风尚在多大范围内得到了女性的响应，也许更应该把它们限定在城市和部分沿海地区。在这一时期，真正与社会绝大部分女性成员发生关系的，并非婚姻自主与学堂教育，而是缠足恶俗的废除。

缠足据说起源于南唐后主李煜的时代，在扭曲的审美观下，演变为千年陋俗，成为中国文化中最丑恶的内容之一。对于一个民族而言，实在是一种莫大的耻辱。不论今天的学者如何解读缠足在不同语境下的美与丑，它毕竟违反了人的天然属性。"三寸金莲"所体现的，是将女性视为玩物而豢养的观念，也是女性作为男性私有财产的见证：

> 裹脚呀，裹脚！
> 高打脚，难过活。
> 脚儿裹得小，
> 做事不得了；
> 脚儿裹得尖，
> 走路只喊天。
> 一走，一整，

只把男人做靠身砖。

——《歌谣与妇女》

在人们以缠足为理所当然的年代，无论是上层社会还是下层社会，女性几乎都不能逃脱这一劫难。贫穷人家的女儿，把裹脚看做是嫁个好人家的必要条件。河南彰德的歌谣说：

裹小脚，嫁秀才，吃馍馍，就肉菜；
裹大脚，嫁瞎子，吃糠馍，就辣子。

——《歌谣与妇女》

晚清以来，随着西俗东渐，开明人士对此种恶习的批评不断增多。放足、天足成为社会改良的一项重要内容，提倡天足的宣传团体不断出现，不少人更是以身作则，力倡放足新风。维新时期有不缠足会之设，会内人不得为自家女子缠足，也不得娶缠足女子为妻，一时入会者颇众。清末《大公报》曾刊登一青年的征婚条件，第一个要求就是女方须为天足。在舆论的呼吁下，清政府于1902年也下令禁止缠足。至民国政府成立，对此更屡加禁止和劝导，由此也产生了大量劝诫缠足的歌谣。山东临朐有谓：

脚大好，脚大好，
下雨阴天跌不倒。
远路去送饭，
汤也冷不了。

——《山东歌谣集》第一册

河北无极的歌谣是：

大脚好，大脚乐，
去操作，多快活，
又不裹来又不缠，
又不疼痛又省钱。

243

> 大脚大，大脚大，
> 阴天下雨我不怕。
> 大脚好，大脚好，
> 阴天下雨滑不倒。

> ——《无极县志》卷四

山东夏津的歌谣是：

> 天足强，天足强，
> 走道自由又大方，
> 血脉流通身体壮，
> 多加饭食无病恙。

> ——《夏津县志续编》卷五

山东嘉祥的歌谣是：

> 大脚板，上南山，
> 遇见大哥吃袋烟，
> 吃袋再吃袋，
> 还是大脚跑得快。

> ——《山东歌谣集》第一册

不断地宣传和倡导，产生了明显的效果，随着时间的推移，人们的观念也在不断改变，缠足女子逐渐不为男子所接受，北京歌谣谓：

> 好不好？好不好？
> 娶个媳妇是小脚，
> 又歪又臭，
> 熏得我个够不够。

> ——《北平歌谣》

在太原，民谣有谓：

> 一疙瘩铁，
>
> 十八道道裂，
>
> 如今女儿放了足。
>
> ——《歌谣》第三十二号

在塞北，大脚天足与修头饰面都被称为"改良"：

> 改良的头，
>
> 改良的花，
>
> 改良的姑娘大脚丫。
>
> ——《歌谣》卷三第十三期

不过，变革并非一蹴而就。与男人头上的辫子相比，民国政府戒除缠足的努力似乎并未在一时间激起民众强烈的反对，但在习惯的作用下，不少人仍然把缠足视为天经地义，这使缠足的废除变成一个迂缓的过程。在整个民国时期，这种陋俗也没有彻底根除，至少在乡村，缠足风气还十分盛行，脚的解放是在不断地反复中前行的：

> 黑夜缠，白天放，
>
> 终究不改旧模样！
>
> 放足委员来查验，
>
> 战战兢兢上了房。
>
> ——《山东歌谣集》第一册

河北定县一首民谣的描写中，仍然有女子缠足的内容：

> 小红夹袄儿棋盘领，
>
> 时兴的抓鬏儿后头高。
>
> 大线莲，脑后飘，
>
> 别丝镯子落手梢，
>
> 布缎子小鞋绿裹脚。
>
> ——《歌谣》卷三第十三期

　　仅仅是放足一项，就经历了如此曲折的过程，表明了女性社会变革过程中的艰难。新的生活方式虽则产生，但旧习惯与旧心态很难完全被摒弃，这种反复的磨难，也体现了这一时期中国社会的过渡趋向。

　　就总体而言，清末民初女性生活的变迁，是沿着文明和自由的方向前行，但在这一过程中，也出现了新的不和谐内容。追求享乐的意愿古来就有，现在的社会提供了更多的机会和场所。一首四川儿歌说：

> 红缎鞋，笑呵呵，
> 表妹嫁给表哥哥，
> 又有铜圆使，
> 又有银圆摩，
> 又有纸牌打，
> 又有麻将叉，
> 又有公园转，
> 又有电影看，
> 又有馍馍吃，
> 又有汤汤喝。

——《歌谣》卷三第十一期

　　社会上的享乐之风在女性生活中同样反映出来，对某些好打扮而恶劳作的女性，不少人似乎还不能接受：

> 早晨起来就打扮，
> 雪花膏，搽满面，
> 花露水，团身散，
> 丝光袜子脚上穿；
> 打扮得像花旦，
> 一件事都不干，
> 要这种妇女做什么。

——《中国民歌千首》

　　几千年来，中国女性始终处于社会最底层，要摆脱旧时代的羁绊，改变自身的命运，不是一朝一夕的事情。习惯与心理的强大阻力，使女性解放成为一个长久延续的议题，也使女性生活在相当长时期里始终体现出新旧杂陈的色彩。女性生活的变与不变，构成了清末民初社会变与不变的一个侧面。

第五章
动荡岁月

在中国近代历史上，民国时期是一个动荡而又暗昧的时代。从北洋政权到国民党统治，在连绵不断的军阀混战与争夺中，步履蹒跚的中国政治始终难以走上正轨。强权的压制、兵祸的绵延、土匪的蜂起、道德的失范、底层民众的挣扎、乡村人口的流离，使 20 世纪二三十年代的中国社会呈现出前所未有的乱世情景。

当我们回首这一段历史的时候，我们不能不承认，这是一个令人难忘的痛苦年代。

兵祸与匪患

辛亥革命推翻了皇权，旧权威不复存在，但新秩序并未如愿建立，无从约束的军人集团把他们的军事权威移植到政治和社会生活领域，使共和国的命运始终在一波一波的政治动荡中起伏难测。那些相信革命将在一夜间解决所有问题的人们，对于民国初年的政治现实，不能不感到失落，有人直指民国政治的黑暗更甚于晚清，也暴露了国人在心理上的极度不适。

作为中华民国的第一位强权人物，袁世凯也许相信，只有回到人们习惯的模式中，才能改变这种状况。然而，他并不明了，尽管革命并未造就理想化的政治，但并不意味着民众愿意走回头路。就在他一步一步地走向帝制复辟时，北京街头的儿童一边用小棍子拨打着铸有他的头像的民国银圆做游戏，一边念着：

> 铜子换洋钱，
> 铁杵打老袁。
> 要过太平日，
> 还得二三年。

——《北京的歌谣》

袁世凯以逼宫手段将满清皇帝赶下台，现在又要自己当皇帝，民众对帝制的不满，似乎有以满清为正统、袁世凯为贰臣的心理，但无论如何，不管是袁世凯，还是其他什么人，皇帝梦已经行不通：

> 钟楼高，鼓楼矮，
> 假充万岁袁世凯。

——《北京的歌谣》

一种说法是，当袁世凯帝制准备实施时，听到街上卖元宵，元宵者，"袁消"也，袁氏以为不祥，命令将元宵改称汤圆：

> 大总统，洪宪年，
> 正月十五卖汤圆。

——《歌谣》第四十七号

迷信挽救不了命运，袁世凯仍然是在民众的唾骂声中死去。

袁世凯的强人统治给民国留下了一份军阀政治的遗产。民国在事实上被划分成大小不等的地盘，割据称雄的军阀们颐指气使，钩心斗角，他们唯一的共识就是强权即公理。在民众的记忆中，中华民国成为一个被扭曲的时代：

中华民国袁世凯，

剃了辫子留胡柴。

中华民国不一样，

谁有强权谁能强。

——《中国近代反帝反封建历史歌谣选》

当时军阀讲究留德国皇帝威廉二世式的胡子，嘴上边留须，两头向上翘起，神气十足，所谓"剃了辫子留胡柴"，就是指此而言。这些神气活现的军阀，为了权力和地盘展开肆无忌惮的混战。连绵不绝的战事，在这一时代人们的记忆中十分深刻。塞北的一首民谣叙说了1920年直系与皖系的争夺：

中华民国九年半，

吴佩孚曹锟打老段。

琉璃河做战线，

一直打到长辛店。

十五师，把心变，

马厂、廊坊都遭乱。

安福派，全不见，

边防军，都解散。

——《歌谣》卷三第十三期

一首北京民谣这样描述曹锟、吴佩孚、段祺瑞、张勋等军阀头目之间的争夺：

哦，

马队步队洋枪队，

机关枪，嘎嘣儿脆，

曹锟要打段祺瑞。

机关子枪，真有准儿，

张勋要打吴小鬼儿。

中华民国月份牌

> 吴小鬼儿，真敢干，
> 坐着飞机扔炸弹。
> 一个炸弹不要紧，
> 大兵伤了好几万。
>
> ——《北京的歌谣》

　　以中央政权为争夺目标的大军阀，往往自诩为民国命运的拯救者。在大动干戈的同时，多少还会加上一副道义的面具。而把持省一级政权的二流军阀则不同，赤膊上阵，毫无遮掩。这些军阀队伍在民众的印象里，就像一群打家劫舍的乌合之众。20 世纪 20 年代中期，山东军务督办张宗昌就是一个典型。原本出身土匪、后来投身奉系的张宗昌，在流行于当地的多首歌谣中，几乎无一例外地都是一个无赖的形象：

> 张宗昌，吊儿郎当，
> 破鞋，破袜，破军装，
> 破肩牌，破领章，
> 下小雨儿，住民房，
> 大姑娘儿，小媳妇儿，没地方藏，
> 天下没粮，他找老乡。
>
> ——《歌谣》卷三第十三期

　　与各地大大小小的军阀势力一样，张宗昌在山东既无建设之能，也无治理之心，只知道向民众索取：

> 张宗昌，
> 在山东，
> 遍地土匪闹哄哄，
> 人民请求他不管，
> 光管暴敛与横征。
>
> ——《山东歌谣集》第一册

　　各地军阀为了扩充实力，大肆招兵买马，导致军队数量急剧增长。一种估计是，1916 年，也就是袁世凯死去的那一年，全国军队人数大约是 50 万，到 1928 年，就达到 200 万或者更多。另外一种估算是，1930 年，在山东一省除了 19.2 万人的正规军队，还有 31 万无建制的军队和土匪。军队数量的增长导致军费开支的不断增加，除了不同名目的国税、省税外，民众还要承担大量的临时军费、派款、派米、借款及繁重的杂税，部分地区绝大部分财政收入都用于军事一途。养活愈来愈庞大的军队，成为民众最难以忍受的负担，因此，他们对军阀队伍深恶痛绝，嘲讽不断。比如在山东为害最烈的奉军：

　　　　　　奉军的老总不吃香，

　　　　　　破袜子，破鞋，破军装；

　　　　　　大米子，

　　　　　　白菜帮，

　　　　　　四等洋面像糟糠；

　　　　　　上前敌，

　　　　　　去打仗，

　　　　　　败回来，

　　　　　　割了耳朵缴了枪；

　　　　　　临走扒了个光脊梁！

　　　　　　你看肮脏不肮脏？

　　　　　　　　　　——《山东歌谣集》第一册

　　军阀队伍庞大，往往毫无纪律可言。由于军饷不足，不少军队事实上靠抢劫为生。在民国时期的资料中，留下了许多兵祸的记载，几乎每一次都与抢劫有关。千方百计地搜刮与敲诈，有时到了无耻的地步：

　　　　　　老乡老乡你站站，

　　　　　　脱下鞋来我看看，

　　　　　　试试正好，

穿上就跑。

——《民众歌谣集》第二期

在遍地军队、战祸连绵的年代，军队开拔到哪里，扰害就延伸到哪里。一首山西歌谣说：

> 兵大哥，太可恶，
> 不住大店住小户，
> 东邻家，西舍家，
> 咱们谁也莫要笑谁家。

——《歌谣》卷二第二十四期

军队所到之处，抢夺蹂躏几成家常便饭，城市、乡村概不能免，对社会造成极大的破坏。1917—1918 年间，段祺瑞控制北京政府，派北洋军南下镇压护法运动，湖南成为南、北争夺的主战场。进入湖南的北军，尤其是张敬尧的皖系军队，纪律荡然，烧杀抢掠无所不为。一地百姓被害者往往数以千计。北军到来时，往往先鸣枪使百姓避走，然后抢劫一空。南军来时，则借口索取路费、兵饷，动辄千百元。百姓被掠走的不仅有银钱首饰，牛、猪、鸡、鸭及衣服、被子等日常器用也在其中。此种情形，在军阀混战的年代已成常态。河北井陉有谓：

> 军队无其数，
> 个个如虎狼，
> 就地征粮草，
> 人民吃不住。

——《井陉县志》第十编

1922 年 4 月第一次直奉战争期间，奉军入关，天津居民一逃而空，官员避而不见，学校散学，商人歇业，小贩绝迹，市面萧条。北京也大为恐慌，路上行人多有仓皇之色，从乡下拥入京城的难民席地而坐，不可终日。河北平山县有谓：

忽听炮声响连天，
吓得我提心吊着胆。
最可怕的夜敲门户，
又来抢银钱，
一时不凑手，
性命还要遭危难。

——《平山县志料集》卷十

除了出钱、出粮，战地百姓还被强迫服各种差役。1924年江浙战争期间，南京城中，满街兵士负枪硬拉行人当兵，甚至女子也被强拉进军队，从事炊事和缝补。至于挖战壕、运粮草枪炮、抬伤兵之类差役在乡村更是常见，躲避不及者甚至直接被送上前线打仗，不明不白地丢掉了性命：

老百姓，真正苦，
出钱出驴又当夫，
抬伤兵，送给养，
说个不去就挨揍。

——《井陉县志》第十编

平山也有歌谣谓：

当兵好，当兵好，
当兵得穿大皮袄。
早起吃的大米饭，
晌午吃的洋白面，
吃的没来百姓摊。
老百姓，真可怜，
年年月月把兵差完。
忽然两家又开仗，
抓夫挑壕还是咱。

> 这些穷苦咱不怕，
>
> 就怕到前敌堵炮眼。
>
> ——《平山县志料集》卷十

伤兵、溃兵的骚扰和破坏也是军阀混战中经常出现的情形。1924年第二次直奉战争爆发，双方在山海关激战，直方伤员被送到天津，各学校、医院均为伤兵所占，轻伤者纷纷出院闲游，城中妓院、茶园应酬稍有不周，立遭打劫，钱用尽后，就将所穿破烂军衣强行以高价当出，各典当行不得不停业。城中车夫最为可怜，伤兵乘车不仅不付车钱，还常常遭殴打。这种情形无论南方、北方，都是一样。浙江浦江在太平天国之后曾长时间没有战事发生，但军阀队伍却把这难得的安宁击得粉碎：

> 自从长毛退去后，
>
> 六十七年无兵走。
>
> 不料民国十五年，
>
> 军阀战败祸难逃。
>
> 北佬逃过百姓家，
>
> 强奸掳掠真可怕。
>
> 逃到浦江下宅口，
>
> 一面烧屋一面走。
>
> 走到岩头镇里头，
>
> 大家烧饭忙碌碌。
>
> 杀鸡开枪都逃走，
>
> 爬山过岭尽前头。
>
> 廿八廿九尽夜走，
>
> 大家躲在高坎后。
>
> 一班过来一班去，
>
> 赛比会场望戏人。

说来百姓真罪过，

从前痛苦实在多。

后生世界不要紧，

只畏长毛前世人。

已在从前多受惊，

再想以后好安心。

——《浙江歌谣》

每次战事爆发，很多人不得不出逃外地。当战争结束，那些侥幸活着从外乡归来的人们，面对的已是劫后的废墟。在颠沛流离中丧失了田园和土地的民众，借用唐朝诗人杜牧《清明》一诗的诗意来表达他们的感受：

枪炮子弹雨纷纷，

路上行人吓掉魂，

忙问俺家何处有？

途人答曰已无村。

——《山东歌谣集》第一册

四川是军阀混战中受害最严重的省份之一。据统计，1912—1932年，共发生大小混战 478 次，平均每月有两次战事。全川军队由 1912 年的 1.3 万人增加到 1934 年的 50 万人，每年军费由 610 万元增加到 9000 余万元。为了维持自己的地盘，大小军阀无不以横征暴敛为能事，苛捐杂税名目繁多，田赋屡有加征，甚而一年数征。在成都，民国十三年（1924 年）预征了民国十三年、民国十四年两年的田赋，至 1933 年已预征了民国五十九年至民国六十八年（1970—1979 年）的田赋，10 年中预征了 55 年的田赋。这种情形在其他地方也很普遍。军阀势力无休止的争夺，直接影响到普通民众的生计：

兵来了，住民房，

打着骂着没有地方藏。

今日盼，明日盼，

好容易盼到八月半，

满心吃顿猪肉菜，

茄子瓜，北瓜片，

你看冷淡不冷淡。

——《民众歌谣集》第二期

战乱不仅破坏了社会经济和民众的生活，而且也对生命造成了直接的戕害。动辄数万、数十万的大军摆开战场，动用各种现代化武器展开厮杀，飞机、机关枪、炸弹给敌手带来的是震撼，给百姓带来的则是提心吊胆的日子：

天不怕，地不怕，

就怕飞机把蛋下。

——《平山县志料集》卷十

对于民众来说，他们可以不关心谁是战争的胜利者，但却无法躲避战争给自己带来的灾难：

日头出来丝打丝，

古昔用钱今用镭。

南北交战无要紧，

可怜百姓真吃亏。

——《龙岩歌谣》第一辑

在连绵的战乱年代，许多无辜的百姓被迫走上战场，在军阀的役使下相互残杀，他们的内心何尝不是一腔痛楚：

老乡老乡，

不要着慌，

你也没有钱，

我也没有饷，

> 吃尽军人苦，
>
> 不能见家乡。

——《井陉县志》第十编

千百万民众在战争中失去了生命和财产，他们流离失所，无家可归，艰难挣扎。究竟有多少士兵葬身于军阀的战场，今天已经没有办法得到一个准确的数字。但每一次大的战争发生，都会造成数万人的伤亡。每一起死亡，都会给一个或几个家庭带来悲剧。且看山东平阴的一首歌谣：

> 大哥吃粮到奉天，
>
> 二哥吃粮到洛阳，
>
> 一朝兄弟来打仗，
>
> 二人打死在路旁！
>
> 厨间两妯娌，
>
> 堂上有爷娘，
>
> 不知兄弟打死在路旁！

——《山东歌谣集》第一册

原本去当兵吃粮的兄弟，有朝一日竟成了战场上的对手。当他们命赴黄泉之时，家中的父母妻子又该如何面对呢？

在以强权为唯一标准的社会，一切秩序都荡然无存，1912—1928年北洋军阀统治之所以被看做近代中国社会最为混乱的一个时期，原因就在于此。在现实情境的逼迫下，民众把张宗昌之流看成是一切灾难的源头，并用极端的语言发泄他们的愤怒情感：

> 也有葱，也有蒜，
>
> 锅里煮着张督办；
>
> 也有葱，也有姜，
>
> 锅里煮着张宗昌；
>
> 张宗昌，

先吃肉，后喝汤。

——《山东歌谣集》第一册

他们企盼能够摆脱军阀的控制，重新获得安定的生活：

打倒无良，

一天一场，

打倒段祺瑞，

粮食也不贵。

——《山东歌谣集》第一册

一般而言，中国民众与政治总保持一定的距离，更多时候只是被动的接受者。如果不是出于对军阀政治的忍无可忍，他们也许不至于产生如此激愤的情绪。在 20 世纪 20 年代的中国社会，希望依靠颠覆性的力量来推翻军阀的暴政，改变政治面貌和社会气象，已成为民众普遍的心声。当北伐战争兴起，高擎青天白日旗的国民革命军向北方推进时，国民革命军也借用了民众的这种心理：

欢欢欢，

欢欢欢，

南方来了白青天，

照得满地红，

云雾四外散，

人民享受幸福万万年！

——《山东歌谣集》第一册

北伐战争以消灭军阀为口号，切合了民众渴望社会安定的要求，因而被人们视之为万象更新的开始。在塞北地区，受到鼓舞的民众表达了他们对革命的向往：

革命党，革命党，

刀子来到脖子抗。

谁要躲，

王八兔子你都当，

除旧更新，

咱们且看一般新气象。

　　　　　　　　　　——《歌谣》卷三第十三期

　　从这些歌谣的意味来看，有可能是北伐战争时期出自革命者之手的宣传谣。实际上，对普通百姓来说，他们无从得知国民革命过程中所纠缠的种种理论的、权力的斗争，也无从对这些斗争做出评判。除了将改良政治与社会的希望寄托于革命外，他们最直观的感受，还包括那些革命军人的新军装和装着现大洋的腰包。这种描述或者多少让我们对这场革命的意义产生了怀疑，但民众的印象也许更切合于实际：

革命老总真吃香，

新鞋，新袜子，新军装；

武装带，

盒子枪，

三十天，

就关饷，

腰里带着现大洋。

打胜仗，

回过来，

你看吃香不吃香？

　　　　　　　　　　——《山东歌谣集》第一册

　　从 1926 年 7 月正式开始的北伐，国民革命军竟然在不到一年的时间里相继击败了吴佩孚、孙传芳两大军阀势力，接着又击败了张作霖，到 1928 年年底就实现了名义上的统一，表明了全国人心的向背。然而，现实很快就让民众感到失望。南京国民党政权的出现并没有成为一个新时代的开始，与旧军阀相比，高唱革命的新军人与旧军人也没有什么不同。民众发现，真正的青天白日远未到来，笼罩在头上的依旧是一片阴云，对新军阀的怀疑和不满很快就代替了他们对"革命"的向往。山东郓城歌谣谓：

> 新军阀，瞎胡闹，
>
> 贴标语，喊口号，
>
> 救国救民做不到，
>
> 伸着巴掌把钱要！
>
> ——《山东歌谣集》第一册

民众在失望中看到，所谓"革命"军的行径与旧军队毫无区别，他们依然不能免除被盘剥之苦。河北井陉一带土地瘠薄，粮食原本就不足，二次北伐期间，阎锡山的晋军由此进攻奉军盘踞的北京，在当地歌谣中，描述了军队的勒索情形：

> 中华民国十七年，
>
> 大军来到井陉县，
>
> 看见谁家房舍好，
>
> 进去就是胡拾翻。
>
> 东家要鸡蛋，
>
> 西家要油盐，
>
> 也要铺盖，也要洋钱，
>
> 门板棚战壕，
>
> 粮食垫马圈，
>
> 梁檩木料都烧了个完。
>
> ——《井陉县志》第十编

在河北平山县，也有同样的歌谣：

> 民国过了十几年，
>
> 国民三军到平山。

人数虽有三四百，

个个赤手攘空拳。

先抢巡警局，

后抢保卫团，

有了快枪逞威严。

供着吃，供着穿，

闲着没事到四乡，

明着来收枪，

其实找洋钱，

闹得全县不安然。

——《平山县志料集》卷十

　　南京国民党政权尽管实现了名义上的统一，但并没有从军阀政治的泥淖中走出来，世界没有在一日之间改变。代替旧军阀混战的，是那些新一代头面人物之间的争夺。在南京国民政府成立的最初几年，国民党内部的政治斗争和军事争夺不断升级，1927—1930 年间，较大规模的新军阀混战就有六七次，战火遍及大半个中国，战死者数十万人。仅在 1929 年，就有蒋介石与桂系李宗仁、白崇禧以及蒋介石与冯玉祥之间的两次大混战。在山东郓城一带，曾经有这样一首歌谣：

民国十八年，

中国人人烦：

一烦桂系叛，

二烦冯军乱，

三烦民众痛苦日增添！

——《山东歌谣集》第一册

　　难以走上正轨的民国政治，使 20 世纪二三十年代中国社会陷入空前的混乱之中。见惯了大大小小的军阀作为，民众已经不会因为某种口号而激动，民国以来的政治纷争让他们感到无奈和失望。一首流传于塞北的歌谣（看起来更像是一首知识分子的忧时之作）这样说：

> 我国最近几十年，
>
> 同室操戈自相残。
>
> 内忧外患无宁日，
>
> 国弱民贫不堪言。
>
> 可叹东亚大中华，
>
> 元时欧西把我夸。
>
> 当代威权今何在？
>
> 人心涣散如盘沙！
>
> ——《歌谣》卷三第十三期

对民国政治环境的观察，匪患也是一个不能忽视的问题。政治的无序、社会的残破、灾荒的逼迫、道德的缺失等，都是土匪遍地兴起的原因。在社会动荡不安的背景下，"撑死胆大的，饿死胆小的"，成了不少人的精神信条。民国初年，在豫西一带，曾经出现过一支名为"公民讨贼军"的队伍，这支以白朗为首的起义力量，带有明显的土匪色彩。在白朗曾经到过的陕西陇县一带，一首歌谣是这样的：

> 二月二，三月三，
>
> 白狼起首在河南，
>
> 头一阵，得了玉陵县。
>
> 玉陵县里坐了个官，
>
> 一面靠黄河，一面靠南山，
>
> 当中夹了个蝎子山。
>
> 轱辘炮，搬得欢，
>
> 诸葛楼子冲上天。
>
> 拉出娃娃把马转，
>
> 拉出老汉把火点；
>
> 拉出小伙抬轿杆，

> 头上戴的勇士帽，
>
> 身上穿的紧士靠，
>
> 腰里别的盒子炮，
>
> 你看热闹不热闹。
>
> 坐的花花轿，
>
> 进了老爷庙，
>
> 你看荣耀不荣耀。
>
> ——《歌谣》第八十二号

民众对这一场景所流露出的羡慕，一定程度上表明了他们的心理趋向。旧权威随着清王朝的灭亡不复存在，新的社会秩序却未因为民国的出现而建立。民国政府对基层社会控制能力的下降，使匪患成为社会的痼疾。如此背景下，那些铤而走险者登高一呼，几乎必有响应，拉起一支队伍，是一件非常简单的事情：

> 盒子炮，五眼钢，
>
> 一阵乱响进了庄。
>
> 先捐马，后筹枪，
>
> 招起人来就把司令当。
>
> ——《山东歌谣集》第一册

土匪视枪如命，有枪就能占山为王，称霸一方。由于连年的军阀混战，散落在社会上的枪支为数甚多。胆大者只要有本钱弄到几支枪，就能在地方上形成一股势力：

> 没有盒子炮，
>
> 不敢瞎胡闹。
>
> 没有机关枪，
>
> 不敢打饥荒。
>
> ——《平山县志料集》卷十

出现灾荒或战争的时候，是土匪兴起、趁火打劫的好时机。最初他们势力尚单，白天与常人无异，夜间则三五一伙，干劫掠勾当。下帖子是他们进行恐吓和讹诈的一种主要手段。乘月黑风高之夜，在有钱人家门上贴一张条子，言明索要财物数量，限期送至某处，如不照办，必受惩罚，等等。一般人家惹不起这些匪人，只能破财消灾。周围乡民即使知其所为，但由于害怕遭暗算，大多不敢公开讲出。土匪要挟的对象首先是当地的富人，歌谣有：

> 五眼枪，六轮子，
>
> 扭住富家要银子，
>
> 后门枪，盒子炮，
>
> 扭住富家要元宝。
>
> ——《民众歌谣集》第二期

但凡被土匪盯上的人家，因为害怕报复，一般都要设法满足土匪的条件，以求息事宁人。土匪活动之地，往往官方力量薄弱，地方秩序极为混乱。受害者即便与官方有一定关系，能够到高一级的政府甚至到省城搬来军队剿灭土匪，但请军队本身就是一项负担，而且不少军队的作为就与土匪无异，到当地后常常与土匪勾结起来胡作非为，或者任务一完，即行撤离，土匪又回头报复。民不举、官不究是乡村社会的传统做法，更何况在民国这样一个混乱年代。所以，土匪一旦兴起，就很难剿灭：

> 破房屋，要常扫，
>
> 胜过财主楼台高，
>
> 楼台高，变骚扰，
>
> 土匪军来要烦恼，
>
> 人家不动自己跑，
>
> 土匪见了心发躁，
>
> 眉头一耸把楼烧，

你看糟糕不糟糕。

——《民众歌谣集》第二期

河南是民国时期匪患最严重的地区之一。一个时期里，各种土匪队伍遍地都是，小的三五成群，大的人马成千上万，当地百姓深受其害。河南内黄的一种说法是，土地越多，日子反而越不好过。五六十亩地之家不得安生，一二顷地之家反而像欠了债，时时都会遭受勒索之苦：

十亩二十亩太平年，

五十亩六十亩荒乱年，

一顷二顷您挣俺，

四顷五顷该还俺。

——《歌谣》卷二第三十三期

除了乡村强梁外，土匪队伍的参与者大多是底层民众。水旱兵匪的外在挤压，丧失土地、走投无路的现实处境，使最贫困的乡村社会成员在绝望中转而走上秩序的边缘。山东东平一首民谣：

民国六年半，

土匪作了乱，

穷了殷实户，

富了光棍汉。

——《东平县志》卷五

掠夺财产是土匪的主要目的，各地土匪的做法大同小异。一种流行的手段是绑票，即将人强行拉走，要求以钱物赎回。其他如进村抢劫、拦路抢劫、夜间暗杀，等等，也是土匪经常做的事情。不少土匪队伍虽然也表示对劫富济贫的认同，但大多时候，他们从事的是一种盲目地掠夺，对社会极富破坏性。土匪所到之处，如同平地上忽起忽灭的飓风，即使普通百姓也难免被强取豪夺的命运。塞北一首描写土匪进城的民谣称：

土匪占了城，

到处胡乱行，

房屋烧个净，

衣服都不剩。

——《歌谣》卷二第十六期

在山东冠县一带，土匪被称为"老攉"，农民一年到头省吃俭用的钱，最终都进了"老攉"的腰包：

舍不得吃，

舍不得喝，

省下银元给老攉。

——《山东歌谣集》第一册

在不少地方，土匪杀人放火，绑架勒索，为所欲为，一村一庄遭悍匪血洗的事件时有发生。社会控制能力的下降，使民国政府对土匪缺乏有效的治理手段，只能任其肆虐。所谓：

兵不打，官不问，

看看老攉得混不得混。

——《山东歌谣集》第一册

在武人政治的背景下，强者为王是公认的法则。与一般民众的艰难生活相比，土匪生涯虽然危险，但却是追求生活享受的一条捷径：

天不愁，地不愁，

现时老攉真风流！

嘴里吃得牛羊肉，

身上穿得贡绸缎。

姐夫小舅不论辈，

谁要还口就切头。

——《山东歌谣集》第一册

　　社会的无序与道德的失范，使民众对土匪产生了一种微妙的心理。一方面，他们痛恨这些破坏他们生活、抢劫他们劳动成果的土匪；但另一方面，很多人虽然没有足够的勇气走上这条道路，却又隐约流露出对那种吃饱饭、受招安、升官又发财的土匪生涯的羡慕：

> 连年荒，连年歉，
>
> 老攫到处吃饱饭。
>
> 小杆兵不打，
>
> 大杆招了安；
>
> 又发财，又升官，
>
> 你看眼馋不眼馋？
>
> ——《山东歌谣集》第一册

　　所谓大杆、小杆，是指大股、小股的土匪队伍。一般而言，土匪很少有政治上的意图，但由于缺乏治理手段，民国政府解决土匪问题的主要办法就是招抚、改编，大量土匪队伍摇身一变，成了拥有番号与地盘的正式军队。沦落为匪竟变成了升官发财的途径，这对不少人还是有吸引力的。一些土匪队伍兴起之初，就怀有这种目的，他们极力扩充队伍，就是希望有一天被大的军阀势力收编。因此，民国的兵与匪之间往往没有太明显的界限。对守本分的百姓来说，面对这种情景，他们只能感叹：

> 年年官兵战，
>
> 到处土匪乱；
>
> 战的中国真难看，
>
> 乱的人民不安然。
>
> ——《山东歌谣集》第一册

　　兵祸的横行与匪患的肆虐，交织出民国社会混乱与无序的一个侧面。可以说，无论是北洋军阀还是国民党统治时期，都没有能够建立起一个现代国家治理体制，政治专制与社会动荡相表里，在整个中华民国时期，这种情形都没有真正被改变。

道德的失落

20世纪二三十年代的中国社会，也是一个道德失落的年代。你方唱罢我登场的军阀政治背景，动荡和无序的乱世环境，权威丧失后个人与群体心理上的不适，与每况愈下的社会风气相交织，衬托出整个社会道德缺失的窘境。在河北定县的一首歌谣中，我们分明能感受到这种情绪：

> 鞋也没有脸儿啦，
>
> 钱也没有眼儿啦，
>
> 媳妇也没有纂啦，
>
> 烟袋也没有杆啦，
>
> 全国分裂到处糜烂也没有人管啦，
>
> 督军抗命巡阁耀兵也不算反啦，
>
> 日本夺去我国四省也不为甚险啦。
>
> ——《歌谣》卷三第十三期

自身生活方式的改变，军阀割据下国家事实上的分裂状态，乃至日本侵占东北所带来的危机感，都使民众对这个社会形成了混乱无序的印象。这里既包含了人们对社会风气转移的感慨，也透露出他们对民国政治与社会的无奈。民众所看到的，是一个道德危机的社会，其时有谓：

> 时兴的生意卖鸦片，
>
> 时兴的婚姻常离散，
>
> 时兴的军队常编遣，

　　时兴的办事好装蒜。

　　时兴的交情卖朋友，

　　时兴的干员当走狗。

——《平山县志料集》卷十

　　民国时代，尤其是 20 世纪 20 年代军阀政治时期，社会的腐败与糜烂是一个公认的事实。始终不上轨道的政治，民生的凋敝和零落，萎靡不振的精神与心理，使种种社会问题丛生蔓延，几乎到了不可收拾的地步。20 世纪上半期的乡村建设运动中，不少人认同这样一个观点，即中国社会的顽症在于四个字：愚、贫、弱、私，其实这也是当时不同阶层人们共同的倾向性认识。一首讥讽浮浪子弟的无锡歌谣：

　　目今时世，浪荡当道，

　　纺绸长衫，绵绸夹袄，

　　四喜褡裢，独胜当票，

　　走到烟间，老枪拣好，

　　走到饭店，三分烂胡，

　　四分小炒，碗半羹饭，

　　吃得蛮饱，临了还账，

　　押只毡帽，

　　卖脱田地屋产，叫人嗤笑，

　　卖脱家小，譬如爷娘勿曾讨，

　　无啥念头，关了房门上吊。

——《绘图童谣大观》

　　晚清以来，奢靡之风在社会上日见盛行，追求享乐的生活态度在城市人群中有相当的影响，民国社会延续了这种风气。随着社会的结构性变动，一批暴发户式的人物成为民国新贵，他们穷奢极欲、纸醉金迷的腐化生活，促使社会上物欲横流、拜金主义盛行：

　　有了十两亲银子，

赛过一个亲儿子。

——《绘图童谣大观》

　　除了社会上层奢华生活的引导外，随着商业的发展与城市空间的扩展，谋生对一些人来说变得相对容易，游手好闲者也获得了更多的生存机会。社会上种种浮浪行为，与农业社会基本的生活原则相背离，自然使人们不无忧虑。贵州有歌谓：

吃口烟来口口甜，

劝哥莫去帮长年。

瘦田薄地多种点，

半年辛苦半年闲。

——《西南采风录》

　　长工的劳作十分艰辛，远不如种几亩薄地、过"半年辛苦半年闲"的日子来得自在。千百年来，在中国民众乐天知命的精神中，其实就包含着这种情绪上的颓废。物质的贫乏，前途的渺茫，使他们无从忍耐与超越现实的痛苦，以至于在迷茫中走上放纵一途。一首关于酒徒的歌谣：

荡荡手，大街走，

请朋友，吃老酒。

——《民间歌谣全集》

　　在混乱的社会情境下，道德规范对个人的行为很难具有约束力，社会风气沦丧，各种恶习屡禁不绝，民间陋俗愈演愈烈。仅以吃、喝、嫖、赌、抽来说，无论城市还是乡村，都是难以根除的痼疾，所谓：

赌鬼倾家荡产，

嫖鬼妻离子散，

酒鬼迟早发疯，

烟鬼一命送终。

——《中国歌谣集成》浙江卷

民国社会赌风之盛，似乎有超越前代之势。从南方到北方，赌博风气蔓延到不同的社会阶层，一日盛似一日，一首江都歌谣：

> 栀子花，挨墙栽，
>
> 扬州奶奶爱摸牌，
>
> 赢了钱，喜欢喜，
>
> 输了钱，把牌掀，
>
> 叫丫鬟，倒茶来，
>
> 叫爷们，抬轿来，
>
> 再不摸这混账牌。

——《绘图童谣大观》

在破落年代，民众极易丧失对生活的憧憬，一夜间发财致富，成了不少人的幻想。赌博之吸引人，就在于它似乎给人们指出了通向财富的一条捷径。如果说上层社会成员的赌博多少还有游戏的性质，那么对一些下层民众来说，赌博可能就意味着一种谋生的手段。不过，踏上这条路途，也就是梦魇的开始。一个赌博汉把这归于命运：

> 那几年，时气正，
>
> 一赚赚的银子弄不动，
>
> 爹也喜，娘也敬，
>
> 老婆子看见笑盈盈，
>
> 孩子们看见叫爹买烧饼。
>
> 这几年，时气歪，
>
> 一输输了个眼子白，
>
> 爹也打，娘也骂，
>
> 老婆子看见不说话，
>
> 孩子们看见说死了吧。

——《歌谣》卷二第三十五期

男盗女娼是赌博引发的社会问题之一，在浙江民间，一首揭露"花会"赌博之害的歌谣说：

> 当今世界是不祥，
>
> 讲起花会害死人；
>
> 害了男人去做贼，
>
> 害了女人去当娼。
>
> ——《龙岩歌谣》第一辑

更多的时候，赌博首先引发家庭内部的问题。妻子怨恨丈夫在外赌博，是歌谣中最常见的内容。江都歌谣说：

> 奴家十五不知愁，
>
> 嫁个丈夫太下流；
>
> 天天在外赌，
>
> 夜夜在外游，
>
> 千苦万恼都不说，
>
> 只恨婚姻不自由！
>
> ——《绘图童谣大观》

河北深泽的歌谣：

> 月亮亮，明光光，
>
> 开开门，洗衣裳。
>
> 洗得白，漂得白，
>
> 配了个女婿不成才。
>
> 掷色子押宝又斗牌，
>
> 一回输了五十圆，
>
> 二回输了整一百。
>
> ——《歌谣与妇女》

女性在家庭中地位不高，所谓嫁鸡随鸡，嫁狗随狗，只有认命的份儿。在这种事情上，妻子一般没有什么办法来约束嗜赌的丈夫，只能听之任之。随着丈夫在赌博场中越陷越深，家庭的处境也越来越艰难。一旦灾荒或其他突发性的厄运降临，走投无路的赌徒也许会卖掉自己的妻子：

> 涨大水，漫城墙，
> 赌博的光棍卖婆娘。
> 不卖婆娘肚子饥，
> 卖了婆娘受孤寂。
> 娃娃哭，要奶吃，
> 各寻各，在哪里？
>
> ——《歌谣》第四十八号

妻离子散是赌徒常见的结局，家庭一旦丧失，也许有一天，赌徒自己就会沦落到沿街流浪、乞讨为生的地步：

> 十一月，雪花飘，
> 赌博朋友饿难熬，
> 右手夹着青竹子，
> 左手拿的讨饭瓢。
> 大户人家吃一顿，
> 小户人家要一瓢，
> 一跑跑到蒋家湾，
> 狗子咬了脚膝弯，
> 足一顿，瓢一掼，
> 我不赌钱怎讨饭。
>
> ——《中国民歌千首》

对于赌博之风，民国各级政府虽然屡有禁令，社会团体也一再劝导，但大多是官样文章，难以产生真正的作用。南京国民政府时期，有人编写了这样一首劝赌的歌谣，从中可见赌博的危害性及其对风俗、人心的影响：

莫打牌，莫赌钱，

打牌赌钱真可怜。

这个苦，苦难言，

讲起两眼泪涟涟。

你们看，赌钱边，

个个抓手并握拳。

贫穷人，爱赌钱，

弄得没有衣服穿。

财主佬，爱赌钱，

卖尽房屋卖尽田。

这个苦，苦难当，

讲起两眼泪汪汪。

若上了赌博场，

都不认得爷和娘。

要现钱，不赊账，

你若无钱脱衣裳。

不讲理，逞强梁，

真是讨账老阎王。

这个苦，苦难当，

荒时废业误前程。

败风俗，坏良心，

日夜打算敲别人。

无职业，做游民，

真是世上寄生虫。

十个赌，九个穷，

庄家发财天不容。

这个苦，苦到底，

不早回头苦到死。

十个赌，九个死，

不赌钱的是好子。

是青年，早立志，

打起精神做正事。

对总理，来宣誓，

赌博场中不染指。

——《湖南民歌》上集

　　赌博之外，吸食鸦片也是这一时期的一大社会问题。清末民初时期，国内曾兴起禁烟热潮，清政府与英国订立条约，以 10 年为期，停止外来鸦片的输入，并命令各省逐步断绝鸦片种植，同时严禁官员吸食，劝导和敦促百姓戒烟，一度有所成效。但进入民国后，在军阀割据的背景下，鸦片种植又趋兴旺，吸食人数迅速增加，烟毒的泛滥更盛以往。鸦片消耗了大量的财富，对社会经济产生了直接的影响。而深嗜鸦片的人们由于丧失了劳动能力，又带来了社会生产力的萎缩，对中国这样一个以农立国的国家来说，后果非常严重。一般民众对此的体会是，吸鸦片就意味着败家业：

千顷房子万顷地，

就怕没有好子弟。

骑快马，坐快车，

不抽大烟不算阔。

大烟真是淘气鬼，

纵然入瘾也不悔。

大烟斗，眼儿小，

万贯家财进去了。

——《庐龙县志》卷十

　　民众对毒品的危害缺乏认识，是鸦片之祸遍及大江南北的一个原因。另一方面，鸦片之所以如此流行，与民族心理与精神也有一定联系。国人有成仙的追求和意愿，吸食鸦片所产生的精神和生理上的快感，满足了一些人的心理需求。随着袅袅升起的青烟，他们可以暂时离开尘世，体验神仙般的生活。贵州歌谣称：

> 吃烟要吃云南烟，
> 切掉两头吃中间，
> 好烟越吃越有味，
> 好花越戴越新鲜。

——《西南采风录》

云南有歌谣称：

> 打个哈欠烟瘾发，
> 四肢无力难挣扎，
> 三口洋烟吞下肚，
> 抵得蜜蜂采鲜花。

——《西南采风录》

沉溺于鸦片中的人们
——《中国近代史参考图录》

民国时期鸦片问题已发展到十分严重的地步。有研究者指出，20世纪 20 年代末 30 年代初，全国吸毒者有 8000 万人之巨，城乡社会瘾君子遍地，令人触目惊心。鸦片不仅导致巨额财富化为灰烬，也带来了社会道德的沦丧和精神的耗散。上海一首歌谣里，可见吸食鸦片的烟鬼形象：

跨进烟间，求天拜地。

鸦片一挑，欢天喜地。

榻上一眠，谈天说地。

三筒一呼，神气活现。

看见老板，拍拍马屁。

问伊铜钱，明朝后贰。

胆大放心，决不拖欠。

攀弓进来，挺直出去。

撞着烟鬼，阿哥兄弟。

老瘾难过，袋里无钱。

我搭仔侬，寻寻生意。

捋树丫枝，也算行业。

偷羊捉鸡，包讨铜钱。

有仔梢板，再吃三钱。

家里门头，不必管伊。

称为烟仙，无忧无虑。

可惜近来，烟价横贵。

小本经纪，吃弗连牵。

况且官场，禁烟紧急。

偶不小心，警察捉去。

受尽苦头，毫无活处。

想到此刻，一包眼泪。

——《沪谚外编》

鸦片之外，20 世纪初年传入中国的吗啡、海洛因（俗称白面）等在社会上也开始流行，给民众带来更大的身心危害。在不少地方，吸鸦片、扎吗啡被看做是摆阔、会享受甚至是有身份的象征，这种社会风气的诱导，使毒品问题愈演愈烈。从贪图享受开始，吸食鸦片者走上了一条不归路。塞北民谣称：

> 骑大马，坐汽车，
>
> 不抽大烟不算阔，
>
> 抽上大烟就挨饿。
>
> 赌对半，嫖自搭，
>
> 抽大烟的败了家，
>
> 扎上吗啡卖他妈。
>
> ——《民众歌谣集》第二期

贫穷与愚昧相伴随，也与毒品的流行相伴随：

> 抽大烟，穷得快，不是当的就是卖。
>
> 扎吗啡，一身光，里扎戏服当衣裳。
>
> 吸白面，穷光蛋，背上披了麻包片。
>
> ——《蓟县志》卷三

毒品的肆虐，助长了社会风气的颓废，导致了人群道德的颓丧。沉溺其中而不能自拔的人们，为了片刻的身心欢娱，不惜为盗为匪为娼为妓，或打家劫舍，或倚门卖唱。民国社会的黑势力几乎都与鸦片有关联，他们控制毒品交易，进行利益争夺，不断仇杀械斗，对社会构成了很大的破坏。毒品滋养了社会恶势力，社会恶势力又支持了毒品的蔓延，成为严重的社会问题。

民国社会道德水准的下滑，也体现在社会人群的各种不良行为上。投机钻营本来是官场与商场苟利之徒的本能，当时也扩展到读书人身上。社会看重学生资格，就免不了有一些借毕业生身份招摇撞骗的人物，此种不良学生，民众视其与兵、匪、贼为一路人，所谓：

　　一个兵，一个匪，

　　一个巡警一个贼，

　　一个毕业生，

　　一个溜光锤。

　　　　　　　　——《民众歌谣集》第二期

　　一种新的社会角色——政客，也出现在民国社会的舞台上。在中央与地方不停息的政治风波中，他们或聚而为党，或依附官僚，或三五成群，或独来独往，谋利于政治，钻营于官场。坐着洋式马车，吃吃花酒，打打麻将，捎带一场爱国演说，然后饱醉而归，构成了典型的政客生活：

　　政客来，政客来，

　　洋装马车何阔哉！

　　朝请客，暮打牌，

　　麻雀二百底，

　　花酒三五台。

　　政客之忙忙无比，

　　乘兴又登台演说。

　　台上说爱国，

　　台下拍掌声如雷。

　　六国饭店饱且醉，

　　归来带醉打茶围。

　　打茶围，政客来。

　　　　　　　　——《沪谚外编》

　　奔走于官场、名场、利禄场、生意场的各式人物的不良行为，以及种种流行的社会恶习与陋俗、阴暗的社会现象、糜烂的生活方式等，构成了民国社会道德堕落的不同侧面。面对这种情景，不少人忧心忡忡，他们认为，社会风气的颓丧，在于传统道德规范的不昌，而振刷颓风、挽救民生，唯有提倡孝悌忠义一途。以伦理教化民众，被视为当务之急。下面所录的这篇文字，相信就出自他们之手：

孝

乌鸦叫，乌鸦叫，

乌鸦一叫人人恼，

请你且别恼，

试看老鸦之慈，小鸦之孝，

只怕您之为人，还不如这乌鸟。

悌

哥哥大，弟弟小，

凡事总是跟着好，

长幼有序留遗教，

宜随行，莫前跑。

须知道，超过兄长前头就为不恭了。

忠

好心眼，待自己，

遇事就想占便宜，

得到便宜辄欣喜，

全不料你不忠于人，谁忠于你，

反倒吃大亏，结果没人理。

信

说了不算，订了不办，

窃喜人人受骗，

可知道能说善辩的苏季子，

第于腰斩头断，
即便未尽然，也必要落得个没人以青眼相看。

礼

公共之物，任意摧残，
公共之地，随便吐痰，
不讲公德，最讨人嫌，
所以圣人云：
非礼勿视勿听勿动勿言，
这是家庭学校社会教育的示范，
习惯便成了自然。

义

何必读游侠传，
也不用入慈善团，
要见义勇为，一往直前。
武不怕死，文不爱钱，
须记取临财毋苟得，临难毋苟免，
两句箴言。

廉

见钱眼红，出款心疼，
还算不了大的毛病，
最可怕是贪赃枉法，残暴行凶，
甭看当时侥幸，漏免官刑，
欠下冤孽债，总得偿清，
早晚要报应。

耻

耻之于人关系大矣，

那些不肖子弟，

对于礼教大防，通统睥睨，

无论受了什么刺激，

总是不往心里去，

似这等没脸没皮，

哪能不被社会一般人所唾弃。

——《蓟县志》卷三

　　社会道德的重整，是民国社会一大难题，包括知识界在内的不同社会阶层的人对此都作过探讨。人们之所以关注道德问题，除了忧虑社会的现实状况、试图寻求出路之外，也掺杂着一些人对民国社会种种变迁的不安情绪。在皇权长期制约下，人们习惯了礼制对生活的规范，而共和时代中国社会的混乱无序，使许多人产生了礼崩乐坏的印象。这种印象不仅来自于他们对社会阴暗面的观察，也来自于社会生活的种种变化包括进步性迁移给他们带来的刺激。尽管歌谣中暴露的大多是负面的内容，但所体现的情绪却是复杂的。恢复旧伦理固然不是出路，依靠新规范挽回颓风似乎也遥遥无期，仅凭口舌教化无助于问题的解决，少数人的提倡也不可能产生持久的效力。在某种意义上，民国时期道德的失范，是整个社会陷入困境的象征，要完成道德重建的任务，只能依赖于根本的社会改造。

贫民社会一瞥

　　社会的残破，促使民国时期一个庞大的贫民社会形成。在灾荒、饥馑、战争、溃兵、土匪种种因素的挤压下，大量的人口从土地上被排挤出来，为了生存而流入市井，流入五花八门的行业。他们或者乞讨度日，或者从事艰苦而危险的劳动，勉强维持自己乃至一家大小的生计。在城市的周边，在矿山，在农村集镇，在水陆码头，都能看到这些人的身影，他们构成了社会最底层的贫民阶级。

随着机器工业的发展，进入城市当工人，是民国农村劳动人口迁移的一个重要去向。这些城市边缘人群从事的劳作十分繁重，只有低廉的收入，生活十分艰难。河北唐山工人谓：

> 生活难，生活难，
> 生活难于上青天，
> 受苦受难三十日，
> 工钱到手泪涟涟。
> 买米不够吃半月，
> 买面不够吃三天，
> 买了柴火缺油盐，
> 妻子孩儿哭皇天。
>
> ——《河北歌谣》

进入城市的劳动者有男性，也有女性。从乡下来的女子一般进入纱厂做工，她们的劳动环境恶劣，工作时间长，而且受到工头的各种苛待。上海是国内棉纺织业的中心，这里有不少日本资本家和国内资本家开设的纱厂，也聚集了大量的纺织女工：

> 清早轻雾白洋洋，
> 起造一间洋纱厂。
> 纱厂要用大姑娘，
> 吹起波螺就进厂。
> 姑娘进厂像朵花，
> 姑娘出厂像鬼样。
>
> ——《中国歌谣选》第一集

　　女工一天劳作下来，几乎没有了人样，说明这些工厂劳动强度之
大。一首陕西歌谣，描写了宝鸡一家名为申新的纺织厂女工的生活。她
们一年四季不得停歇，上班十分辛苦，下班还要接受搜身检查，工作条
件恶劣，伙食奇差，工钱还时常被克扣，工头"老张"的监督和打骂，
也使女工在精神上时时处于极为紧张的状态：

　　　　　　　　正月是新春，
　　　　　　　　申新开大门；
　　　　　　　　布告贴在玉华门，
　　　　　　　　来招女工人。

　　　　　　　　二月龙抬头，
　　　　　　　　爹妈莫要愁；
　　　　　　　　我在申新慢慢熬，
　　　　　　　　为了顾生活。

　　　　　　　　三月桃花开，
　　　　　　　　老张大不该；
　　　　　　　　她把老娘请进来，
　　　　　　　　月月十二块。

　　　　　　　　四月麦子黄，
　　　　　　　　工头如豺狼；
　　　　　　　　挨打受骂不敢讲，
　　　　　　　　仍要把工上。

　　　　　　　　五月五端阳，
　　　　　　　　排队进饭堂；

霉米黑馍清水汤，
青菜难吃上。

六月热难当，
窑洞把工上；
汗水直流湿衣裳，
昏倒在车旁。

七月七月七，
细纱真出奇；
毛辊接齐人欢喜，
开花就着急。

八月一十八，
哎呀我的妈；
我在申新饿断气，
受屈又挨打。

九月菊花黄，
实在想家乡；
女儿想娘难出厂，
两眼泪汪汪。

十月兰芝草，
工人像坐牢；
下工要搜四遍腰，
实在受不了。

> 冬月大雪飞，
> 做工真受罪；
> 衣不遮体冷风吹，
> 恨死扣钱鬼。

> 腊月腊冬梅，
> 年节愁上眉；
> 人家过年打麻将，
> 我在车间机旁回。
>
> ——《陕西歌谣》

从踏进工厂大门开始，女工就失去了自由，一举一动都不能逃脱工头苛刻的目光。令人难以忍受的搜身制度，是各地女工普遍的遭遇。宁波一首歌谣：

> 抄身制，似恶虎，
> 逼得女工难动步，
> 上厕所，出厂门，
> 抄身婆抢上来拦路，
> 言语冲犯抄身婆，
> 扯破衣裳撕破裤，
> 家无寸布补破衣，
> 满腹有苦无处诉。
>
> ——《浙江歌谣》

在各地矿山出卖劳力的工人，也是生活最艰难的人群。各地煤矿大都很少有安全设施，矿主草菅人命的事情时常发生。下了矿井，随时都有不能活着出来的可能。北京门头沟矿工谓：

> 下井三分灾，
> 不死也活该。

> 下井三分灾，
>
> 不定上来上不来。

——《北京的歌谣》

河北开滦煤矿的情形同样如此，工人有活干时要冒生命危险，没有活干的日子马上就会饿肚子。一旦受伤，往往只有微薄的补偿金，甚至毫无补偿，就被矿主一脚踢出。矿上出事死人，破席一卷，草草掩埋：

> 有工拿命抵，
>
> 无工饿肚皮，
>
> 受伤一脚踢，
>
> 死了三条麻绳一张席。

——《中国歌谣选》第一集

煤矿工人劳动艰辛，但人身控制却极其严酷。把头是有权势的人物，对把头的肆意压榨，工人不能有半点怨言，否则警察就会找上门：

> 少说话，
>
> 多磕头，
>
> 说多了，
>
> "六分所"把你留。

——《北京的歌谣》

在山西、甘肃等地靠近煤矿的地方，驮运、贩卖煤炭也是一种谋生手段，但需要自备运输工具，比如车、马或者骆驼。这种生计同样十分辛苦，令人不禁想起白居易笔下卖炭翁的形象。在歌谣中，太原的推煤汉过着这般生活：

> 推煤汉，真难干，
>
> 鸡儿叫，搭上绊。
>
> 稀粥喝了两碗半，
>
> 窝窝随了两个半。

推到半山上，

冻得直打战。

装上炭，卖到有钱家，

赚了二百大，

买了小米一升半。

我吃饭，

婆姨娃娃还没有饭，

你看这难干不难干。

——《歌谣》第八号

山西五台县的贩炭人如此诉说他们的生活：

苦苦苦！

田禾路驼炭夫，

冬天驼炭冻得两手裂，

夏天驼炭热得全身汗长流。

——《山西各县歌谣解释》

车站上的小贩　　　　　　　　街头小景

——《太白》第二卷　　　　　——《太白》第一卷

（3）归途

（1）奔波

（4）爱在公园里

（2）太阳出了山

社会漫画:都市的牧歌

（1）奔波（2）归途（3）太阳出了山（4）爱在公园里

——《大众生活》

甘肃与山西虽然相隔千里之遥，但驮炭人的命运却没有什么差别：

> 驮了椽子又驮炭，
>
> 黑了爬在精滩滩，
>
> 吃的炒面喝的水，
>
> 冻得半夜没瞌睡。
>
> ——《甘肃歌谣》

当小商小贩是不少人无奈的选择，如果不去工厂做工，就只能靠这类小本营生寻一条活路，但三百六十行，哪一行也不容易。像湖南的菜贩子起早贪黑，一天下来连盐都吃不到，哪里还有什么过年的心情：

> 小菜贩子实可怜，
>
> 三更起，五更眠，
>
> 办了一担菜，
>
> 能卖几多钱。
>
> 籴得米，菜没盐，
>
> 哪有鱼肉过新年。
>
> ——《歌谣》第二十六号

一般而言，贫民社会成员维持生活的能力往往十分有限，他们家中很少有多余的钱财积蓄，艰难时候可能连隔夜粮米都没有。一旦某种外来因素，比如天灾、战祸、瘟疫、疾病等出现，都可能对他们的生活形成严重的威胁。每次灾荒之后，都有大量农村人口被迫逃难到城市周围，并逐渐沉淀下来，形成固定的贫民居住区。年轻力壮者靠出卖苦力为生，而丧失劳动能力的赤贫者只能长年靠别人的施舍度日，民国时期的每个城市，几乎都有这样的人群：

> 火车一拉鼻儿，
>
> 粥厂就开门儿，
>
> 小孩儿给一点儿，

老头儿给粥皮儿，

搽胭脂抹粉儿的给一盆儿。

——《北平歌谣》

民国时期的贫民社会，也包括大量城市底层劳动者。他们居住在城市的大街小巷，从事城市中最低贱的职业，所得极为有限。他们住房破旧，极少财产，衣食粗劣，经济上经常处于入不敷出、朝不保夕的状态，虽然不同于完全的赤贫者，但仍旧属于贫民社会之列。巡警和人力车夫是城市贫民中最常见的两种谋生职业。老舍在《我这一辈子》中写道："巡警和洋车是大城里头给穷人们安好的两条火车道。大字不识而什么手艺也没有的，只好去拉车。拉车不用什么本钱，肯出汗就能吃窝窝头。识几个字而好体面的，有手艺而挣不上饭的，只好去当巡警；别的先不提，挑巡警用不着多大的人情，而且一挑上先有身制服穿着，六块钱拿着，好歹是个差事。"

巡警职业的出现，是在清末新政时期。其时清政府兴办警政，中国始有巡警之制。北京的一首歌谣：

御苑禁城修马路，

马路旁边栽柳树。

柳树底下站巡警，

夹着黑棍抹黑油。

穿洋靴，戴洋帽，

身穿一件狗皮袄，

月月口份关不少，

除去吃喝一大剩不了。

——《民间歌谣全集》

口份就是警饷，领饷叫关饷，一大即一文钱。巡警角色虽然新鲜，但收入却不高。其时一般士兵和工人月收入约六七元，警察每月在10元上下，虽略高于前者，但这些人正如老舍先生所说，多来自"识几个字而好体面的，有手艺而挣不上饭的"城市人群，开销也要大于前者，因此除去自己的饭食外，几乎没有剩余，确为事实。其自嘲谓：

> 一什么一？当个巡警不容易。
>
> 二什么二？黑夜扛枪白天拿棍儿。
>
> 三什么三？提着口袋打房捐。
>
> 四什么四？不当巡警就没事。
>
> 五什么五？不给房捐带本署。
>
> 六什么六？黑夜白天站得好难受。
>
> 七什么七？不关警饷干着急。
>
> 八什么八？不当巡警就无法。
>
> 九什么九？巡警不如看街的狗。
>
> 十什么十？不当巡警没饭吃。

——《北平歌谣》

在城市贫民社会中，人力车夫是最有代表性的人群。车夫的活计不轻松，但一天奔波下来，收入却很有限。20世纪20年代的北京，人力车夫拉一趟活大约有1角钱收入，包月大约10元，而一个家庭每月开销无论如何也在10元以上，人力车夫所得，很难养活一家人，只能勉强维持最低水准的生活：

> 车夫哭，车夫哭，
>
> 骨瘦如柴容貌枯，
>
> 可怜终日勤奔走，
>
> 衣服褴褛食不足。

——《民间歌谣全集》

车夫终日辛苦，倘能糊口就算不错的结果。活计不好或者车价低时，忙碌一天所得，也不能买到足够的食物。河南开封有民谣谓：

> 手拿洋车杆，

出门作了难，

拉够半价没面钱。

——《开封歌谣集》

除了收入低以外，城市里的人力车夫还有种种难处——要给车行交份子钱；在马路上常会因为妨碍交通而遭到训斥；赶上蛮横的大兵坐车不付钱，只能是白辛苦一趟。随着电车等交通工具在城市的发展，又面临着客源上的竞争：

一什么一？穷得没法拉胶皮。

二什么二？就怕车厂子刨车份儿。

三什么三？两三吊钱累一天。

四什么四？见了巡警就发刺。

五什么五？什么人没有拉车的苦。

六什么六？不拉大兵就挨揍。

七什么七？电车兴了拉谁去。

八什么八？一家大小指着他。

九什么九？不敢当兵去一走。

十什么十？跳河投井有谁知？

——《北平歌谣》

俗语谓：好男不当兵，好铁不打钉。但对民国社会庞大的贫民阶层来说，当兵吃粮却不失为一条出路。在生计的逼迫下，穿上一身军装意味着能够填饱肚子，对于那些在社会上没有任何谋生机会的人，当兵还是有一定吸引力的。一首保定歌谣：

大米饭，白菜汤，

吃饱了，下操场；

一，二，三，四！

——《歌谣》第三十三号

冬夜工毕　　　　　　　　　如泣如诉
——《太白》第一卷　　　　——《太白》第二卷

　　不少人只要身体条件允许，就以当兵维持生计。在军阀混战的年代，他们从一支部队被收编到另一支部队，当兵生涯中转换多支部队是十分普遍的现象。生活略有好转时，他们可能会从军队里开小差，逃回家去；一旦生计无着，再重新入伍。对于纯粹以入伍为谋生之计的人来说，当兵虽然能够缓解生活的危机，但毕竟不是一件轻松之事，军营里的生活可谓苦不堪言：

　　　　　　为人不当兵，
　　　　　　当兵累滔滔。
　　　　　　清晨要早起，
　　　　　　竟练东洋操。
　　　　　　穿着一双鬼子鞋，
　　　　　　头戴外国帽，
　　　　　　身背大背包。

听说打行军，

了也了不了。

搭起帐房，

后头连着锅灶，

夜里冻得我，

悠悠直学油葫芦叫。

——《北平歌谣》

民国时期军队形象破败，民众对军队没有好感，军人在社会上也无任何地位。那些投身行伍的贫民子弟在军中吃苦受累，却很少能够通过当兵改变自己的命运。陕北的一首信天游，唱出了当兵人的辛酸：

人人都说当兵好，

当兵人受罪谁知道。

人不脱衣衫马不离鞍，

你看当兵难不难？

风刮树叶滴溜溜转，

为人哟别穿这二尺半。

宁吃一头蒜来不吃一棵葱，

宁当个老百姓不当个兵。

当个老百姓常常在，

当了当兵的常开差。

当个老百姓还能搂着妹妹睡，

当了当兵的活活受罪。

——《陕北民歌选》

小弟弟的出殡
——《太白》第一卷

炎阳下挑火炉和油锅的人
——《太白》第二卷

　　社会的混乱，生活的艰难，引发了民众情绪的变化。对于普遍在困苦中挣扎的下层民众来说，他们意识到了这个社会的不公平，尤其是经济地位的不平等。在歌谣中，民众把自己的生活与那些"有钱人"进行对比：

> 冬来了，天冷了，
>
> 身上无衣冻不了，
>
> 肚里无食受不了。
>
> 有钱的，
>
> 吃好的，穿好的，
>
> 身上穿的狐皮袄，
>
> 还要说不好；
>
> 像我穷苦人，
>
> 对此怎样好？

——《歌谣》第八号

　　穷人住茅舍草屋，吃糟糠咽菜，生活拮据，事必亲躬，尚不免饥寒交迫；财主则是宽宅大院，仆役成群，观鱼赏花，另有一番情景：

> 进大门，门房管家看财奴；
>
> 进前院，金鱼荷花石榴树；
>
> 进前厅，老妈抱孩厨司夫；
>
> 进内宅，先生肥狗胖丫头。
>
> ——《河北歌谣》

穷人一年辛苦挨到头，缺衣少食欠外债，最怕过年这道槛。而对于有钱人家来说，新年的景象却完全不同：

> 腊月一过，又是一年，
>
> 又要租粮，又是讨利钱，
>
> 粮米成了囤，
>
> 银钱成了山，
>
> 你看喜欢不喜欢。
>
> ——《歌谣》卷二第三十七期

街头小景
——《太白》第一卷

穷人终日纺织没有衣裳穿，富人不事劳作，各式衣裳却堆满了
箱柜：

> 弹棉花，冬冬当，
> 眼前堆着白如霜。
> 当当冬当好似催人做衣裳。
> 穷人的衣裳没钱做，
> 富人的衣裳满柜箱。
>
> ——《无极县志》卷四

日夜相继的辛苦劳作不能换来衣食无虑的生活，不劳而获者却在优
游中享受着安逸。所谓：

> 日也干，夜也干，赤臂汉。
> 日也纺，夜也纺，赤脚膀。
> 日也嬉，夜也嬉，穿绸衣。
> 日也荡，夜也荡，吃参汤。
>
> ——《中国歌谣集成》浙江卷

一首流传颇广的歌谣如是说：

> 盖大楼的住草房，
> 织绸缎的没衣裳，
> 卖盐的老婆吃淡饭，
> 碾细米的吃粗糠。
> 卖糖的，苦难当，
> 炒菜的，光闻香，
> 编凉席的睡土炕，
> 抬棺材的死路旁。
>
> ——《河北歌谣》

知天安命的民众往往把自己的生活归于命运的安排，但他们仍然不

自觉地把自己与有钱人对立起来。在对为富不仁者的谴责中，透露出一丝对世道的怨恨：

> 白不过棉花黑不过墨，
> 可怜不过受苦的人，
> 世上最公的是天秤，
> 偏心不过的是有钱人。
>
> ——《甘肃歌谣》

那些吝啬的大户人家往往成为嘲笑的对象：

> 大户人吃顿饭，
> 前门关，后门关，
> 只有窗户未曾关。
> 苍蝇衔去一粒饭，
> 一直追到太阳山。
>
> ——《浙江歌谣》

一首福州歌谣谓：

> 八月十五是中秋，
> 有人快活有人忧；
> 有人登上高楼饮烧酒，
> 有人回去茅舍食芋头；
> 富人饮酒复饮酒，
> 饮得魂醉心已酬；
> 贫人凝思复凝思，
> 思着明早无早朝（早饭）；
> 富人饮酒尽情表，
> 贫人思忆泪下流。
>
> ——《民间歌谣全集》

作为民国社会的边缘人群，处境的困窘和谋生的艰难，使贫民社会成员的心理往往处于灰色状态。在他们的言说中，几乎看不到现代物质文明和城市文明所留下的痕迹，他们自觉地把自己与上层社会相区别，认同了自己的边缘身份，感叹人生竟是如此的颠沛与磨难：

> 一事无成真可怜，
> 两眼睁睁看老天，
> 三餐茶饭全无有，
> 四季衣衫不周全。
> 五更想起双泪流，
> 六亲无靠苦如连，
> 开门七件全无有，
> 八字生来颠倒颠。
> 久事寒窗无出息，
> 要到十字街头寻短见。
>
> ——《民间歌谣全集》

在百般无奈中，人们把一切归于命运，以此来解说自己的遭际：

> 穷人万般都是难，
> 未曾做事心罗转，
> 喝口凉水又把稀屎川，
> 电车过来铃儿也看不见，
> 一命呜呼上西天。
>
> ——《民间歌谣全集》

艰难度日的人们就是在这样的精神状态中消磨着他们的时光。对困苦的习以为常，使他们即便在面对最苛刻的命运时，也很少表现出焦虑，从他们心底流露出的，永远是淡淡的悲凉、无奈与失意：

出了门儿，

阴了天儿，

抱着肩儿，

进茶馆儿，

靠炉台儿，

找个朋友寻俩钱儿；

出茶馆儿，

飞雪花儿，

老天爷，

竟和穷人闹着玩儿。

——《北平歌谣》

年复一年，他们的命运丝毫不见转机，对灶王爷的祷告，也变成了精神上的自我解脱：

灶王爷，

本姓张，

一碗凉水，

三炷香。

今年小子混得苦，

明年再吃关东糖。

——《北平歌谣》

流离之歌：南洋、西口与关东

月亮弯弯过九州，

几家快乐几家愁！

几多富丰还乡井，

多少飘零外客游。

——《民间歌谣全集》

这是从南宋时期就开始流传的一首歌谣。

一般而言，中国社会以农为本、安土重迁是民众几千年养成的生活习惯，但在历史上，为了生计而被迫流亡他乡乃至海外的情形也时有所见。尤其是 19 世纪以来，在沉重的人口压力下，曾经有过多次移民浪潮。仅就清朝而论，清初的"湖广填四川"，太平天国后，河北、苏北、河南一带人口向杭、嘉、湖迁移，都是大规模的移民活动。从晚清以至民国时期，人口迁移在南方是向海外移民，在北方则是向长城以北及东北地区流动。大量的农村人口背井离乡，伴随着他们迁徙脚印的，是一首首哀痛伤感的流离之歌。

明朝开始，南方沿海地少人多的地区，陆续有人到南洋即东南亚一带谋生，在歌谣中即有反映。及至 19 世纪，觅食海外的人群逐渐扩大，除了一部分是由西方殖民者掠卖到南、北美洲等地外，还有相当数量是自愿到海外谋生。到 20 世纪，背井离乡、流落海外者更是相望于道，络绎不绝。1930 年，中国海外移民总数已在 1000 万以上，其中有 1/3 到了美洲，一半则落脚在东南亚一带。

远赴异乡的人们只有一个愿望，那就是为家庭谋求生路。在广东台山，离开故乡去南洋谋生的出洋人被称为"番鬼崽"：

番鬼崽，扒龙舟，
扒得快，好世界，
娶埋媳妇嫁埋女，
两老双莫挂怀。

——《民间歌谣全集》

广东、福建及浙江等东南沿海省份，是"走番"者最多的地区。去往南洋的番客多穿大白衫裤，浙江龙岩一首歌谣说：

白衫穿起白腾腾，

打扮郎君去番边，

望了郎君会赚钱，

十担行李九担银。

——《龙岩歌谣》第一辑

生存的现实压力，获取财富的梦想，使人们走向陌生的异国他乡。在告别故土的同时，也为家乡的亲人留下了无限的念想。他们用最传统的方式为远去的人们祈祷，一首海南歌谣说：

走南洋的人

——《绣像小说》

月亮光光哥出港，

寄钱三百买沉香；

三百沉香烧了了，

保我二哥过远洋。

——《中国歌谣集成》海南卷

出洋的人们，尤其是早期出洋者，很多人并没有扎根外洋的打算。他们暂别家小，期望经过十年八年的奋斗，获得一笔丰厚的财富，以改变家庭的命运。在丈夫孤身踏上茫茫天涯路时，妻子儿女则留在家乡。在无数家庭的亲情离别中，没有什么能比爱情更使人牵肠挂肚：

别乡井，出外洋，

十年八载不思乡。

桃色毵毵陌头绿，

闺中少妇恼断肠。

——《民间歌谣全集》

从挥手告别故乡的那一刻起，情人临别前的嘱咐就始终回响在耳边：

一嘱亲郎去过番，

分手不过一时间，

总爱我郎时运好，

一年半载转唐山。

——《民间歌谣全集》

船只驶往海外，家乡的轮廓渐渐模糊，令远行的人们怅然若失。梦中醒来，情人容颜蓦然浮现，有多少人为之肝肠寸断：

海口搭船去南洋，

转头回来看故乡。

睡到三更惊醒起，

忆妹容颜割断肠。

——《中国歌谣集成》海南卷

广东沿海一带离开家乡的人们，除了去南洋外，另一个重要的去向是美洲。19世纪中期，在美国西部发现金矿的消息，吸引了全世界的人们来这里寻求财富，也同样吸引了广东人。在先辈们走出的淘金路上，一批又一批的后人接踵而来，把未来的赌注押在遥远的太平洋对岸。尽管他们知道，梦想中的金山其实并不存在，但能够离开家乡，依然是一件值得庆幸的事情：

燕雀喜，贺新年，

爹爹去金山赚钱，

赚得金钱成万两，

返来起屋兼买田。

——《民间歌谣全集》

与南洋客一样，流向美国的人们早年也极少带家眷，他们孑然远行的身上，担负着整个家庭的希望和妻子儿女的无限寄托：

爸爸去金山，

快快要寄银，

全家靠住你，

有银就寄回。

——《民间歌谣全集》

在广东台山一带出洋风气较盛的地区，从金山回来的人被认为是最能赚到钱的，称为"金山客"。到临近的香港去做工，收入不高，难得有几个剩余。至于流落在东南亚的"南洋伯"，钱包里往往空空如也，拍起来"伯伯"作响，所谓"银钱包，大伯大伯"就成了对南洋客的嘲笑：

金山客，有一千有八百；

南洋伯，银钱包，大伯大伯；

香港崽，香港赚钱香港使。

——《民间歌谣全集》

出洋的人们怀着对未来的美好憧憬别离家乡，然而到异乡谋生实在是一件艰难的事情。千辛万苦到达目的地的番客，不仅陷入人生地不熟、言语不通的窘境，而且还时常受到殖民当局的盘剥和歧视。他们没有看到遍地的黄金，绝大多数人只能从事低微的职业来谋生，比如小商小贩：

别离家乡五六载，

空身去漂海。

漂洋过海卖杂货，

到处生意做。

——《民间歌谣全集》

艰苦的劳作让他们尝尽了酸甜苦辣，人间百味；对家乡故土的无尽挂念，又使他们终日以泪洗面：

娘娘抱儿哭哀哀，

爸爸番邦唔回来。

三更掘，半夜抬，

艰艰苦苦受磨抬。

一碗糠饭，几叶咸菜，

吞到目汁滴滴来；

唔上半年久，

饿成一个螳螂骸。

哀，哀，哀！

锄头六斤重，

掘下土去跳起来；

目汁流流，

正知唐山好境界！

——《歌谣》第七十号

　　出洋谋生的华人吃苦耐劳，对所在国的开发和建设颇有贡献。然而，他们很难被当地社会所接纳，遭受了百般歧视和凌辱。不仅地位低下，生活清苦，财产乃至生命往往都无法得到保障，不少无辜者命丧异国，悄无声息地永远留在了海外，再也无法回到魂牵梦萦的故乡。据说，在当时的南洋，华工被打死后，就被扔进畜有大蛇的化尸室，葬身群蛇腹中，遗骨则被置于旷野，堆积如山：

星崽光光，

打开寮崽门；

风崽微微，担上粪箕儿，

走到巴园去。

心肝卜卜跳，

目汁金金吊；

又惊番崽，

又怕虎叫；

虎叫还好店（藏匿），

番崽一来，

铁棍儿，

头顶照照；

唔合番崽意，

生命无半厘！

卜，卜，卜，

拖到化尸室去，

猩红骨头，

一枝一枝，

> 儿在番邦碎尸，
>
> 母在唐山盼望儿。
>
> ——《歌谣》第七十号

尽管如此，与地狭人多的家乡相比，海外谋生仍不失为一条出路。生活的压力，使南方的海外移民潮从晚清到民国一直没有停歇，出洋者在世界各地留下了他们的足迹，一步一步地建立和发展了自己的事业。当我们为海外华人今天的成就而感到欣慰时，也应该记起这一段历史的艰辛。

如果说海外是南方民众迁移的主要目的地，那么北方民众流离的主要方式，则是走西口与闯关东：

> 问我祖先来何处，
>
> 山西洪洞大槐树。

这句在中国北方耳熟能详的民谣，道出的是一段难忘的历史。在数百年的绵延传承中，见证了北方民众颠沛流离的苦难。

在长城沿线各口中，习惯上把张家口称为东口，山西北部的杀虎口称为西口。晚清和民国时期，华北每逢天灾饥荒，山西尤其是晋北、吕梁大量的饥民从这里走向口外，觅食求生，他们的去向是靠近黄河、长城一线的内蒙古地区。在不断的延续中，"走西口"成了山西等北方各省人民移民内蒙古的特有名称。

与走西口相比，"闯关东"即向东北移民要冒更大的风险。清朝建立后，为了保护"龙兴之地"，对辽东以外的东北和长城以北地区实行封禁政策。然而，禁令虽然严厉，却不能阻止挣扎在生死线上的人们冒险一逞。其时东北人口稀少，土地肥沃，谋生较易，故不乏冒险出关者，此即闯关东。晚清时代，由于关内人口压力越来越大，同时出于移民守边的考虑，移民禁令逐渐取消。清末民初，东北移民迅速增加，由辽宁而吉林，而黑龙江，大批关内民众涌入东北，垦殖采金伐木挖参，成为他们谋生的主要手段。

今天的人们已经很难想象，在当年走西口、闯关东的人流中，究竟留下了多少辛酸的故事。萧瑟中的生离死别，一步一回首之际，情人幽咽的歌声今天似乎依然回荡在耳边：

正月里娶下奴，

二月里走西口；

与其走西口，

为何娶下奴？

你要走西口，

妹子心内愁，

怀抱梳头匣，

与你梳梳头。

你要走西口，

妹子泪长流，

手拉哥哥的手，

送你在大门口。

哥哥走西口，

妹子也难留，

打发你起了身，

妹子心内忧。

你要走西口，

万不可交朋友，

恐怕你交了友，

便要忘记了奴。

你要走西口，

妹子泪长流，

遇着了乡里人，

你要勤捎书。

你要走大道，

万不可走小路，

大道上人儿多，

失途好问路。

你要走水路，

万不可先来渡，

先渡这危险多，

怕掉在河里头。

你要走大山路，

万不可走崖头，

恐怕那崖头旧，

掉在那沟里头。

你要住大店，

万不可住小铺，

小铺里恶人多，

失财又伤主。

——《歌谣》卷二第二十四期

　　流传至今的这首山西民歌，将那酸楚而悲怆的一刻永远凝固在人们的记忆里。俗语谓：父母在，不远游。中国农民以土地为根本，尤其是北方民众，聚族而居的人们有极强的乡土情结，如果不是出于万般无奈，绝不会忍心离开经营多年的家园，到一个未知的地方为明天而赌博。他们不是去寻梦，也无暇寻梦，无论走西口还是闯关东，都是出于生存压力下的无奈之举。

　　逼迫人们离开家乡的因素很多，兵祸匪患，加上水旱灾荒，是最常见的原因。察哈尔西部一带流行的一首小曲唱道：

说我乡，道我乡，

我乡原是好地方。

自从兵战闹了灾，

十年倒有九年荒。

大户人家卖田地，

小户人家卖儿郎。

我家没有儿郎卖，

夫妻二人唱曲到他乡。

——《歌谣》卷三第十三期

走西口和闯关东的人们，大多是当地最贫困的人群。山西、陕西、河北等省的北部以及甘肃等地区，自然环境恶劣，原本就是不利稼穑的贫瘠之地，即便是正常年景，不少人家也只能勉强度日。一遇到天灾人祸，因为田亩歉收或者地面不靖，很多人只能逃往口外。一首山西民歌：

喜鹊子出窝窝还在，

什么人留下个走口外？

破大皮袄捆铺盖，

穷光景逼得哥哥走口外。

黄芥开花黄又黄，

提起哥哥走西口来好恓惶。

背起铺盖妹妹给你说，

赚钱不赚钱你早回来。

脚踏住河岸手搬住船，

我有两句知心话没说完。

一伙人叫唤把帆拉起，
嘴里头讲来眼流泪。

阳婆婆一落山雀雀叫，
由不住个哭来由不住个瞭。

哥哥坐上上水船，
越瞭越远心越惨。

出门三天情人你离家远，
异乡孤人谁可怜。

大雁回家孤雁吼，
在外乡的哥哥谁收留？

十月的沙蓬无根草，
哪里挂住哪里好。

——《山西民间歌谣选》

今天的人们对走西口的印象，主要就来自这些民间歌谣。在陕西，
同样有这样一首走口外的信天游：

蓝格莹莹天上起白雾，
没钱才把人难住。

二绺绺麻绳捆铺盖，
什么人留下走口外？

三颗颗星星两颗颗明，

撂下村子撂不下人。

黑老鸦飞在牛背上，
你走把妹妹捎带上。

大红公鸡压眼眼狗，
泼上我命跟你走。

一把拉住妹妹的手，
穷人没钱才把口外走。

一对对鲤鱼顺水水流，
你把哥哥记在心里头。

城墙上头种豌豆，
你扔下妹妹谁收留？

井里头打水绳绳短，
你扔下妹妹谁照管？

山坡坡开了一朵无根花，
留不住哥哥你真走呀！

我给哥哥做上一对梁梁鞋，
你给妹妹时常捎信来。

天上下雪地下白，
你走了多会才回来？

叫一声妹妹你不要哭，
腊月河冻我回来呀。

人不来了信捎来，
知心话儿捎得来。

你走那天刮了一阵风，
响雷打闪我不放心。

风吹日晒大雨淋，
世上苦不过受苦人。

半碗碗黑豆半碗碗米，
端起饭碗就想起你。

我在东来你在西，
什么人留下活分离？

———《陕西歌谣》

在走西口的歌谣中，爱情是最常见的诉说主题，虽然这些歌谣只能复原那一段历史的个别细节，但情人无奈分别的哀痛，已足以表露出当年走西口的人们心中是何等的悲怆。一首著名的山西叙事歌谣，同样是描写爱情，也同样与走西口相关联。歌中唱道：

山西沁源县，
百十里李家庄，
有一个桂姐女，
生得好人样。

……

桂姐 13 岁定亲，14 岁成婚，丈夫不久就走了西口：

　　　　我的小丈夫，
　　　　年纪十六岁，
　　　　十六岁上就偷走，
　　　　走了山西路。

　　　　过了山西路，
　　　　然后出了口，
　　　　昧了他的良心，
　　　　还不往回走。

　　　　上也无老靠，
　　　　下也无儿孝，
　　　　难得我无奈，
　　　　才把朋友交。

孤苦伶仃的桂姐无奈之下，开始交朋友，为自己找了相好的人。头一个叫"小燕青"，第二个叫"王万才"：

　　　　三一个交朋友，
　　　　交的是李德才。
　　　　半年交得好人情，
　　　　一走再没来。

李德才走了西口后，桂姐茶饭不思，心中悲伤，不久病倒。于是写信给李德才：

　　　　磨了一锭墨，
　　　　清水滴两滴；
　　　　叫一声李德才，

回家把我看。

李德才收到桂姐央人送来的信后，骑马赶回，可惜已经来不及了，这时桂姐病得连话都说不出来了。

> 桂姐死了后，
> 李德才再不来，
> 离开了沁源地，
> 再也不婚配。
>
> ——《山西歌谣》

一曲爱情的挽歌，唱出了当年走西口与闯关东的无限辛酸与悲苦。历史虽然已经远逝，但人们眼前却分明浮现出一幕幕扶老携幼、背井离乡的流民图，苍凉幽咽的歌声断续回响，陪伴着他们的艰难跋涉。不知身在何处，也不知家在何方，一切都那样渺茫无际。这一刻，正是民国社会动荡时代的一个侧影。

第六章
吾乡与吾族

20世纪三四十年代，日本帝国主义发动的侵华战争，给中国人留下了一段难以抹去的惨痛记忆。曾经以自己的文化哺育了日本的中国，得到的却是铁与血的回报。疯狂的掠夺与蹂躏，使千百万中国民众遭受了一次空前的浩劫。然而，尽管命运多舛，他们并没有屈服，八年的血泪抗战，不仅写下了中华民族抗击外来侵略最辉煌的一页历史，也见证了中国民众伟大觉醒的历程。

鬼子来了

自鸦片战争开始，涉洋而来的欧美列强视中国为天然的掠夺对象，为谋取自身利益发动了多次对华战争，在数千年未有之变局面前，懵懂无知的清政府一味任人宰割，终使中国一败涂地，沦为国际社会人人可欺的边缘角色。与清王朝形成鲜明对比的是，命运相似的日本则在列强的夹缝中找到了自己的出路，悄然崛起于东亚，在声言与西洋文明共进退的同时，把中国视为当然的侵略目标。从19世纪70年代开始，日本就流露出这种侵略意向，至甲午一役，日本更一举击败了清王朝，割占

炮打日本国
——《苏联藏中国民间年画珍品集》

日德青岛争战图
——《中国民间年画百图》

台湾等中国领土。在随后的瓜分狂潮中，又将福建变为自己的势力范围。1900 年，日军参加了八国联军侵华战争，在中国肆意抢掠。1904—1905 年，为了争夺对中国东北的控制权，日、俄两国在中国的土地上展开了一场厮杀，获胜后的日本，迫使沙俄转让了它在中国东三省南部的利益。在一步一步的进逼中，日本已成为中国的大敌。

中华民国成立后，日本的侵略不仅没有收敛的迹象，反而变本加厉，积极推进其彻底征服中国的计划。1914 年 8 月，第一次世界大战爆发，日本向德国宣战，出兵山东半岛，占领青岛等地，使山东由德国的势力范围转为日本的地盘。其时一首山东民谣说：

> 日本鬼，喝凉水，
>
> 生地瓜，不离嘴。
>
> 到青岛，吃炮子，
>
> 沉了船，没了底。
>
> 今日是个人，
>
> 明日是个鬼。
>
> ——《中国近代反帝反封建历史歌谣选》

占领山东后，日军在当地实行殖民统治，中国人在自己的国土上失去了行动的自由，山东章丘有歌谣谓：

> 依依河上柳，
>
> 地原中国有；
>
> 我是中国人，
>
> 为何不许走？
>
> ——《山东歌谣集》第一册

1915年1月，乘欧洲列强无暇东顾之际，日本又露骨地向袁世凯政府提出了"二十一条"，这被看做是日本阴谋灭亡中国的一个重要图谋。5月7日，日本就此向袁世凯政府提出最后通牒，9日，北洋政府对"二十一条"的绝大多数内容表示接受。在各界前所未有的抗议热潮中，这两个日子，被时人定为"国耻日"。

甲午战争之后，中国败于日本，国人虽怀有刻骨铭心之耻辱，但震惊于日本学习西方的奇效，对日本颇有敬佩之意，大批留学生泛舟而东，指望从日本取得民族富强的真经。20世纪初年，日本在日俄战争中获胜后，国人一致以为日本之宪政战胜了沙俄之专制，对日本的钦羡达到最高。及至民国初年，一系列侵略事件尤其是"二十一条"交涉的发生，则相当程度上改变了民众的看法，对日本的憎恨之情开始占了上风。1919年，中国政府在巴黎和会上要求归还山东权益的外交努力以失败结束，引发国内五四运动风起云涌，在这场运动中，学生虽然以

"卖国贼"为主要痛击对象，但"卖国贼"所牵连的正是日本。这种警惕与仇恨情绪在随后的二三十年代屡有表现。九一八事变之前，山东一首《儿童敲棍雪耻歌》是这样的：

> 抗啊！抗啊！
> 咱俩着抵抗啊！
> 试试谁能打胜仗啊！
> 一仗打到一月一，
> 不买日本的东西。
> 二仗打到二月二，
> 推翻日本不费事。
> 三仗打到三月三，
> 夺回失去的台湾。
> 四仗打到四月四，
> "二十一条"要取消。
> 五仗打到五月五，
> 恢复东北的疆土。
> 六仗打到六月六，
> 弱小民族我扶助。
> 七仗打到七月七，
> 打到日本扶高丽。
> 八仗打到八月八，
> 快快收回我旅大。
> 九仗打到九月九，
> 肃清国贼再没有。
> 十仗打到十月十，
> 南北和平能一致。
>
> ——《歌谣》卷三第十三期

从 19 世纪末年开始，列强国家已经成为中国国内政治现实的影响因素。民国时期则以日本为最甚。日本的每一次侵略，不仅成为万千民众的心头之痛，也会引发国内政治格局的变动。1926 年 3 月，日本军舰炮击大沽口，在遭到冯玉祥国民军的还击后，日方纠集各国军舰对北洋政府进行武力恫吓，引发了北京等地大规模的民众请愿活动，担任中华民国临时执政的段祺瑞下令镇压，制造了震惊世人的"三一八"惨案。1928 年，南京国民政府继续北伐。5 月 3 日，在被日本视为存在其特殊利益的济南，日军制造了导致中国军民数千人死亡的惨案，北伐军最终只能退出济南，绕道北上。下面这首山东歌谣可能就是这一事件的背景描写：

> 一二三四五，
> 打到济南府，
> 捉住日本人，
> 杀了五千五。
>
> ——《山东歌谣集》第一册

山东陵县民谣有：

> 东洋鬼，真是凶，
> 五月三日出了兵，
> 占了山东济南府，
> 五三惨案这才成。
> 劝同胞，
> 拿着快枪去当兵，
> 战线前头拼命争。
>
> ——《浙江歌谣·自序》

尽管南京国民政府完成了名义上的统一，但却不能打消日本对中国的侵略欲念。20 世纪 30 年代成为中华民族的劫难时代，而带来这一切的，就是日本。

中华民国二十年哪，

九月十八那一天呀，

关东起狼烟，

哎哟，哎唉哟，

关东起狼烟哪！

中华民国二十年哪，

九月十八那一天呀，

日本占沈阳，

哎哟，哎唉哟，

日本占沈阳哪！

——《歌谣》卷三第十三期

　　这首在九一八之后流传于辽宁的小曲，记下了令所有中国人刻骨铭心的耻辱。1931年的这个日子，日军秘密炸毁沈阳附近南满铁路柳条湖一段路轨，给几名被其枪杀的乞丐穿上中国军队的衣服置于现场，以中国军队破坏铁路为借口，炮击东北军驻地沈阳北大营，东北军不战而退，仅仅4个多月，东北100多万平方公里的土地沦陷，3000多万同胞成为亡国奴。东北的这个秋天，成为民众心头永远的痛：

蛐蛐叫喊夜声长，

茄子下来菊花黄；

没到八月过中秋，

小鬼便抢占沈阳。

——《歌谣》卷三第十三期

　　在事件发生的这一刻，蒋介石以"攘外必先安内"为信条，视中国共产党建立的南方根据地为心腹大患，把注意力集中于消灭所谓的"赤祸"，无论在思想上还是事实上，都没有应对这一事件的切实准备。在日军占领东北的过程中，南京国民政府和张学良的东北军没有组织有效的抵抗，部分东北官兵与民众的自发斗争，反而成了日军施展暴行的借口。东北民众在惊惧与怨痛之中，度过了这一难忘的时刻：

> 大街之上少人烟，
>
> 小鬼和义勇军开了仗！
>
> 义勇军逃了这不算，
>
> 打死小鬼，
>
> 人民遭祸殃，
>
> 东边搜查，西边找遍，
>
> 抓着男的拷打还把洋油灌，
>
> 抓着姑娘媳妇就强奸，
>
> 哎唉哟，
>
> 我的天！
>
> ——《歌谣》第三卷第十三期

九一八事变成为一连串侵略事件的开始。1932 年 1 月 28 日夜，日军在上海向当地的中国驻军进攻，此即"一·二八"事变。浙江浦江的一首歌谣，叙述了上海"一·二八"事变中的情景：

> 日本佬，太无道，
>
> 自从看想中国好，
>
> 五十余次侵中华。
>
> 割了琉球日本朝鲜还勿够，
>
> 还要生起五卅济南惨案等来补凑。
>
> 自从九月十八占领满洲后，
>
> 还要占领上海来补凑。
>
> 飞机乱头飞，
>
> 炸弹乱头弹，
>
> 弹破房屋几千间，
>
> 弹死百姓好几万；

日本佬，罪当杀！

破坏国际公约法，

辩来辩去真奇怪；

我中华，好同胞！

切莫忘了九月十八号！

大家起来抵抗他！

他！他！他！日本佬！

————《浙江歌谣·自序》

日军占领东北后，强行实行殖民统治。1932 年 3 月，伪满洲国在长春成立，以清废帝溥仪为执政。两年以后，改称满洲帝国，溥仪改称皇帝，并把年号改为康德。在这一傀儡政权的名义下，日军对东北实施了严酷的殖民统治。20 世纪 30 年代初吉林一首歌谣：

东海里，日本人，

借名进兵保珲春；

装电话，设警兵，烧韩民，

无理要求欺负人。

————《浙江歌谣·自序》

炸药愈放愈进来了　图上分别标着"青岛"、"绥远"字样。

————《生活星期刊》

1933年年初，日军占领当时的热河省和察哈尔省北部，向长城一线渗透，一些蒙古王公与日满势力相勾结，导致华北门户洞开。河北遵化一带的歌谣：

> 蒙古王，心不定，
> 反了中国又顺"清"，
> 百灵庙前打败仗，
> 天天倒有投降兵！
> 傅作义，大敞门，
> 王靖国，真不离。
> 贪心小国头不露，
> 苦坏张北众黎民。
>
> ——《歌谣》卷三第十三期

从1935年开始，日本在华北各地策动所谓"自治"运动。在日方支持下，冀东防共自治政府、内蒙古自治政府等汉奸傀儡政权相继成立。日本还不断向国民政府施压，要求承认华北自治，试图将华北从中国分裂出去。与此同时，日本也加紧控制华北经济，大肆进行走私活动，输入毒品等物，一时间，华北乌烟瘴气。其时有歌谣：

> ×××，没好心，
> 一心要害中国人，
> 卖大烟，卖白面，
> 房粮地土都霸占。
> 先威吓，后欺骗，
> 买着汉奸来捣乱。
>
> ——《歌谣》卷三第十三期

所谓"×××"，当为"日本人"或"日本国"。在日本的压力下，国民政府对抗日宣传采取了压制措施，这首歌谣在发表时，不得不避免提到"日本"两个字。

日本在华北的军事演习，露出了狰狞的侵略真面目。

——《生活星期刊》（1936 年）

　　民国以来，日本制造的每一次侵略事件几乎都引起了中国民众的愤慨。直至九一八事变后，日本人的节节施压，使这种愤慨一波又一波地持续爆发，抗日救亡成为 20 世纪 30 年代中国社会的一个主要话题。走上街头进行宣传的学生声泪俱下地控诉日本的侵略行径，一般民众颇受感动，而有跃跃欲试之心。种种情形表明，抗战的情绪正逐渐高涨。20世纪 30 年代初南北各地流传的一首抗日歌谣：

> 炮队马队洋枪队，
>
> 一字长蛇紧相随；
>
> 奋勇打倒矮子鬼，
>
> 人人欢笑凯歌回。
>
> 炮队马队洋枪队，
>
> 打败强敌再前追；
>
> 一追再追寇势蹙，
>
> 痛饮黄龙整队归。

——《民间歌谣全集》

从字面上来看，当时产生的很多抗日歌谣并不完全出自民间，而多由普通知识分子编写。此种歌谣，或为号召民众而作，或为情绪的发泄，但都在一定程度上代表了民众的感受与意愿。在国难当头的背景下，即便是那些远离政治的民众，也不能无动于衷。浙江一首问答式的歌谣：

问：

多少同胞志要坚？
什么人胆量大如天？
哪里人制造高射炮？
哪里人打死断火烟？

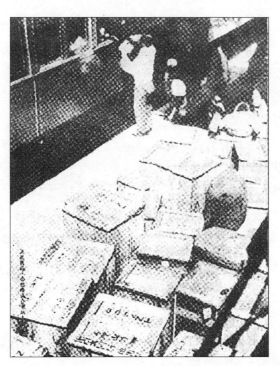

车站上的日本走私货

——《生活星期刊》（1936 年）

把中国的富源戽出去 所谓华北经济合作。

——《生活星期刊》（1936年）

答：

> 四万万同胞志要坚，
>
> 革命军胆量大如天，
>
> 中国人制造高射炮，
>
> ××人打死断火烟。

——《歌谣》卷二第二十八期

当20世纪中国历史由一场暴烈的义和团运动拉开帷幕后，近代中国人的对外意识在此后发生了明显的变化。19世纪国人秉承传统之夷夏观念，对外洋盲目排斥拒绝。自20世纪初年起，新知识界、工商界以义和团式举动为野蛮，提倡文明排外，抵制外货则为重要的对外手段。民国时期中国民众的反日活动中，抵制日货运动最为常见。在20世纪30年代大江南北的救亡热潮中，不少歌谣揭露日本的经济侵略，号召民众不要使用日本货。山东歌谣有：

> 日国货，
>
> 制得精，
>
> 中国人认不清；

若非学生闹得凶，

一定要了我们的老性命！

————《山东歌谣集》第一册

日本输入中国的商品种类繁多，细小者如洋烟（香烟）、洋火（火柴）之类，都是常见的大宗消费品。对民众的启发，就从日常生活的这些细节开始：

吃洋烟，

使洋火，

洋洋得意！

贩日货，

被日欺，

日日伤心！

————《山东歌谣集》第一册

抵制日货宣传时期的国产呢绒广告和化妆品广告。
————《生活星期刊》（1936 年）

每次反日运动激烈之时，城镇里就会出现查抄日货的高潮。情绪激动的学生往往会痛斥贩卖日货的商贩：

> 绿开肩，真是阔，
>
> 绿帽子，也不错，
>
> 叫你再贩日本货。
>
> ——《山东歌谣集》第一册

在北京童谣里，我们也能感受到 20 世纪 30 年代抵制日货运动影响之广：

> 我国高；国基稳，
>
> 架起大炮打日本，
>
> 打得日本哈哈笑，
>
> 拿着日本当板凳：
>
> 走一走，坐一坐，
>
> 千万别买日本货。
>
> ——《民间歌谣全集》

上海是中国民族资本最集中的地方，在抵制日货运动中表现得最为积极。当地的一首歌谣说，日本人制造武器所需的金钱，其实就是用洋布、洋纱从中国换来的，用中国人的钱造出枪炮，又用来打中国人，在中国制造苦难。因此，抵制日货是对付日本的一种有效手段：

> 东洋货，并不好，
>
> 华人贪其价色巧。
>
> 贩卖洋布并洋纱，
>
> 哪晓得其心思恶。
>
> 换我金钱造枪炮，
>
> 民国念年腊月梢，
>
> 打得上海闸北一团糟，

20 世纪 30 年代的香烟广告

————《大众生活》（1935 年）

千百商店都被烧，
半夜五更把命逃，
闹热市场变荒郊。
吃个苦来无处活，
现在惟有抵制日货，
做个齐心炮。

————《沪谚外编》

民族资本多年来深受日本货竞争的压力，抵制日货对国货来说也是扩大市场的机会。因此，排拒日货的宣传往往与提倡国货的号召联系在一起。在湖南，一首赞美使用国货的女性的民歌：

> 妹妹！我爱你！
> 你那带笑的脸儿，
> 你那健美的身体！
> 你用的，完全是国货；
> 你穿的，是国产的呢布绫罗。
> 你用本国的水，
> 你入本国的学，
> 聪明的智慧，
> 坚强的意识，
> 决定了你用国货而救国，
> 你这秀丽的伟大的天使啊！

——《湖南民歌》上集

面对日本的侵略威胁，人们自觉地将这一外患与民国政治环境联系起来。在百姓看来，外患频仍在于内乱不靖，国民党政治事实上的分裂是 20 世纪 30 年代日本步步进逼的重要原因。在国家命运危在旦夕的情形下，民众真心期望国民党能够停止内战，团结对外，如此才能免除大难。河北遵化有歌谣：

> 北方有阎宋，
> 南方有蒋汪，
> 全是一家人，
> 各有各主张。
> 若能同了心，
> 外国瞎。

——《歌谣》卷三第十三期

　　救亡活动引起全国上下的共同关注，对日抗战是 20 世纪 30 年代社会各阶层的主流话题，但不可否认的是，这一话题抗战之初更多地流行于知识界和学生群体中。面对外敌入侵，不同的人有不同的反应。九一八事变之后，群情激愤的学生走上街头，进行广泛的抗战动员，但对于并不具备现代民族理念的民众来说，抗日这样的国家大事离他们还有很大的距离，学生激昂的行为在他们眼里就变成了一件可笑的事情：

学生学生你别闹，

不如二踢脚，

好像黄烟炮，

日本占了东三省，

一时你们发了躁，

当局不说打，

你们想打办不到，

又无枪来又无炮，

赤手空拳瞎胡闹。

旷功课，不上学，

纷纷轮流四乡跑。

墙上写标语，

庙头贴布告，

渴了没人管，

饿了自己拿钱买火烧，

东也跑，西也跑，

跑坏了一双鞋，

就是七八毛，

闹了几个月毫无见功效，

问你害臊不害臊。

　　　　　　　　　——《民众歌谣集》第二期

杀人放火的日军
——《抗日战争时期宣传画》

把这种心态视为民众的觉悟问题或者爱国心问题，其实只是看到表象。必须承认，国家与民众个体生活的疏离，使民众对国家的目标缺乏认同感，国家也无从进行有效的社会动员。这首歌谣的存在，也许有助于我们体验那个时代的民众在外敌入侵者面前更真实的政治心理状态。

苦难岁月

1937 年 7 月 7 日，七七事变发生，日本挑起了全面侵华战争。7 月底，北平、天津相继失陷。紧接着，日军在上海制造"八一三"事变，

11 月中旬，上海沦陷。

> 八月十三，八月十三，
> 东洋兵打上海滩。
> 开大炮，掼炸弹，
> 杀死同胞千千万。
>
> ——《中国歌谣集成》上海卷

　　七七事变之后，日军很快展开了对中国的多方面进攻。从华北到华东、华中、华南，一道道防线被日军撕开，围绕一座座城市，中、日军队展开了争夺：1937 年 11 月 8 日，太原沦陷；12 月 13 日，中国首都南京沦陷；1938 年 5 月 19 日，徐州沦陷；6 月 5 日，河南开封沦陷；10 月 21 日，广州沦陷；10 月 25 日，武汉沦陷；等等。在日本发动的全面侵华战争爆发的初期，中国军队遭受了一次又一次的失败，大片国土为侵略者所占领：

> 说东洋，道东洋，
> 东洋鬼子太猖狂，
> 飞机大炮机关枪，
> 不是杀，便是抢。
>
> 说东洋，道东洋，
> 东洋害佢无家乡。
> 多少孩儿没爷娘，
> 多少百姓逃四方。
>
> ——《中国歌谣集成》上海卷

　　将日本侵略军称为东洋鬼子，表达了民众的激愤情绪。在中国广阔的领土上，日本鬼子所到之处，奸淫烧杀，无所不为，滔天之罪，罄竹难书。除了举世震惊的南京大屠杀之外，日军制造的大小屠杀事件不计其数，大量的平民百姓因之而丧生。据估计，1937—1945 年八年抗战期间，中国人口损失达 3500 万，财产损失更是无法统计。"八一三"事变后，中、日军队在上海展开淞沪会战。其间，日本援军于 11 月 5 日（阴历十月初三）在金山卫登陆，在当地烧杀抢掠，仅仅 3 天，就有1000 余人遭杀害，3000 余间房屋被毁，这一事件被称为"十月初三日惨案"。十月初三是当地百姓为之心悸的一个日子：

> 十月初三雾不开，
>
> 艘艘军舰进海滩。
>
> 开大炮，掼炸弹，
>
> 日军登陆金山卫。
>
> 老百姓，吓得来，
>
> 背起包裹就逃难，
>
> "三光"政策烧杀抢，
>
> 害得百姓苦难挨。
>
> 东洋乌龟小瘪三，
>
> 看见妇女就强奸。
>
> 飞机好像扬麦瘟，
>
> 炸弹掼来响铜铃。
>
> 逃难像戳散黑鱼浑群，
>
> 一逃逃到新街村。
>
> ——《中国歌谣集成》上海卷

这样的事件伴随着日军的推进，几乎每天都在不同的地点上演。繁华的街道变成了瓦砾场，无辜的平民百姓身首异处，千千万万家园被毁，住宅、商店被抢劫一空。在侵略者铁蹄的践踏下，一座座城镇和乡村变成了人间地狱。流传于湖北武昌等地的这首歌谣，道出的正是日军的罪孽：

> 走村庄，过村庄，
>
> 家家屋顶光堂堂；

敌占区情景 摊派强征。
——《抗日战争时期宣传画》

日军躲在汪精卫政权后面大肆抢粮抓丁。
——《抗日战争时期宣传画》

　　　　从前高楼和大厦，

　　　　都被鬼子折起土平房。

　　　　　　　　　　　　——《抗战歌谣》

　　当年的记者曾经这样描写 1938 年 7 月武汉三镇被轰炸后的情形：
"慢慢地火熄了，阵阵扑鼻而来的是血腥和枯焦。在凌乱的房屋残迹里，
一团团被烧焦了的尸体作亮黄色，最令人触目惊心的是一家十口竟烧死
在一起，旁边还有一个女人裸伏在地上，显示被烧死时的挣扎惨状，焦
炭似的死孩子，东一个，西一个，像是被抛弃的土块，已经不成为人
形。"在这里，日本军队过后的凄惨景象成为人们心底深重的怨痛：

　　　　天昏昏，

　　　　地冥冥，

　　　　家乡来了鬼子兵。

　　　　风凄凄，

　　　　雨淋淋，

　　　　鬼子到处屠杀人。

　　　　夜深深，

　　　　月沉沉，

　　　　千里不闻鸡犬声。

　　　　　　　　　　　　——《抗日歌谣》

　　日军所到之处，交通被破坏，工厂被侵占，入室抢劫、强奸之类的
暴行层出不穷，商业停顿，人民逃难，有的地方甚至到了十室九空的地
步，情形一片狼藉。在湖北大冶等地，日军被形容为暴虐的黄沙和洪水：

　　　　鬼子来了一阵沙，

　　　　黄沙千里无人家；

　　　　鬼子来了像洪水，

洪水过后万物毁。

——《抗日歌谣》

在广东东江地区，日军的烧杀抢掠迫使百姓成群结队地离开家乡逃难：

自从日寇进东江，

奸淫烧杀好疯狂！

米谷钱财都抢尽，

到处穷人帮打帮。

——《歌谣中的觉醒意识》

一首湖南歌谣这样控诉日军的罪恶和百姓的苦难：

一字写一横，日寇真可恨，占了东北不停兵，还想占南京。

二字二横短，日机丢炸弹，占了上海心不死，还要占武汉。

三字有三条，日寇真残暴，进场就把房屋烧，百姓到处逃。

四字四只角，日寇真可恶，提我同胞砍脑壳，该下滚油锅。

五字一把连，日寇真凶残，捉到妇女要强奸，是些畜牲变。

六字头一点，南京真可惨，杀人杀了几十万，尸骨堆成山。

七字一个弯，日寇占武汉，兵马进到渔洋关，还要进四川。

八字八面合，省长叫薛岳，登位就把壮丁捉，百姓没奈何。

九字一个钩，中国要报仇，杀尽日军狗强盗，一个都不留。

十字穿心过，国民要联合，联合起来打日寇，日子才好过。

——《中国歌谣集成》湖南卷

1938 年 10 月，日军虽然占领了中国大片土地，控制了主要工业城市和交通线，但并未实现它短期内灭亡中国的计划，抗日战争由此进入相持阶段。在战略上形成拉锯态势的情形下，中国大地依旧一片灾难。1938 年 12 月，国民党副总裁汪精卫叛国投敌，1940 年 3 月 30 日，以汪精卫为首的一批民族败类在南京成立了伪国民政府，成为日本侵华战

争期间最大的帮凶。在沦陷区，日军不仅控制各种重要资源，征用大量
人力、物力，实施经济上的掠夺，而且还以各种名义对老百姓进行搜
刮，苛捐杂税累累，造成了社会生产力的破坏和民众生活水平的下降。
长白山一带民众讽刺说：

> 警察进村三不要：
> 马粪蛋子、死狗、裹脚条。
>
> ——《抗日歌谣》

太平洋战争开始后，日军战线越拉越长，为了应付战争的需要，加
紧了对中国民众的搜刮，沦陷区出现了普遍的饥馑和死亡。在城市，伪
政权实行所谓"户口米"制度，即粮食配给制。民众称：

> 配给配给，
> 配而不给，
> 等到配给，
> 饿杀断气。
>
> ——《中国歌谣集成》上海卷

上海的户口米制度从 1942 年年中开始实行。1944 年时，每人每年
的配给米为 86.75 市斤，每天约 2 两半。开始每人每星期可买白米 1
升、碎米半升，后改为 1 升碎米、半升白米，不久碎米又改为苞米粉。
这点口粮，不仅根本不敷需要，而且供应还十分紧张。为了买米，百姓
不得不露宿街头，通宵以待，即便如此，还有不少人无法买到，只能空
手而回。经历过这一场景的人们，无不对此留下难忘的印象：

> 东洋人害人不浅，
> 户口米少得可怜，
> 天黑漆漆就碌起，
> 拎了米袋去轧户口米。

几百人挤来又挤去，
大哭小喊闹翻天，
伪警察手里提藤鞭，
啥人吵闹就一鞭。

吓得小孩出眼泪，
挤得女人哭连天，
老头老太更可怜，
轧得上气不接下气。

轧了整整大半天，
只有买到一点点，
烧粥只能烧得稀，
哪能可以饱肚皮。
日子过得苦黄连，
永生永世不忘记。

——《中国歌谣集成》上海卷

日本帝国主义的殖民统治，使沦陷区成为惨无人道的世界。在东北，日军除了大量屠杀抗日分子外，还强迫当地百姓把较小的村庄合并为大村，清查户口，推行保甲，实施各种奴化宣传和教育，以加强控制。与此同时，各种社会罪恶则愈演愈烈，大烟、吗啡公开流行，烟馆、赌场、妓院鳞次栉比，随处可见。东北有歌谣谓：

"满洲国"成立一年又一年，
日本二大舅铁打下江山，
有升官的，有发财的，
还有狗腿给帮忙，
刮得百姓的血肉实可怜！

扎吗啡，吸大烟，

赌场、窑子开了个遍，

修警备路、姘府店，

叫你怎样就怎样，

不办叫你小命玩完。

——《歌谣》卷三第十三期

上海等地的情形也是一样，所谓"提携"、所谓"亲善"，都掩盖不了日本的侵略罪恶。日军占领期间，上海赌博风气极为盛行：

南洋桥和老西门，

这块地方不太平。

自从来了东洋人，

坏人当道害百姓。

赌台多得数不清，

西园、绿宝和同庆。

赌徒十输九不赢，

输了拼命想翻本。

屋里卖得煞拉清，

倾家荡产输干净，

最后悬梁一根绳，

不知害杀多少人。

——《中国歌谣集成》上海卷

在敌占区，除了日军与伪政权的欺压外，土匪势力也十分猖獗，百姓深受其害。崇明有歌谣：

鬼子恶胡闹，

姑娘勿睡觉，

> 土匪抢钞票，
>
> 粮户三上吊。

——《中国歌谣集成》上海卷

汪伪政权建立后，在日本人的指使下，为虎作伥，无恶不作。在其统治期间，以储备票为法定货币，并规定储备票与原国民政府时期的法币为 1∶2 的比率，实际上是对百姓的变相掠夺，民众对此最为不满。浙江民谣谓：

> 汉奸汪精卫，
>
> 钞票作储备，
>
> 一块当两块，
>
> 百姓叫皇天。

——《中国歌谣集成》浙江卷

上海也有歌谣称：

> 顶坏汪精卫，
>
> 钞票用储备，
>
> 一块抵两块，
>
> 海威勿海威，
>
> 碰着游击队，
>
> 扯得粉粉碎。

——《中国歌谣集成》上海卷

奸淫掳掠是日本侵略军最常见的行为，这类事情在沦陷区几乎不断发生：

> 鬼子鬼子真可恶，
>
> 抢人家东西，
>
> 还占人家老婆，
>
> 人家不愿意，

反骂人家不合作。

——《抗战歌谣》

为了"肃清"抗日分子，敌占区城乡居民出行均需携带所谓"良民证"，上面贴有本人照片，并注明年龄、户籍、职业等项，凡经过岗哨，都要拿出接受检查，并且鞠躬行礼。汪伪政权建立的各级基层政权和组织，更是胡作非为。警备队、特务队、宪兵队是对民众进行镇压和控制的军事工具，而新民会除了进行奴化宣传，还担负着检举反日言论和行为、维护治安的责任。山西长治、离石等地的民众，这样表达他们对伪政权的痛恨和嘲讽：

> 穷警备，富商会，
>
> 杀人放火特务队；
>
> 活阎王，宪兵队，
>
> 胡说八道新民会。

——《山西民间歌谣选》

汉奸之流，虽然在国人面前耀武扬威，但在日本人面前却奴颜婢膝，丑态俱现。他们与那些刚到中国的日本新兵即所谓"教育队"一样，都成了民众嘲讽的对象：

> 杀人吃二毛的特工队，
>
> 挨打受气的保安队，
>
> 吹牛的新民会，
>
> 吃不饱的教育队。

——《山西民间歌谣选》

在华北，日本侵略者推行所谓"治安强化运动"，对沦陷区以"清乡"为主，对游击区以"蚕食"为主，对解放区以"扫荡"为主。其"扫荡"作战，规模大，时间长，手段野蛮而残忍。有所谓铁壁式合围、梳篦式清剿、马蹄式堡垒战、鱼鳞式保卫阵以及惨无人道的毒气战，等等，每一次"扫荡"，民众都要遭受一次浩劫。同时，日本还在华北各地进行劳动力掠夺。据统计，1937—1942 年，被强行抓捕或诱骗为日本人服劳役的壮丁就有 500 多万，不少人还被送往日本，受到了残酷的剥削，甚至命丧异乡。

这是中华民族刻骨难忘的一个时代。

觉醒与抗争

日本帝国主义强加给中国的这场战争，给民众带来了极大的痛苦，但并不能泯灭他们的斗争激情。抗日战争初期，在湖南沅陵，有一首名为《打东洋》的说唱词：

> 别的且不说，列位你听着：
> 兴汉灭满人安乐，唱本亡日歌。
> 反正到如今，世界底太平；
> 中国能人多得很，又练国民军。
> 绘起地理图，各省修铁路，
> 火车装人无其数，风雨不停留。
> 火车真奇巧，果然兴得好，
> 机器一动自己跑，狗都赶不到。
> 汽车行得急，快如鸟儿飞，
> 一天能走千多里。
> 悬空有飞机，
> 飞机飞得高，好比鹰和鸟。
> 各省又把枪炮造，保全我同胞。
> 水有快轮船，能装人千万；
> 哪怕路隔千里远，快信有电报。

中国能人多，

小小日本动战火，平地起风波。

中国地方大，哪个也不怕，

日本好比井中蛙，怎得胆怕他。

倭奴多作怪，狼心狗肺胎，

满清贪官敲诈拐，勾引中国来。

自到中国地，通商做生意，

不凭本钱和交易，凭着用诡计。

洋人诡计多，卖的怪家伙。

他爱我国米麦窝，想破后脑壳。

打倒日本人，军民都齐心，

各省督军下大令，倭奴活不成。

全体来商议，与他绝交际，

见他百货抵制起，这才是正理。

大中华民族抗日救国大团结万岁。

——《抗日战争时期宣传画》

抵制日本货，倭奴断生活，
这种妙计胜诸葛，民众且安乐。
惟有东三地，百姓着了急，
吉林黑龙江先起，打倒日本帝。
日本要打倒，中国才得好，
强占我国定不饶。
主席马占山，他的胆量宽，
孤军抵抗好大胆，一人万副担。
孤军先抵抗，联络接后方，
各省兴兵前抵挡，日本着了忙。
中国把兵斗，倭奴遭劫灾，
中国全省斗三海，稳坐钓鱼台。
日本兴动兵，天运大不幸，
天降能人灭倭人，方可托成功。
师长主意妙，敌人中圈套。
山海关外安大炮，打死人多少。
倭奴死得多，尸骨如山血如河，
我国齐唱太平歌，居民都安乐。
师长冯玉祥，兴兵打后方；
各省军队前抵挡，倭奴着了忙。
飞艇几十架，他也难招架，
枪炮子弹往下打，吓得胆战麻。
打死人无数，尸骨堆荒丘。
中国全军扎海口，确定灭倭奴。
我国军队多，兵士斗山河，
师长督军齐联络，倭奴难逃脱。
哪怕倭奴怪，这边遭大害，
国家运兴扭转来，想快有多快。

民众乐心怀。

中国人民多，各省有联络，

中日交战无结果，倭奴命难活。

各省出榜文，打倒日本人。

这回兴兵严令紧，即刻不停留，

追赶出关外，禁止我国来。

中国自此除祸害，民众乐心怀。

上海兵船上，净是中国人，

各处关内扎得稳，哪怕日本兵。

他国少人民，我国同胞多得很，

各国都欢迎。

日本倭奴拐，这回难下台，

连打几仗遭大败，中国乐心怀。

中国得了胜，全军回转营；

军民全体多庆幸，民国乐太平。

——《西南采风录》

　　从词句和编排上看，我们相信，这篇叙事式的唱本是十足的民间产物。尽管民众对时局的认识并不清晰，但却已经感受到国家危在旦夕。打败倭奴，重新过上太平的日子，成为他们最普遍的愿望。在整个抗战期间，出现了大量的抗日歌谣。这些歌谣大多控诉日本的侵略行径，动员民众进行抵抗。比如对商人的号召：

大老板，大老板，

家中财产好几万，

自从沪变八一三，

敌机飞来甩炸弹，

我家高屋都炸坍，

分妻离子来逃散。

来来来，来来来，
一刹会变提破篮，
旧鞋旧袜破衣衫，
天冷风紧苦难堪，
夏天日晒黑如炭，
街街弄弄讨铜板。

来来来，来来来，
心中仔细想一番，
天天流浪做讨饭，
不如当兵拼一番，
上了火线把敌斩，
千年血债今朝还。

——《最新抗战歌谣集》

号召民众参加军队，保卫家园，是抗战初期歌谣中常有的内容。中国民众祖祖辈辈生活在脚下这块土地上，他们接受了祖先的遗泽，承继了祖宗的荣光，现在，保卫家乡就意味着捍卫祖宗的荣耀，以这种方式出人头地，对普通民众还是有吸引力的。一些叙事式的歌谣褒扬了参军立功的人，把他们称为光宗耀祖的英雄：

丁零丁零马来了，
西村阿炳归来了。
你来看，我来瞧，
身穿军装佩把指挥刀。
穿双黑皮鞋，
戴只黄呢帽；
胸前面，黄符号，
纪念章，挂一套，

亮晶晶，呱呱叫，

前年当兵去，

两载还没到，

一朝回家乡，

立下大功劳。

功劳大，把国保，

走在人前高三尺，

祖宗子孙都光耀，

人人都说当兵好。

——《最新抗战歌谣集》

更多的民众则在遭受了日军侵略暴行之后自发行动起来，投身到抗战之中。日本侵略军踏上他们家乡的时候，也就是抗争开始的时候。一首歌谣：

一个鬼子一根枪，

一逃逃到王家庄，

王家兄弟出来拿，

吓得鬼子学狗爬。

一爬爬到山窝里，

碰见一个打坡的，

打坡的，本领强，

把鬼子一枪打到后岭上。

先剁头，后剁脚，

留下身子打拼头。

——《抗战歌谣》

无论是大后方还是日军的占领区，无数民众的觉醒汇成了抗日的怒潮，也使国人看到了胜利的希望。借用传统歌谣的格式和词句，表达了他们保家卫国、支持抗战的心愿：

萤火虫，夜夜红，

公公挑水浇胡葱，

婆婆调糨糊灯笼，

儿子杀敌去投军，

媳妇织布兼裁缝；

生产在后方，

救国打前锋。

—— 《最新抗战歌谣集》

湖北鄂城、大冶一带也有这样的歌谣：

张打铁，李打铁，

打把大刀送九爹，

全民抗战

—— 《抗日战争时期宣传画》

九爹拿去杀妖孽。

说妖孽，道妖孽，
鬼子汉奸一群鳖，
不杀妖孽恨不泄！

——《抗日歌谣》

对敌人的诅咒，有时也会显现出近代民众原始的对外心理，也能够产生极大的号召力。一首歌谣谓：

天上一枚针，跌落无处寻，
地下东洋人，死得干干净。

——《最新抗战歌谣集》

这些抗战歌谣很多并不是出自于民众之口，而是有意识编写的宣传之作，但无论如何，在外敌入侵面前，中国民众朴素的乡土意识和民族意识正在被唤醒。东北的森林、华北的青纱帐、江南密布的河网、华南逶迤的山岭，到处都活跃着民众的抗日力量。他们痛恨那些闯进自己家园的侵略者，痛恨那些毁灭自己生活的敌人。抗日战争实际上成为民众捍卫吾乡吾族的生存和荣耀的一场战争，也成为中国民众伟大觉醒的见证。

一碗水，两碗水，打断鬼子两条腿！
一碗茶，两碗茶，打得鬼子学狗爬！
一碗汤，两碗汤，打得鬼子泪汪汪！
一碗酒，两碗酒，打得鬼子无处走！

——《抗战歌谣》

日军在战争初期的胜利使人们意识到中日两国在军事和技术上的差距，但在普通民众眼中，日本毕竟是一个小国，他们相信，拥有四万万人口的中国，只要大家齐心协力，就一定能够赶走敌人，收复国土：

> 两人一条心，
>
> 黄土变成金，
>
> 四万万人一条心，
>
> 不愁赶不走日本兵。

——《抗战歌谣》

国难当头的命运，激发了人们的抗争热情。同胞之理、兄弟之情将人们连在一起，军民一家人的宣传，就是要民众团结起来，共同应对侵略者的挑衅：

> 我是兵，你是民，
>
> 咱们本是一家人。
>
> 我扛枪上阵哪怕死，
>
> 你种地做工多热心，
>
> 军队收复失地，
>
> 百姓保卫乡村。
>
> 军人百姓，百姓军人，
>
> 大家一条心，
>
> 本是一家人。
>
> 我去流血，你去献金，
>
> 都是同胞，彼此不分。
>
> 都是兄弟，哪论军民，
>
> 咱们一条心，
>
> 打退日本人。

——《最新抗战歌谣集》

抗战不分男女，救国不分先后，武装奋起，为民族的自由与解放而斗争，是歌谣宣传的主题：

> 父老兄弟打游击，
>
> 姊妹武装亦奋起；

只为民族求解放，

老少男女齐努力。

村头守望设岗兵，

牵马壮汉更苦辛；

恐他沿途无水喝，

忙倒热茶向前迎。

小女隔窗说款待，

小儿亦说请家来；

同甘共苦如骨肉，

军民不分相亲爱。

到处表现皆如此，

仇人如何不败死；

大家还当更奋发，

最后胜利在近时。

——《最新抗战歌谣集》

揭露侵略者的恶行、鼓舞民众的斗志，是大后方歌谣中常见的内容。贵州歌谣有：

日本倭奴你莫诈，

来打中国不要活；

有朝一日你懊悔，

自搬石头自打脚。

——《西南采风录》

在另外一首贵州歌谣中，则强调不同身份、不同职业的人们共同努力，抗战到底：

抗战！抗战！

抗战到底！

有枪拿枪，

有笔拿笔。

四万万人一条心。

驱逐敌人，

收复失地。

—— 《西南采风录》

云南一首歌谣同样强调团结一心的重要：

倭寇骚扰中国境，

夺去一省又一省；

军民合作抗战

—— 《抗日战争时期宣传画》

中国有了团结心，
一致扑灭日本人。

———《西南采风录》

青海"花儿"唱道：

大马骑上枪背上，
老百姓个个打东洋，
收失地夺回沈阳，
打呀！打呀！
收失地夺回沈阳。

———《青海歌谣》

又有：

西宁城是四方方，
金盆养鱼的地方；
从军抗日上战场，
宁舍个命，
不舍个自己的家乡。

———《青海歌谣》

童谣中同样可见抗日动员的内容：

月光光，亮又亮，
鬼子来了莫慌张，
破根竹子做枝箭，
拿根木棒当枝枪，
鬼子钻到院子来，
你射箭来我打枪。

———《中国歌谣集成》湖南卷

抗日战争是中国民众民族意识觉醒的里程碑。在近代历史上历次对外抗战中，如此大规模地对民众进行政治动员，利用民众的力量挽救民族命运，是前所未有的情形。它不仅是这场民族自卫战争胜利的关键，也深刻影响了此后中国的历史进程。

号召民众奋起抗争，同时是对汉奸走狗卖国贼的谴责。在侵略中国的过程中，日本人到处收罗汉奸作为工具，实施所谓"以华治华"策略。一首歌谣警告人们不要上当：

> 劝同胞，莫上当，
> 做了汉奸没下场。
> 你是中国人，
> 怎能把敌帮？
> 敌人利用你，
> 抢夺你家乡，
> 家里被他抢到手，
> 一枪送你见阎王！
> 我劝同胞莫上当，
> 快快反奸打东洋！

——《抗战歌谣》

浙江的一首歌谣，同样劝戒人们顾全民族大义，不要以投敌、当走狗为荣：

> 鸟往明处飞，
> 人往高处走，
> 不当洋人奴，
> 不做日本狗。

——《浙江歌谣》

在沦陷区，充当侵略者帮凶的汉奸、伪警察之流，是百姓最痛恨的对象。他们或者是伪政府中的头面人物，为日本人摇旗呐喊，鞍前马后效劳，恬不知耻，或者替日本人四处征讨，勒索摊派民款，维持治安，欺压良善，劣迹斑斑，成为百姓经常咒骂的对象。东北地区有歌谣：

> 马粪蛋，
>
> 驴粪球，
>
> 卖国贼，
>
> 不知羞，
>
> 把国卖给东洋猴。
>
> 扒猴皮，
>
> 砸猴头，
>
> 割猴肉，
>
> 杀尽东洋猴，
>
> 满洲就到头。
>
> ——《抗日歌谣》

抗战时期，除了投敌的国民党军政要人以及社会上层的"失节"者外，在沦陷区还有大批地痞流氓甘愿为日本人做爪牙。他们充斥于敌伪特务组织、维持会、警察机构，出入于日本人所谓的各种"游行会"、"庆祝会"等场合。这些人被民众看做是仗着日本人势力欺压同胞的走狗，是出卖人格、数典忘祖的逆子：

> 老牛、老马，
>
> 记吃不记打；
>
> 汉奸、警察，
>
> 认鬼子不认亲妈。
>
> ——《抗日歌谣》

山东歌谣讽刺汉奸说：

> 汉奸队，
>
> 不吃香，
>
> 破袜破鞋破军装，

游击战

——《抗日战争时期宣传画》

见了鬼子打敬礼，

见了八路就缴枪。

——《抗日歌谣》

伪警察不算大角色，但同样为人们所不齿：

小楞鼓，

卜楞楞，

唱个歌，

给警察听：

你也是爹养，

你也是娘生，

为啥不学好，

偏要当孬种？

丢了爹娘脸，

对不起老祖宗；

你爹你娘都后悔，

不该生你这害人精！

——《抗日歌谣》

沦陷区民众遭受了蹂躏之痛，丧失了基本的生活自由，在混乱和恶劣的环境中，一日一日地承受着身心的煎熬。日本人所扶持的傀儡政权，毫无信任可言。东北民众这样诅咒伪满政府：

驴粪球，

马粪蛋，

兔子掌权鳖做官，

康德登极坐了殿。

金銮殿，

坐不稳，

王八兔子白喜欢；

金銮殿，

底儿朝天，

王八兔子乱一团；

推翻金銮殿，

满洲就玩（儿）完。

——《抗日歌谣》

为了彻底征服中国，日本人在沦陷区实行奴化教育，宣传所谓"大东亚共荣"、"中日亲善和平"之类的谬论。街道上悬挂着日本旗以及伪政府的五色旗，墙壁上刷着各类伪善的宣传口号，报纸刊物充斥亲日内容，教师、学生在课堂上要写亲日文字。然而，民众并不接受这种欺骗，东北歌谣说：

> 鬼子话，信不得，
>
> 鬼子气，受不得，
>
> 鬼子衙门进不得，
>
> 早晚他得挪挪窝！
>
> ——《歌谣中的觉醒意识》

　　在日本殖民统治下的通化地区，民众被强迫学习日本话，穿一种象征"日满协和"的协和服，并悬挂伪满洲国国旗五色旗，当地百姓对此普遍予以抵制，民谣谓：

> 日本话，不用学，
>
> 再过三年用不着。
>
> 协和服，不用做，
>
> 再过三年没处搁。
>
> 五色旗，不用挂，
>
> 再过三年擦屁屁。
>
> 警察狗，没羡头，
>
> 再过三年要你的狗头！
>
> ——《抗日歌谣》

　　抗战进入后期后，陷入战争泥淖的日本越来越露出衰相，低落的士气、厌战的情绪在军队中蔓延，这一切都被沦陷区民众看在眼里，山西寿阳一首嘲笑日军的歌谣说：

> 芜荽开花秆秆上绿，
>
> 日本人爬到城墙上哭，
>
> 警察问他哭什么？
>
> 啊啦哼嗨回不了他日本国。
>
> ——《山西民间歌谣选》

　　作为这一段历史的见证人，千千万万的中国民众在歌谣中留下了自己对战争的感受，并通过他们的好恶表达了对胜利的期望。正如我们所指出的，抗日战争不只是近代中国最艰苦、最持久的一场反侵略战争，也是中国民众一步一步走向觉悟的见证。在他们的歌谣中，流露出对家乡、对故土、对祖先的深厚情感，也流露出对国家对民族的初步认知。这种朴素的乡土意识和民族意识，使中国民众能够凝聚起来，最终赢得了一次伟大的胜利。

两种不同的感受

当战争灾难最初降临的时候，全民族的一致动员暂时掩盖了国内不同政治势力的各自诉求。20 世纪 20 年代，为了实现驱逐帝国主义、消除军阀的革命目标，初登政治舞台的共产党，与更早时期就已存在的国民党曾经一度携手，上演了大革命时代的激昂一幕。然而，双方在此后又成了互不相让的竞争对手。抗日战争的爆发为两党合作提供了又一契机，但却无法弥合两大政治势力之间历久愈深的裂隙。共产党在这场战争中的努力进取与国民党的表现，形成了鲜明的对比，也直接影响了民众的政治抉择。

> 起事学堂生，
> 打伙抽壮丁，
> 报纸日日胜，
> 南京归日本。
>
> ——《中国歌谣集成》浙江卷

抗战初期，国民党确实表现出相当的牺牲精神，在日军咄咄逼人的攻势面前，组织了几次大规模的英勇战役。然而，敌手的强大、对持久战争缺乏心理准备和必胜信念的国民党军仍然在短时间内一路溃败，丢失大片国土。官员玩忽职守、将士闻风而逃的现象不止发生过一次。在山东陵县，当误入歧途的 8 名日军骑兵到达县城时，有守土之责的陵县县长竟吓破了胆，带着全县的枪支、警察、保安队逃走，造成 8 名日军占领一座县城的奇迹。又如广州，当局在日军进攻前毫无布置，守军几乎未作抵抗，就将一座城市轻易送出。1938 年 11 月长沙城的付之一炬则更为离奇，敌人未到城下，地方官员竟以焦土抗战为借口，将整个长沙几乎烧了个干净。如此混乱情形，民众自然不满。浙江慈溪民谣谓：

> 天上炸弹，
>
> 地下汉奸，
>
> 东洋人造反，
>
> 老百姓受难，
>
> 蒋介石逃犯。
>
> ——《浙江民间歌谣》

这种描述大致可见百姓对国民党抗战一个侧面的印象。

1938 年 6 月，为了阻止日军西进郑州，合围武汉，依照蒋介石的秘密命令，国民党军队在郑州附近的花园口炸开黄河大堤，称为日军轰炸所致。滚滚黄水夺堤而出，数十万民众被淹死，上千万人无家可归，成为灾民。下面这首歌谣当然是后来所作，但它对这场灾难的叙述却是大体真实的：

> 淮河宽，淮河长，
>
> 提起淮河泪汪汪：
>
> 一九三八年，
>
> 蒋匪黑心肠，
>
> 炸开黄河花园口，
>
> 万里平原成汪洋，
>
> 淹了地，冲了房，
>
> 无衣无食逃四方，
>
> 爹爹冻死在破庙里，

> 孩子饿死在大路旁，
>
> 洪水害人如猛兽，
>
> 蒋匪比洪水更凶狂。
>
> ——《安徽歌谣》

在抗日战争期间，国民党政府及其领导下的军队确实表现出了英勇抗敌的一面，为民族利益作出了巨大的牺牲。但另一种情形也同样存在。国民党军队原本派系林立，抗战爆发后，各地土匪队伍、地方武装之类，只要表示抗日，就给予各种名目和番号，统统编入旗下，导致人员杂芜，良莠不齐，素质普遍不高。在浙江一带，国民党军队给民众的印象是：

> 五十二师吃干粮，
>
> 六十二师晒太阳。
>
> ——《中国歌谣集成》浙江卷

非蒋介石嫡系的部分地方军队情形更为混乱。当官的胡作非为，以升官发财为梦想，普遍存在着吃空饷的现象。当兵的忍气吞声，以活命逃跑为紧要，一遇战事就开小差。有歌谣谓：

> 师长团长，鸡鸭鱼肉还嫌赖，
>
> 营长连长，猪羊牛肉还嫌坏，
>
> 小兵兵们，沙子稀饭臭酸菜。
>
> ——《山西民间歌谣选》

这些军队装备差，缺乏训练，实力不济，战斗力孱弱。不少官兵甚至染有鸦片烟瘾，行军打仗，一杆烟枪是最要紧的"装备"。国民党第二战区司令长官阎锡山统率下的晋绥军，在当地百姓眼里是如此形象：

> 官比兵多，
>
> 洋烟杆子比枪多，

> 太太比马多，
>
> 跑了的比在的多。
>
> ——《山西民间歌谣选》

在民族大义的感召下，这些部队开上前线之后，也有奋勇杀敌之举，但也有不少不尽如人意的表现。有的遇敌不前，临阵退缩，有的则以掳掠、糟害百姓为能事，自然引起民众侧目。歌谣谓：

> 忠救军，嫖姑娘，
>
> 三十二旅扛烟枪。
>
> 突击营，逃得慌，
>
> 三十四军吃败仗。
>
> ——《中国歌谣集成》浙江卷

中央军作为蒋介石的嫡系力量，装备、待遇、后勤给养都要优于地方上的杂牌军队，但到打仗之时，一样不中用。河北有歌谣谓：

> 中央军，吃饱睡，
>
> 日本来了往后退；
>
> 中央军，吃饱蹲，
>
> 听说打仗腿转筋。
>
> ——《抗日歌谣》

抗日战争爆发后，国民党与共产党再度携手合作，共产党领导的红军改编为八路军、新四军，与国民党军队共同抗敌。在局部战场上，两支队伍的表现常有明显区别。1938年，日本鬼子九路围攻晋东南，数量庞大的国民党中央军、阎锡山晋绥军一触即溃，情形极为混乱，只有八路军和人民武装力量积极抵抗。民谣谓：

> 鬼子的飞机在头上扔弹，
>
> 中央军、晋绥军在地上乱窜，
>
> 八路军是实干，

> 决死队是帮办，
> 牺盟会在到处宣传，
> 老百姓拖儿带女在逃难。

——《山西民间歌谣选》

在山西民众眼里，日军、国民党中央军、共产党八路军的所作所为有显著的不同：日军所到之处，烧杀抢掠，无所不为，令人恐惧；中央军所到之处，不是拉夫，就是抓丁，百姓唯恐避之不及；八路军所到之处，则是积极发动群众，宣讲抗日道理，争取民众支持。山西陵川有歌谣谓：

> 鬼子来了是杀哩，
> 中央军来了是捉哩，
> 八路军来了是说哩。

——《山西民间歌谣选》

八路军坚持抗战，中央军四处制造摩擦事端，一般的杂牌军穿衣、吃饭都成问题，更谈不上到前线打仗了。在这种情形下，老百姓只有受苦受难的份儿了。歌谣谓：

> 八路军打倒日寇，
> 中央军到处捣乱，
> 杂牌军无衣无饭，
> 老百姓受灾受难。

——《现代民谣》第二辑

为了补充兵员，中央军最常用的办法就是抓壮丁，强迫青壮年入伍：

> 狗一叫，
> 头一伸，
> 不是保长，

就是保丁，

不是要钱，

就是抓人，

年轻人不敢在家蹲。

——《安徽歌谣》

民众对这种做法最为反感，而八路军招兵则让他们看到另一种情形：

中央军抓兵是五花大绑，

八路军扩兵是十字披红。

——《山西民间歌谣选》

国民党和共产党留给民众的不同印象，使人心向背发生着不知不觉地转移。在共产党的领导下，八路军、新四军以及人民武装进行了艰苦卓绝的斗争。他们深入敌后，广泛发动民众，开辟根据地，组织各种形式的游击战，不仅在战略全局上牵制了敌人，而且将敌人的后方变成了抗日的前线。1941年，日军动用了46万人用于对根据地的"扫荡"，占其在华北、华中、华南总兵力的75％；1942年，则动用了33万人，占其总兵力的63％。事实表明，共产党领导的人民武装已经成为抗战的主要力量。在太行山：

日本人，真不行，

缺少粮草和救兵；

天天钻在据点里，

心惊肉跳光念经。

白日想回家，

晚上怕雷崩，

哎哟哟，怕的就是八路军。

——《抗日歌谣》

在皖南，共产党领导的新四军有效地实施了对民众的动员，进行了英勇的反"扫荡"斗争，使敌人消灭新四军的图谋一次次地破产：

> 反"扫荡"，反"扫荡"，
>
> 不给鬼子一顿饭，
>
> 粮食背了走，
>
> 牛羊赶上山，
>
> 门上拴个手榴弹。

——《中国歌谣选》第一集

如果说抗战初期国民党表现出了积极的抗日态度，那么随着战争进入相持阶段，国民党的政策发生了潜在的变化。在对日抗战上逐渐趋于消极，开始把注意力转移到对共产党和八路军的扼制上来，试图通过不断的摩擦事件，抑制共产党的发展。在苏北盐城等地，国民党江苏省政府主席韩德勤不事抗日，一味制造摩擦事件，有"顽固"之名。当地民众用不同的"天"与"地"表达他们对国民党、日本人、新四军的三种态度：

> 韩顽固在此，
>
> 昏天黑地；
>
> 日本鬼在此，
>
> 没天没地；
>
> 新四军来此，
>
> 欢天喜地。

——《抗日歌谣》

在抗日战争进入相持阶段，国民党的抗战已经徒有其表，民众的不满情绪也在逐渐增长。在山西，第二战区司令长官阎锡山实行所谓"兵农合一"政策，以村为单位，将土地平均分成若干份，每3名壮丁编成一个互助兵农小组，其中1人为常备兵，入伍受优待，其余2人为国民兵，再与其他劳动力编成耕作小组，进行耕种。阎锡山将这套办法视为

"聚宝盆"，结果民众的负担普遍增加 50％以上，既无兵，又无农，民众对此抱怨说：

> 兵农合一聚宝盆，
> 聚来聚去没有人。
>
> 种田的人少了——地荒了，
> 打仗的人少了——跑光了。
>
> 地为什么荒？
> ——种地的吃不上；
> 兵为什么跑？
> ——不打日本，光打同胞。
>
> ——《抗日歌谣》

从辛亥革命时期担任都督开始，阎锡山就长期盘踞山西，周旋于各大军阀势力之间，时时以自保为念，多年来竟能安然无恙。历练既久，对苟安之术自然颇有心得，阎氏的抗战可谓别具特色。山西民众谓：

> 二战区号称十万，
> 行政干部家属就占一半，
> 剩下些娃娃老汉，
> 抗战八年，
> 站在黄河两岸。
>
> ——《山西民间歌谣选》

阎锡山和手下的赵承绶等干将，在民众眼里是这样一番落魄景象：

> 十个高干，哄的一个老汉；
> 阎锡山的队伍只有"十万"，
> 婆婆娃娃就占一半，

> 除了这个剩下都是老汉，
>
> 有几个后生混得吃饭。
>
> ——《山西民间歌谣选》

所谓"十个高干"，就是指赵承绶等人，"一个老汉"，指阎锡山。

在抗日战争最艰难的岁月，收缩在大后方的国民党政权表现出越来越腐败的迹象。政治上剥夺了民众有限的自由，经济上则是工商凋敝，百业不振，通货膨胀愈演愈烈，民众生活每况愈下，官员们巧取豪夺，大肆聚敛，猖狂投机，借国难而发财。抗战时期曾担任国民政府财政部部长、中央银行总裁等职的孔祥熙，以善于敛财而出名，一首讽刺他的歌谣是：

> 孔祥熙，大肚皮，
>
> 跑来跑去吹牛皮，
>
> 金子银子堆成山，
>
> 百姓饿剩骨和皮。
>
> ——《歌谣中的觉醒意识》

1944年，为了配合其南洋战场，日军发动了以打通大陆交通线为目的的"一号作战"，相继进攻河南、湖南、广西等省，数月之间，占领了包括4个省会在内的100余座城市、36个飞机场，约20万平方公里的土地，国民党方面损失50多万兵力，这是1938年以来国民党战场上最大的一次失败。然而，在花天酒地的后方，如何能听到几千万民众在日军铁蹄下的呻吟：

> 民国三十三，
>
> 日寇进湖南，
>
> 抓到老人来挑担，
>
> 抓到妇女就强奸。
>
> ——《中国歌谣集成》湖南卷

腐败已经渗透到国民党的肌体，成为无可救药的绝症。抗战结束后，在国共两大势力相互对峙之际，解放区民众对国民党统治区的腐败现象也多有讥讽。1946 年 4 月 21 日的《晋绥日报》曾经登载了一首《蒋家官僚守则》：

> 半点责任不负，
>
> 一句实话不说，
>
> 两面做人不耻，
>
> 三民主义不顾，
>
> 四处钻营不少，
>
> 五院兼职不多，
>
> 六法全书不讲，
>
> 七情感应不灵，
>
> 八圈麻将不够，
>
> 九流三教不绝，
>
> 十目所视不睬，
>
> 百口咒骂不怕。
>
> ——《山西民间歌谣选》

1946 年 6 月 14 日的《抗战日报》上，有一首《国民党军的画像》，活灵活现地刻画出抗战后期以来国民党军队中各色人物的形象：

> 参谋
>
> 平时说大话，
>
> 战时就害怕；
>
> 手拿红蓝笔，
>
> ——乱画。
>
> 副官
>
> 无事抄起手，

有事满街走；
专门作报销，
——揩油。

军需
钞票不离手，
会客交朋友；
一说要借钱，
——没有。

军医
平时吊郎当，
看病乱开方；
病人来住院，
——没床。

军械
枪械数不对，
炮弹满尘灰；
一说运军火，
——旅费。

军法
法律弄不清，
审案问人情，
有罪没有罪，
——用刑。

　　政工

　　男女搅一坨，

　　开会吹法螺；

　　到处贴标语，

　　——膏药。

——《山西民间歌谣选》

　　一个既没有道德感也没有责任心的政权，正在逐渐丧失它在民众心中本来就有限的威信。在大敌当前、民族危亡之际，国民党原本可以用全身心的抗战来最大限度地赢得人民的信任和支持，但它却作了错误的选择，结果必然导致人民的厌弃。对国民党和共产党来说，抗战的过程也是它们争取民心的过程，共产党人认识到了这一点，而国民党则没有——或者说它意识到了，却无法做到。国统区暗昧的政治与社会环境，不仅使国民党为抗战所作的种种努力显得苍白和缺乏说服力，也预示了它不祥的命运。

第七章
乡村里的革命

　　20世纪上半叶的中国历史，绕来绕去不能离开这样一个大题目，那就是为什么曾经一度统一中国的国民党在抗战之后短短几年间，就会失败于共产党。共产党人领导的革命，无疑是20世纪中国最伟大的一次社会变革。追寻这场革命的进程，我们会发现，共产党人的成功在于他们最有力地动员了中国民众参与革命。当千千万万的农民为改变命运而进行抗争时，没有任何力量能够阻止他们自我解放的进程。也正是因为如此，这场革命不仅跳出了历史上改朝换代的旧模式，也带来了中国社会天翻地覆的新变化。我们在这里要做的，就是从民众的角度论证这场革命的合理性，以及革命在民众眼中所具有的意义。

灰暗的乡村

　　在中国千百年历史上，农民始终处于社会最底层。自然的、经济的、政治的、精神的种种压迫，使他们陷于难以自拔的困境，无法摆脱命运的枷锁。20世纪上半叶的民国时代，国家政权与兵、匪、水、旱种种外在的挤压，使乡村社会呈现出普遍的贫困化，面临着空前凄惨的灾难。

在中国社会，土里刨食是最艰辛的职业。简单的生产方式意味着低下的劳作效率，难以承受的劳动强度、始终不见希望的生活前景，使民众在身体上和精神上都处于极为疲惫的状态。一首河北民谣说：

老百姓，流血汗，

一年到头忙不断，

又怕涝，又怕旱，

举家老少为吃饭。

风里来，风里去，

起早晚睡忙种田，

不敢吃，不敢穿，

辛辛苦苦又一年。

——《歌谣》卷二第三十五期

在中国，自耕农是农民的主体，但并不意味着他们在经济上取得了自主的地位。相反，由于地权的高度分散，一般自耕农所占有的土地往往十分有限。民间所谓"三十亩地一头牛，老婆孩子热炕头"的说法，在某种程度上只是一种奢望。人口的持续增加，使人均占有土地面积不断缩小。当时的一些社会调查可以给我们这样的印象，即北方一个自耕农家庭，大多只有10余亩土地，而南方则要更少一些。同样，"一头牛"也是一个很高的标准，由于资金的缺乏，很多自耕农家庭无法在生产资料方面进行更多的投入，除了几件必备的简单农具，根本没有任何畜力。

土地占有的有限，使一个农户的劳作除了维持自己和家庭的生活外，很少能有剩余。即使逢上一个好年景，市场又吞噬了他们的希望，唯利是图的商人成为农民的敌人，一年的辛苦在走上市场的那一刻就化为乌有。浙江嘉兴歌谣说：

稻头黄梢，

奸商磨刀，

新谷上市，

农民挨刀。

——《浙江歌谣》

那些将粮食囤积起来的商人，在来年青黄不接时再将粮食高价卖出，以获得高额利润。为了维持生产的延续和家庭的生计，农民不得不在低价时卖出，高价时买进，这成为民国时期乡村社会一种常态的交易，民众对此深有感受：

稻头见黄，米价大涨，

稻桶歇落，米价跌落。

——《中国歌谣集成》浙江卷

叶圣陶在《多收了三五斗》里讲述的就是这样的故事：一群获得了丰收的乡下"旧毡帽"朋友，满心欢喜于他们的好收成，以为该得透一透气，生活能够宽裕一点，有机会添置一些老早就一直在盘算的物件，结果碰上的却是米价的跌落，希望的肥皂泡迸裂了，市场把他们的梦想打得粉碎。但他们必须出卖自己的收获物，否则是无法完租、雇帮工、买肥料、还债，无法换回生活的必需品。有歌谣谓：

奸商好比老虎头，

两只眼睛骨溜溜，

望到船里谷舱头，

又点头来又招手。

经过奸商手一过，

一担谷子少二斗。

——《浙江歌谣》

就土地关系而言，民国时期的土地所有权确实有向大户手中集中的趋向，但表现并不明显。由于地权的分散，富户占有的土地也有限。尤其是比较贫瘠的地区，土地的集中程度可能要比我们通常想象的要低。河北庐龙的情形就是一例：

> 庐龙县，地面狭，
>
> 多山多水多白沙，
>
> 十几顷地称上户，
>
> 一两顷地也算富家，
>
> 再往上说地百顷，
>
> 全县之内难找他。
>
> 非山即是水，
>
> 何处宜桑麻。

——《庐龙县志》卷十

少地的农民为了生活，只能租种地主的土地，但他们也要为此付出沉重的代价。民国时期的地租以固定租额为流行，就是确定一个租额后，不论年成如何，租种者都要按额交付地租。因此，租地实际上意味着极大的风险，一旦发生天灾，或因为战争等因素带来收成缩水，租种者所得更是有限。青海的一首"花儿"唱道：

> 八月里到了麦上场，
>
> 学董乡老站满场；
>
> 鞭杆碰得升斗响，
>
> 一年的血汗装光。

——《青海歌谣》

对于租种他人耕地的农户来说，他们要把收获的好粮食交给地主，自己只能留下一些秕糠度日。河北阜平有歌谣：

> 一阵秋风一阵凉，
>
> 为谁辛苦为谁忙，
>
> 头场粮食归地主，
>
> 秕秕糠糠一冬粮。

——《河北歌谣》

由于土地的出产有限，少地的自耕农往往也要出卖劳动力，靠农忙季节从事短工性质的劳作来弥补生活费用的不足。为人佣工者有长工、短工之分。长工一般与地主订立一年的劳动合约；短工则是在农忙时受雇于人，不少人终其一生，就以此为谋生手段。短工的劳动报酬大都按日计算，有的管当天的饭食，但工钱就要相对减少。无论长工还是短工，报酬都是有限的，基本上只能维持当时的生活，而不可能为未来提供积蓄。山西有歌谣谓：

> 打忙工，一场空，
> 胀一夏，饿一冬。

——《山西歌谣》

夏天是农忙季节，雇工市场需求较大，所以还能够吃饱饭，而到没有农活的冬天，没有工做，就只能忍饥挨饿。为了追求效益的最大化，地主往往延长雇工的劳动时间，增加劳动强度，在雇主的直接监视下，这种缺乏积极性的劳动令人难以忍耐。广西一首瑶族长工谣：

> 老板好不好？骂人翻天。
> 田好不好插？石板加砖。
> 收工早不早？月挂天边。
> 吃得好不好？粗粮苦苋。
> 明年去不去？屙尿不朝那边。

——《中国歌谣集成》广西卷

塞北民谣称：

> 清早下地，夜晚归还，
> 三顿黍米干饭，
> 用尽了多少精力，
> 出透了多少血汗，
> 晒得皮肤漆黑，

满脸生烟，

末了，一百个铜圆。

——《歌谣》卷二第二十九期

在从事艰苦劳作的同时，他们的期望是：

糕软些，菜满些，

工钱大些，天短些。

——《歌谣》卷二第三十五期

但事实上，为了节约成本，地主又尽量缩减雇工的生活开支，尤其是食物的供应。饭食简单粗糙，甚至无法吃饱，是为人佣工者经常抱怨的一点。河北大名的歌谣：

饿死饿活，

不在财主家做活。

早饭喝的没米糊糊，

午饭吃的没豆窝窝，

晚饭下了几粒米，

扎个猛子摸不着。

——《大名县志》卷二十二

因为伙食待遇问题，雇工与雇主之间免不了情绪上的对立。有歌谣谓：

叫声雇工莫偷闲，

快快割草去磨镰，

多些好草你不割，

偏要割那杜李酸。

大牛不吃小牛看，

骂声雇工太不贤。

雇工回言莫轻贱，

因你没有好茶饭，

一斗谷子半斗糠，

蒸的窝窝生翅膀，

一飞飞到杨树上，

叫声窝窝快下来，

饿得我雇工甚心慌。

————《大名县志》卷二十二

这种情形在各地都是比较普遍的现象，山东临朐有歌谣谓：

要吃财主饭，

拿着命来换！

清晨早上坡，

插锄一枝剑；

晌午大犒劳，

俩人一瓣蒜！

使着老虎腔，

小钱不给换。

————《山东歌谣集》第一册

可以想见的是，迫于无奈而做雇工的人，很难有多大的劳动热情，有歌谣谓：

望望日头望望天，

望望烟囱可出烟，

烟囱出烟有饭吃，

日头落山有工钱。

————《歌谣》卷二第二十九期

安徽歌谣谓：

太阳下山洼里黑，

这个日工做不得，

早上又要起得早，

晚上又要做得黑。

做得黑，

三个铜钱还没得。

——《安徽歌谣》

在中国农村，男耕女织的生活模式有悠久的历史，家庭副业始终是经济的重要组成部分。在各种家庭副业中，纺纱织布占有重要的地位，是大江南北千百万农户农闲时期从事的一项主要经济活动。由于土地的不足，不少人家把劳动力投入家庭加工业和手工业，以补贴家用。年复一年，农民从事着这种艰辛的劳作，在河北著名的棉纺之乡高阳，有一首歌谣：

轧花难，轧花难，

五更早起三更眠，

血汗换来钱。

——《高阳县志》卷六

手工棉纺业最集中的江南地区，也有：

织布织布，布机叽叽咕咕，

织布织布，织女辛辛苦苦，

织出几丈白布，换得几升粗谷，

勉强饱了肚子，出门穿的破裤。

——《中国歌谣集成》上海卷

纺纱织布是乡村农户的传统经济活动，但缺衣少穿又恰恰是乡村极普遍的现象。民国时期农民的衣饰消费普遍处于很低的水平，极少人家能够保障四季衣物周全，衣不遮体者在乡村比比皆是。河北高阳的歌谣说：

　　穿什么好，穿什么好，
　　粗布做衣件件宝，
　　绫罗绸匹费金钱，
　　奢华不如俭朴好。

　　吃什么好，吃什么好，
　　蔬菜做饭碗碗饱，
　　山珍海错伤脾胃，
　　腥荤不如素食好。

　　住什么好，住什么好，
　　篷房柴门天天扫，
　　高楼大厦费工程，
　　奢华不如清洁好。

——《高阳县志》卷二

　　与其说这里表现的是民众对生活的一种价值观念，毋宁说是他们在无奈中的自我安慰。安徽的养蚕人同样有谓：

　　养蚕人，忙又忙，
　　又纺纱，又采桑，
　　饿着肚子做，
　　睡觉无时光，
　　结了茧，挑进行，
　　价钱随人讲，
　　卖了几个钱，
　　轮不到籴米买油盐，
　　早给债主逼精光。
　　不养蚕的穿罗纺，

养蚕人是破衣裳。

——《安徽歌谣》

一年到头辛苦劳作的农夫，很少有衣着光鲜的时候。塞北民众称：

庄稼活，真难做，

场光地净衣裳破。

——《歌谣》卷二第二十九期

不过，与没有足够的食物相比，穿衣还是次要的问题。在正常年份，民众一年的劳作仅能糊口，一旦年成不好，维持生活的难度就要大很多。事实上，即便是正常的年景，农民的食物结构中，麸糠之类也要占很大的比重。尤其在农事活动较少的冬季，一般农民家庭几乎都要靠这些食物度日。即使经济较发达的江南地区，也不能例外。江苏常州有歌谣谓：

冬吃麸皮夏吃糠，

春二三月草头汤，

饿着肚皮和衣困，

两个拳头垫肚肠。

——《吴歌》

无锡一首歌谣称：

春荒吃点薄粥汤，

夏忙夜里借黄糠，

秋苦青黄勒半穗，

冬寒剩个冷灶堂。

——《吴歌》

春天以薄粥果腹，夏天农忙时节还得讨借米糠，秋天等不到稻子黄熟，就已经勒穗而食，相当数量的民众一年之中只能维持这种半饥半饱的生活。一般而言，在夏秋之季，由于参加生产劳动的需要，农民家庭必须设法保证一定的食物供应，而到冬春季节，尤其是冬天，由于农事活动较为稀疏，农民就进入所谓"猫冬"的状态，尽量节衣缩食，减少食物消耗。所以，冬天几乎是每一个家庭都倍感艰难的季节。塞北百姓谓：

> 大雪霏霏下，
> 柴米要涨价，
> 娃要吃饭，
> 两口子要打架。
> ——《歌谣》卷二第三十五期

为了维持整年的食物需要，几乎每个农民家庭都必须精打细算，细粮在一年的食物结构中只占有限的部分，大多数时候则必须过"瓜菜代"的日子：

> 正月新年米饭香，
> 二月十户九户断口粮，
> 三月芥菜填饥肠，
> 四月大麦来接荒，
> 五月借米煎粥汤，
> 六月新谷要还账，
> 七月地里摘乌豇，
> 八月白菜拌饭汤，
> 九月萝卜毛芋尝，
> 十月番薯混过场，
> 十一月荞麦做糊浆，
> 十二月求借走他家。
> ——《中国歌谣集成》浙江卷

劳动所得的有限，使农民生活十分艰难，尤其在青黄不接的季节，情形就更为严重。在这种背景下，典当业和高利贷在农村十分流行。农民把暂时用不着的家具乃至衣物拿到当铺，换来眼下度日必需的生活费，待秋天收获后重新赎回。浙江宁波歌谣说：

> 大当店来小当店，
>
> 穷人当票当枕垫，
>
> 被头铺盖都当光，
>
> 再当当铺去当钱。

——《浙江歌谣》

周而复始的典当行为，剥夺着农民的财富，但不少人家的生活又难以离开当铺。民间有"饿死了莫典当，气死了莫告状"的说法。但对于很多人来说，如果没有当铺，他们根本无法熬过每年的饥荒时刻。为了度过眼前的困难，农民不得不把最后的财产送进当铺：

> 当铺门台三尺高，
>
> 黑漆牌子迎风飘。
>
> 老婆哭，孩子叫，
>
> 咬牙当了破被套；
>
> 破被套，吃不饱，
>
> 回来搭上破棉袄。
>
> 棉袄被套都吃净，
>
> 回来搬去缸和瓮。
>
> 缸和瓮，都吃完，
>
> 末了拿上镢和镰。
>
> 镢和镰，都拿上，
>
> 明年怎么种庄稼？
>
> 明年庄稼先别说，
>
> 眼前不吃没法活！

——《翻身民歌》

当铺之外，农户往往还不得不求借于高利贷。印子钱、驴打滚，这些名词在民国时期的乡村为人所熟知。尽管他们明了其中的利害，但迫于无奈，也只能如此：

> 印子钱，一还三，
>
> 一年借，十年还，
>
> 利滚利，年年翻，
>
> 一辈子，还债难。
>
> ——《中国歌谣集成》浙江卷

高利贷的结算方式，也大多有利于放贷者：

> 按月三分利，
>
> 利上加利算，
>
> 金子贵了金子算，
>
> 大米贵了大米算，
>
> 土丝贵了土丝算，
>
> 蚕豆贵了蚕豆算，
>
> 借了高利贷，
>
> 人家都要完。
>
> ——《中国歌谣集成》浙江卷

某些放贷者的不良行为，使借贷者在上当受骗之余，只能无可奈何地接受：

> 为人莫借印子钱，
>
> 一年借，十年还，
>
> 剩个尾巴算不算？
>
> "不欠，不欠！"
>
> 过上几年，脸一变，
>
> 又弄你三万五万。
>
> ——《翻身民歌》

高利贷成为农户沉重的经济负担，日夜相继的劳作都是为了偿还债务：

> 小小人家欠仔百两银，
>
> 年年加利加弗清，
>
> 早晨做到夜黄昏，
>
> 只好做来贴别人。

——《川沙县志》卷十四

　　出于生活的压力，民国时期乡村负债的农户要占到很大的比例。他们一年的奔忙，无异于为放贷者打工。按照惯例，每年年终是了结当年债务的最后时刻。对欠债者来说，年关就成了最难熬的日子：

> 张大嫂，李大嫂，
>
> 借给我件破大袄。
>
> 破大袄，不能穿，
>
> 赠给穷人去过年。
>
> 过年好，过年好，
>
> 讨债的来了怎么好？
>
> 卷了席，拔了锅，
>
> 这样的日子怎么过。

——《歌谣》卷二第三十七期

　　无可奈何的民众只能把希望寄托于来年，但最终得到的，只是一年一年的失望：

> 今年盼着明年好，
>
> 明年盼着后年好，
>
> 到了后年还是穿着破棉袄。

——《歌谣》卷二第三十五期

　　中国农业历来是靠天吃饭，在小农经济的背景下，生产能力的发挥相当程度上取决于自然条件是否有利。塞北有一首歌谣：

> 人忙天不忙，
>
> 迟早有一场，
>
> 会种不及天意，
>
> 天算地算不如菩萨算。
>
> ——《歌谣》卷二第二十九期

民众最希望的就是风调雨顺的年景：

> 老天爷，下透雨，
>
> 收下麦子供献你。
>
> 你吃面，我吃皮，
>
> 剩了麦糠喂小驴。
>
> ——《大名县志》卷二十二

　　然而，在民国时期的乡村社会，灾荒又是时刻悬在民众头上的利刃，对民众生活构成了最直接的破坏。有学者统计，1912—1948 年间，以县为单位，全国共遭受水灾 7408 县次、旱灾 5935 县次，虫灾、风灾、雹灾、地震、瘟疫等各种灾害也频繁发生，使民国时期成为历史上自然灾害比较严重的时期之一。连年的水旱灾害，自然界毫无顾忌的一次次肆虐，不仅戕害了人民的生命，也极大地破坏了他们的生活。每一次灾害出现，都是对民众的一次无情洗劫。农民不仅缺乏抵御灾荒的必要技术手段，也不存在实施有效救助的社会组织方式。在频率极快的自然灾害中，他们几乎没有喘息的空当。水旱交乘，在北方和南方都十分常见。比如在塞北：

> 小村庄，
>
> 一片衰落景象，
>
> 去年旱灾才过，
>
> 今年又是水荒。
>
> ——《歌谣》卷三第十三期

而在浙江绍兴，情形也很相似：

> 水涨怕溺，
>
> 水退怕干，
>
> 不溺不干，
>
> 还怕蝗虫飞来，
>
> 终日提心吊胆。
>
> 代人家，
>
> 种了活命仙草，
>
> 家里头，
>
> 只好薄粥三餐。

——《浙江歌谣》

同样是在浙江，一首记录 1922 年当地水灾的歌谣：

> 民国十一年，
>
> 大水没寮檐。
>
> 糠饭过过年，
>
> 草子透透鲜。
>
> 男人做长年，
>
> 女人哭坟前。

——《中国歌谣集成》浙江卷

自然灾害对民众生活的荼毒，远比这些歌谣的描写更为残酷。每当自然灾害发生，民众的生活节奏便陷入混乱状态。天灾的现实威胁，使民众始终怀着强烈的恐惧心理。山东宁阳的一首民谣中，描述了一场蝗灾降临之时乡村社会的情景：

> 飞蝗飞，
>
> 布蛹子跳，
>
> 急得庄稼老头上了吊！

小孩子哭，

大孩子叫，

家家户户真热闹。

——《山东歌谣集》第一册

胡适在讲到中国人对付灾荒的办法时说："天旱了，只会求雨；河决了，只会拜金龙大王；风浪大了，只会祷告观音菩萨和天后娘娘；荒年了，只好逃荒去；瘟疫来了，只好闭门等死；病上身了，只好求神许愿。"这种说法，一定程度上反映了那个时代的真实状况。面对自然灾害，他们只能面对苍天发出凄苦的呼唤。一首山西襄陵民谣：

天爷爷，地爷爷，

田禾苗儿旱死咧！

女儿哇哇饿死咧！

——《歌谣》第三十二号

云南昭通歌谣：

苍天苍天，

百姓可怜，

今晚下雨，

救活秧苗。

——《昭通县志稿》

除了这些之外，政府的政策也会构成对农民的伤害。20世纪20年代末30年代初，一次大规模的经济危机席卷西方世界。为了扭转这种不利的局面，美国政府以借款给南京政府为条件，将本国小麦、棉花转卖到中国，棉麦借款实施的1933年，中国大量进口美国棉花，对于同样受到国际市场冲击的中国农民而言，无异于雪上加霜：

谷太贱，农烦恼，

美国棉花又到了。

别恼，别恼，

一亩再入十吊。

——《歌谣》卷三第十三期

灾害的频繁发生，生产力水平的低下，使依附于土地的民众几乎没有任何出路。他们年复一年地辛苦劳作，只求维持最低的生活水准，只要有饭吃，就是莫大的一件幸事。而无良政治的现实背景，又使民众承担繁重的赋税，时时遭受兵匪的蹂躏，很难过上正常的生活。他们祈祷太平年景，期望苦难早日终结，但得到的却始终是失望：

租也重，税也重，

钱粮号草多要命。

又怕兵，又怕匪，

集头庙脑怕多嘴。

你烧香，我念佛，

盼着太平好过活。

今天盼，明天盼，

盼来盼去一场乱。

——《歌谣》卷二第三十五期

民国时代的中国乡村，展现的正是这样一幅图景。

基层结构：劣绅政治

在乡村经济始终处于凋敝状态的同时，民国时期基层政治结构的变化，又为民众增加了一重新的压迫。在传统的官—绅—民社会结构中，政治权力的运作是通过自上而下的皇权和自下而上的绅权共同完成的，国家政权只延伸到县一级，县级以下主要借助于民间绅权的合作。这种政权运作结构使基层社会的控制成本始终维持在一个相当低的水平，官僚队伍在数量上十分有限。然而，正如研究者们所指出的，当绅士这一阶层随着清末科举制的废除而趋于消亡时，民国时期基层社会的控制方式发生了明显的变化，国家权力出现了向下层社会延伸的趋向，由县到区，由区到段、乡，由乡到保，乡村政治组织的细密化，使国家逐步强化了对民众个人生活的干预。在云南曲靖流传的这首《十二月歌》中，我们或者可以体会到农民在国家权力介入其生活后的复杂感受：

> 正月里来是新年，政府起意丈量田。
> 九分就要量一亩，一亩就要八毫钱。
> 八毫还是做正款，又要三仙印花钱。
> 细账不可来打算，哪县不要几万钱。
> 二月里来是春分，政府起意修路程。
> 各州府县下命令，抽了多少老百姓。
> 好田好地通直过，不管房产并祖茔。
> 若有哪个不应允，官处王法不容情。
>
> 三月里来是清明，老小农民动工程。
> 挑的挑来挖的挖，处处修得一样平。
> 高山头上挖成漕，河沟修成大桥行。
> 又出钱来又出米，坑死多少百姓们。
>
> 四月里来正栽秧，田上地下一齐荒。
> 工程师来先传令，人民大家听端详。
> 田地荒了是小事，公路耽误事难挡。
> 若有哪个违误了，区乡间邻又遭殃。
>
> 五月里来是端阳，人民催在公路上。

富的做工不要紧，穷的做工哪个不心慌。
不料天气遭大旱，长河流水也不淌。
山中树木自落叶，五谷杂粮尽吃光。

六月里来大半年，只筑工程不卖钱。
离开家乡数百里，害得百姓不团圆。
哪个人民不受苦，又出夫来又出钱。
人民想来真伤惨，日日夜夜泪涟涟！

七月里来正立秋，催去人民挑石头。
白日挑的不算账，夜间又要铺石头。
城外百姓胆子小，挨死挨落苦到头。
城区百姓会打算，把路包给军队修。

八月里来八月八，人民想了难挣扎。
白日做的从不计，夜间不做就要罚。
只要许他几块钱，闭了眼睛不管他。
指导若是不得钱，又要骂来又要打。
九月里来是重阳，人民催在公路上。
又修公路又领照，人民敲得改模样。
曲靖有个康县长，未使人民遭大殃。
民众大家将恩报，送了德政转故乡。

十月里来十月到，政府主义打得高。
再把洋烟来断定，断了洋烟卖公膏。
公膏每月加一次，敲得人民好悲凄。
哪个不叫苦中苦，哪个人民不再吸。
冬月里来冬月冬，催了人民去做工。

白天一天苦到晚，夜间还做三点钟。

哪个人民不受苦，哪家屋子不敲空。

人民只喊苦中苦，周览团来又加工。

腊月里来整一年，人民不得去过年。

公路修了不成事，哪个手中有文钱。

香烛纸蜡无半点，哪个夫妻得团圆。

有人得志又得钱，苦了天下庄稼汉。

——《西南采风录》

国家权力的深入是否有效，一个重要的前提是基层民众是否承认这种新的政权运作方式。丈田、修路之类的活动对于地方未必不是好事，然而政府动员手段的缺乏，组织方式的生硬，尤其是对"使民以时"的政治伦理的背离，表明这种运作方式事实上还缺乏基本的经验。以强力推动乡村建设事业，不仅使民众难以认同政府的目标，而且由此还产生了对政府的抵触情绪。国家权力对民众的直接支配，打破了原有的相对稳定的基层社会结构，首先引发了民众的不安情绪。

学者们注意到这样一个问题，即在国家政权向下延伸的过程中，基层官僚队伍的素质极为低劣，其运作也极为低效。占据区长、段长、乡长、保长、庄长等等职位的，主要是那些有本领立足于混乱世道的乡村强人，也就是在民国文献中经常被称为土豪劣绅的那些人。一首描述这类劣绅的民谣：

一根文明棍你拿着，

二饼眼镜你戴着，

三炮台香烟你吸着，

四季衣服你换着，

五区老总你当着，

六圈麻将你打着，

七钱二分重银圆你花着，

八班衙役你通着，

九九归一你是什么人！

——《偃师县风土志略》第五编

接受儒家伦理教育的传统士绅，相对注重自身的道德操守，这有助于他们获得民众的信任，成为乡村社会的政治权威和精神领袖。但到民国时期，旧士绅群体不断萎缩，在不安定的社会环境下，居住乡下的士绅们往往也举家迁到城市，逐渐退出了乡村的社会生活与政治生活。由于国家在其政权向下延伸的过程中，本身根本不能为乡村提供足够的基层政治人才，唯一的选择就是借用当地社会控制资源。如此一来，那些在乡间横行无忌的土豪劣绅，就成为乡村政权的把持者，这成为民国乡村基层政治一个结构性的问题。山东章丘一首民谣：

衙门前，一群狼，

差役羔子，合县长；

区段庄长齐帮忙，

苦害民人太无良。

——《山东歌谣集》第一册

在民众眼中，这些区、段、庄长除了贪钱贪财，别无他长。至于地方公事，更是浑然不知：

区长呀，哈哈哈！

说你瞎，真是差，

来了大洋看见拿；

说你不瞎也不对，

来了公事你看不见字！

——《山东歌谣集》第一册

在国家权力系统的直接控制下，普通民众首先感受到经济负担的加重。官僚队伍人数的增长、国家机器的日益复杂和庞大，需要更多的财政支持才能保持运转。在军阀混战、外敌入侵、社会问题丛生的背景下，民众的压力与日俱增，远超出小农经济的负荷能力，民国社会捐税之多更胜以往。山东临清有歌谣谓：

> 中华民国大改良，
>
> 不是要漕米，
>
> 就是要钱粮，
>
> 要得人民大起恐慌。
>
> ——《中国近代反帝反封建历史歌谣选》

从北洋政府时代到南京国民政府时代，不少地方都出现过钱粮预征，提前一年两年、三年五年征收农民应纳粮款。与征税、摊派相伴随的，则是各级无良官员的逼迫。山东陵县歌谣谓：

> 县政府一开征，
>
> 乡里农民都吃惊；
>
> 衙役下乡带绳索，
>
> 说声没钱锁进城。
>
> ——《山东歌谣集》第一册

军阀不遗余力的搜刮，土豪劣绅的敲诈勒索，甲长、保长的巧取豪夺，重重压榨之下，使百姓难有喘息之机。四川歌谣谓：

> 军阀梳子梳，
>
> 豪绅篦子篦，
>
> 甲长牌头刀子剃，
>
> 收款委员来剥皮。
>
> ——《中国歌谣选》第一集

在山东章丘，民众甚至要靠典当来应付上面的派款：

> 这个年头不是玩，

> 庄户人家天天要拿钱！
>
> 没钱就得去当当，
>
> 孰知当铺不当棉！
>
> 三天以内拿不到，
>
> 区段庄长来揪俺；
>
> 请人说和又赔情，
>
> 还得格外再罚钱！
>
> ——《山东歌谣集》第一册

　　社会局面的混乱，地方政权的劣绅化，民众认同的有限，使国家政权体系并未与社会实现有机的契合。政府试图控制基层社会所作的努力，在民众的感受中变成了国家以及无良官员对他们越来越强大的压迫和剥夺。整个国家机器，尤其是基层政治设施运作的无效，使民众不断丧失信心。河北望都有歌谣谓：

> 衙门口儿向南开，
>
> 有理无钱莫进来。
>
> 现在北伐成功了，
>
> 公署换成政府牌。
>
> 从前弊病无少减，
>
> 种种暗昧更厉害。
>
> 我们宁作屈死鬼，
>
> 谁还敢打官司来。
>
> ——《望都县志》卷十

　　借助于国家的权威，劣绅变为乡村社会的头面人物，这使他们有了压榨民众的机会。在乡长、甲长、保长之流肆无忌惮的剥夺下，一般民众颇感痛苦。民国时期的乡村民谣中，此类内容极为常见：

> 乡长走一步，
>
> 家里多匹布；

保长走一步，

太太有条裤；

甲长走一步，

油水装满肚；

老百姓走一步，

眼泪打湿路。

——《中国歌谣选》第一集

浙江歌谣谓：

保长买田地，

乡长小皇帝，

甲长跑得脱骨皮，

老百姓天天喊无柴无米。

——《歌谣中的觉醒意识》

东北歌谣谓：

县长区长，金山银山；

乡长村长，米山面山；

保长甲长，老海大烟；

花户百姓，没吃没穿。

——《现代民谣》第二辑

土豪劣绅把持乡村政治的情形，在 20 世纪 20 年代已经表现得十分明显。也就是在这一时期，消灭土豪劣绅成为革命者的一个口号。然而，这一结构性的社会问题，无论是北洋政府还是国民党政府，都无力解决，随着时间的推移，还有越来越严重的倾向。特别是在国民党统治后期，随着国家政权的日益腐败，基层政治状况也越来越恶化。乡、村、保、甲长与各级大小官员的奢华生活，使民众不能不为之侧目：

甲长修新屋，

> 保长买田土，
>
> 乡长开银行，
>
> 县长起金库，
>
> 官吏越大钱越多，
>
> 坐起汽车嘟嘟嘟。
>
> ——《现代民谣》第二辑

广西歌谣称：

> 县长买田起屋，
>
> 乡长大鱼大肉，
>
> 村长奔波劳碌，
>
> 百姓抱头痛哭。
>
> ——《中国歌谣集成》广西卷

安徽歌谣谓：

> 当县长大开财源，
>
> 当乡长买马置田，
>
> 当保长大吃鸦片，
>
> 当甲长不脱零钱。
>
> ——《安徽歌谣》

至于乡、村基层政权的日常作风，则不外乎：

> 乡公所，炒炒煎煎；
>
> 村公所，喝酒抽烟；
>
> 刮得花户，扒屋卖砖。
>
> ——《现代民谣》第二辑

基层政治的劣绅化，是民国时期的政治顽症。乡村社会的无序与残破，与这一群体的胡作非为不无关系。土豪劣绅从边缘势力转变为乡村社会的直接支配者，颠覆了传统的秩序，使基层社会与国家权力的关系越来越紧张，将社会引向更加动荡之途。土豪劣绅控制基层政治，直接影响了民众对国家政权的印象，从而导致了他们对现存政权的不满乃至叛逆。从另外一个角度看，劣绅政治的存在，妨碍了政府对基层社会的真正控制，国家政权与民众之间巨大的阻隔，使国家政权的基础变得越来越脆弱，在表面的堂皇中，危险正在酝酿。

败落年代

乡村社会的破败和基层政权的劣绅化预示了国民党政治的前途。抗战胜利后的仅仅几年时间，国民党就在竞争对手面前土崩瓦解，成为它迅速败落的时代。

> 哈哈笑，胜利到，
> 唱凯歌，放鞭炮，
> 士兵吹起冲锋号，
> 哥哥喜，妹妹跳，
> 爸爸妈妈同欢笑，
> 街头挤满男和女，
> 大大小小看热闹，
> 今年我们胜利了，
> 今年我们胜利了。
>
> ——《抗战歌谣》

1945 年 8 月，中国人历时 8 年的浴血抗战终于取得了胜利，异族侵略者被赶走了，国土被收复了。然而，奔走相庆、沉浸在胜利喜悦中的民众，很快就看到了另一番景象。跃入他们眼帘的，首先是国民党接收大员的无耻。以接收名义从后方来到沦陷区的一批批军政官员展开了一场发财的竞争。在上海、天津、北京等大城市，其时流行着国民党接收大员的《五子登科》：

> 投机买卖金子，
>
> 抢占好洋房子，
>
> 穿漂亮的西服料子，
>
> 坐最新型的车子，
>
> 每天逛窑子。
>
> ——《北京的歌谣》

沦陷区民众在日本殖民统治时期，受尽了非人道的折磨，他们盼望着胜利，也盼望着安定的生活。但事与愿违，等待他们的却是一场灾难。当时国统区法币与敌占区伪币实际比价应为 1∶25 左右，但国民党政府则按 1∶200 的比率，对沦陷区百姓手中的伪币进行收兑，实际上是对民众的一次强行掠夺。安徽歌谣有：

> 今天巴，明天巴，
>
> 中央来了倾个家。
>
> ——《现代民谣》第二辑

百姓在破产，而那些身揣大量法币的接收官员则借机发了一笔大财。如果说经济上的掠夺毁了民众的家，那么，接收官员种种恶劣的行径则伤了他们的心。长春有歌谣称：

> 接收大员的生活——花天酒地，
>
> 他们不爱财——金天银地，
>
> 他们的政府——昏天黑地，
>
> 他们把长春闹得——翻天覆地，
>
> 惹得人民——怨天怨地，
>
> 他们走了——欢天喜地，
>
> 他们垮了——谢天谢地。
>
> ——《现代民谣》第二辑

沦陷区民众恨透了依附日本人为虎作伥的汉奸走狗，然而，不少汉奸在抗战结束后不但没有得到惩治，反而摇身一变，成了国民党军政官员的座上宾，成了曲线救国的"英雄"。亟待休养生息的沦陷区灾民遍地，而国民党官员不管不问，只顾自己发财：

> 汉奸走狗升官，
> 抗日军民坐监，
> 灾民死亡遍地，
> 大官乘机得利。
>
> ——《现代民谣》第二辑

抗战结束之初，躲在西南地区的国民党为了防止沦陷区地盘被共产党接收，曾经通过汉奸大量收编伪军，负责维持地方治安，等待国民党接收。有此等"立功"情节，加上不少投敌人员原本与国民党就有各种联系，等到查办之时自然就网开一面了。从1945年年底到1948年年初，国民党惩处了一大批汉奸，但仍有不少漏网之鱼。借惩办汉奸之名，国民党也乘机打击自己的异己力量。一首安徽歌谣表露了民众对此的不满情绪：

> 大江南，黑了天，
> 正义人尽拿完，
> 指为匪，指为奸，
> 或杀头，或坐监。
> 真正汉奸好几万。
> 快乐逍遥在一边。
>
> ——《现代民谣》第二辑

在后方"吃了苦"的官员们，把接收变成了"劫收"，当成了谋私利、发大财、图享受的机会。除了借机买卖金银、进行金融投机外，接收官员们平日的生活就是游戏吃喝，沉溺声色，纵情享乐。他们的形象，在沦陷区人们描画出的"三阳开泰"和"五子登科"图中清晰可见：

> 三阳开泰——
>
> 住洋楼，
>
> 吃洋饭，
>
> 发洋财。
>
> 五子登科——
>
> 换银子，
>
> 买金子，
>
> 上馆子，
>
> 嫖窑子，
>
> 玩戏子。
>
> ——《现代民谣》第二辑

与接收官员们一样，从后方开到沦陷区驻防的国民党军队也给民众带来了"胜利的灾难"。民众发现，以抗日有功自居的中央军，与汪伪时期名为和平救国军的伪军的作风并无区别，军队到哪里，哪里就不再太平。勒索抢掠，扰害百姓，各显其能：

> 说和平，
>
> 道和平，
>
> 和平来了不安宁。
>
> 说中央，
>
> 道中央，
>
> 中央来了一扫光。
>
> ——《抗日歌谣》

缺乏纪律的国民党军队充斥街头，如同一群群乌合之众。从军官到士兵，都给民众留下了恶劣的印象。北京歌谣称：

> 大军到，活丢丑：
>
> 将官满街走，
>
> 校官不如狗，
>
> 尉官三只手，
>
> 小兵扒墙头。
>
> ——《北京的歌谣》

东北歌谣称：

> 中央军来了三兴隆：
>
> 赌钱场，
>
> 大烟馆，
>
> 野鸡棚。
>
> ——《现代民谣》第二辑

山西歌谣有：

> 日本人来了害场病，
>
> 阎锡山来了要了命。
>
> ——《现代民谣》第二辑

与国民党军队形成鲜明对比的，是共产党领导的八路军和新四军。共产党军队朝气蓬勃，纪律严明，官兵团结，态度和蔼，注意自身形象，处处帮扶百姓，很快为民众所接受。两支军队、两种作风，给民众带来的是截然不同的感受。东北歌谣谓：

> 中央军来了截树，
>
> 保安队来了开库，
>
> 八路军来了扶助。
>
> ——《现代民谣》第二辑

又谓：

> 八路军来了，打土匪，
>
> 中央军来了，收土匪。
>
> ——《现代民谣》第二辑

八路军、新四军每到一处，都与百姓打成一片，深入群众，组织动员，经常以开会的方式进行政治宣传，"共产党会多"给老百姓留下了深刻的印象：

> 新四军会多，
>
> 中央军罪多，
>
> 保甲长费多。
>
> ——《现代民谣》第二辑

热河也有歌谣称：

> 中央军税多，
>
> 八路军会多。
>
> ——《现代民谣》第二辑

抗战结束后，国民政府接收了沦陷区绝大部分城市和敌伪资产。在最初时期，民众也曾经自发地拥上街头，欢迎胜利光复的后方官员和军队。在侵略军的刺刀下生活了八年的人们，渴望和平安定，真心希望国家能够从此走向复兴。但是，随着时间的推移，那些对胜利充满希望的人们，又对眼前的一切感到了深深的失望。民众发现，他们的处境并没有因为战争的结束而改变，物价在飞涨，捐税在增加，生活同样艰难而险恶：

> 盼天亮，
>
> 望天亮，
>
> 天亮以后样样涨，
>
> 百姓肚里闹饥荒。
>
>
> 盼天亮，

望天亮，

天亮以后捐税忙，

百姓个个泪汪汪。

盼天亮，

望天亮，

天亮以后多虎狼，

到处吃人到处荒。

——《山西歌谣》

抗战结束后，中国民众争取和平与民主的努力一刻也没有停止，然而，内战的阴云始终笼罩在人们头顶。蒋介石决意以军事手段解决共产党问题，以为只需三个月时间，就可以消灭共产党及其根据地。在表面上敷衍和平呼声的同时，暗地里则为内战进行周密准备。对国民党内部的问题，蒋介石应该有所意识，然而，国民党的失误也许就在于，尽管意识到这些问题，但军事上的优势格局对它更具诱惑力。抗战的胜利使蒋介石本人和他领导的国民党政府领受了民众的欢呼，陶醉于欢呼声中的国民党过分相信了自己的力量。而事实上，连年的战争和灾荒之后，国统区经济衰退，财政赤字庞大，民不聊生，人心厌战，尤其是多年来的一党独尊，使国民党已经严重透支了民众的信任，抗战后期以来官僚队伍迅速腐化的趋势，已经侵蚀到它的政治根基。1946 年 9 月 10 日，《晋绥日报》曾经登载了一首《国民党统治区生活种种》：

接收大员

没事公馆一坐，

太太有七八个；

成天戏院酒馆，

"真阔"！

特务

手枪插腰间，

进门买汗衫；

向他把钱要，

"没钱"！

警察

百姓没起床，

外边门声响；

妈的快起来，

"要粮"！

老百姓

饿了没粮食，

冷了没衣裳；

为啥没吃穿？

"抢光"！

　　　　　　　——《山西民间歌谣选》

　　腐败也体现在官僚体制的种种细节上。在国民党的各级行政机关，人浮于事的现象随处可见，上班无所事事，喝茶看报打电话，聊天写信会私客，公事马虎，作风因循，衙门气息十分浓厚：

迟迟上班签签到，

摆摆龙门说说笑，

理理抽屉磨磨墨，

写写私函看看报，

会会客人谈谈心，

解解大便撒撒尿，

打打电话喝喝茶，

马马虎虎办办稿，

等因奉此未完结，

匆匆忙忙下班了。

下午慢慢再来时，

还不就是那一套，

如此这般啥子官，

待遇却比人人妙，

我欲问天天不应，

天下公平事就少。

——《现代民谣》第二辑

地不分东西，人不分南北，官职不论高低，衙门不管大小，这种情形普遍存在于国民党各级政权机构。在甘肃泾源县，党部也好，参议员也好，除了白天黑夜抽大烟，就不曾干什么正经事：

甘肃有个泾源县，

十山九破头，

两股洪水往下流，

清官坐不住，

赃官坐到头，

党部参议会，

黑明烟灯底下睡。

——《中国歌谣集成》甘肃卷

上下勾结，损公肥私，贪污成风，贿赂公行，鱼肉百姓，官员以做官为发财捷径，有财权、钱粮权的职位是人人觊觎的肥缺。如此行径，只能招来民众冷眼相看：

金乡长，银仓库，

赶不上一个田粮处。

田粮处，不算富，

赶不上县府一秘书。

一秘书，还不算，

赶不上一个补给站。

——《安徽歌谣》

溜须拍马历来是中国做官第一诀窍，国民党官员中此风更盛，只要精通逢迎之道，伺候好顶头上司，自然有升官发财的机会。那些实实在在做人、埋头干事者，却因为不肯同流合污，有可能落到撤职丢官的境地：

吹牛拍马，官升财发，

埋头苦干，撤职查办。

——《现代民谣》第二辑

再看蒋家官员的"天"与"地"：

上任接印金天银地，

问起官事昏天黑地，

吃起饭来花天酒地，

闲着无事云天雾地，

下了台老百姓欢天喜地。

——《安徽歌谣》

大腹便便、不学无术的官员，以欺上瞒下为常态，两眼只识官、势、钱，手段仅靠吹、拍、蒙，礼义廉耻四维，独缺羞耻之心：

一身猪狗熊，

两眼官势钱，

三诀吹拍骗，

四维礼义廉。

——《现代民谣》第二辑

国民党的腐败，不仅为国内各界人士所抨击，来华的外国观察家也多有描述。身染沉疴依旧文恬武嬉、浑然不觉者，唯独国民党自家而已。1946 年 6 月底，从进攻中原解放区开始，国共内战正式爆发。在半年多的时间里，国民党在军事上还算大体顺利，侵占了解放区大小城镇100 余座，1947 年 3 月，占领共产党核心所在地延安。踌躇满志的蒋介石没有意识到，跳进战争泥淖的国民党再也没有上岸的机会了。一年的战争，共产党不仅没有被消灭，反而有大规模"蔓延"之势。到 1947年下半年，随着国民党大量有生力量被歼灭，形势已经发生明显的变化，共产党展开了全国规模的战略进攻，而国民党则陷入了前所未有的被动处境。

与战场上的失败相一致，国民党政权也在失去最后的人心。为了应付巨大的内战开支，国民党不顾百姓死活，竭力搜刮民财，故而又有"刮民党"之称。在山西，阎锡山的穷极盘剥被民众形容为：

> 阎锡山，刮地皮，
> 十八层地狱看见底。
>
> ——《歌谣中的觉醒意识》

巧立名目的掠夺，让山西民众躲无可躲，藏无可藏，活不得，死不得：

> 往西粮米贵，
> 往东棒子队，
> 活着不能过，
> 死了棺材贵！
> 顶不住阎锡山的印花税。
>
> ——《现代民谣》第二辑

为了掩人耳目，一向以"理论"见长的阎锡山还打着"合谋"旗号，在每县每村设合谋堂，以所谓民主的形式，召集百姓，聚敛财物。一次合谋不成，就再次合谋，直至剥夺殆尽。这种搜刮方式被百姓讽刺为：

> 合谋房子合谋地，
>
> 合谋箱子合谋柜，
>
> 合谋床席合谋被，
>
> 哪管你愿意不愿意，
>
> 你的东西都要合谋去。

——《山西歌谣》

盘踞甘肃一带的国民党军阀势力马步芳素有残害百姓之名，也是搜刮的能手。临夏回族有歌谣称：

> 麻布擦了油碗了，
>
> 马步芳把咱刮展了，
>
> 人杀了呀房点了，
>
> 吃饭时没面没锅没碗了。

——《甘肃歌谣》

在陕西，国民党征兵、征工、征粮、征款，引发了民众的强烈不满：

> 养下男孩是老蒋的，
>
> 养下女孩是工厂的，
>
> 挣下钱是保长的，
>
> 打下粮食是县长的，
>
> 挨打受气是甲长的，
>
> 享福作乐是官场的，
>
> 谁要不信，
>
> 请问联保主任。

——《现代民谣》第二辑

民房被征用，粮食被搜刮，壮丁被送进军队，人们几乎丧失了一切。如此情形下，他们只能愤而感叹：

房子是驻防的，

田地是保长的，

儿子是老蒋的。

——《现代民谣》第二辑

　　国民党军队原本纪律松散，给养不足，所到之处，搜掠民财就成了第一要务，甚至连锅碗瓢盆也不放过。听说国民党军队开到，躲兵的百姓都忘不了把这些吃饭的家什藏起来。山东歌谣说：

中央军来躲一躲，

锅碗瓢盆地下窖，

漆黑的天门锁上锁。

——《歌谣中的觉醒意识》

　　某些军队的行径甚至与土匪无异，绑票敲诈，奸淫掳掠，无所不为。江苏南通有歌谣称：

捉住伙计一万五，

捉住老板连房子估，

捉住青年队一锹土，

捉住姑娘光屁股。

——《歌谣中的觉醒意识》

　　在山东：

说中央，道中央，

中央来了苦难当：

能干活的修工事，

庄稼一片荒；

连狗带鸡吃个光，

家家驴马被抢光。

——《现代民谣》第二辑

在河南：

> 天见中央军，
>
> ——日月不明。
>
> 地见中央军，
>
> ——六禾不登。
>
> 人见中央军，
>
> ——有死无生。
>
> ——《现代民谣》第二辑

中央军变成了"遭殃军"，以这样的军队去打仗，如何能够不失败？有关国民党军队的一些歌谣，透露出这支军队的腐败：

> 小官上堂，大官起床；
>
> 小官飞行，大官进城；
>
> 小官上课，大官办货；
>
> 小官投弹，大官滚蛋；
>
> 小官站排，大官打牌；
>
> 小官打炮，大官睡觉。
>
> ——《现代民谣》第二辑

又有：

> 我们的连长，
>
> 光打麻将。
>
> 我们的排长，
>
> 光嫖婆娘。
>
> 我们的队伍，
>
> 吊儿郎当。
>
> 命令一下，
>
> 开到前方，

机枪一响，

打得精光。

——《现代民谣》第二辑

国民党在战场上节节败退的同时，国统区的经济危机也对国民党政权构成了巨大的压力。工农业的不断破产、巨额的军费开支、大小官员的聚敛，使政府财政处于极度的入不敷出状态，只能靠滥印钞票来应对。法币发行额由抗战前的 14 亿元，增加到 1946 年的 8 万亿元，再到 1947 年的 30 多万亿元，直至 1948 年 8 月的 660 余万亿。在货币发行量的剧烈增长中，甚至出现了 500 万面额的钞票。1948 年上半年，政府的财政赤字已经超过 900 万亿元，法币的币值甚至抵不上它的印刷费：

蒋介石，胡乱转，

一下一下把票子换。

野鸡红，不值钱，

忙了换成银圆券。

银圆券，没几天，

糊成扇子把凉扇。

——《中国歌谣集成》甘肃卷

货币的贬值和物价的飞涨，成为国统区民众的噩梦。1948 年 8 月 19 日，国民党实行币制改革，定额发行金圆券 9 亿元，以 1：300 万的比率收回法币，但金圆券很快又告崩溃。没有人敢信任金圆券，钱一到手便纷纷上街采购。这种情形在各地都能看到：

手拿金圆券，

双脚急喀窜，

上街到下街，

跌了一大片。

——《中国歌谣集成》浙江卷

发行金圆券的同时，国民党政府颁布限价政策，收兑私人手中金银及外币，根绝投机。为此，蒋介石派其子蒋经国到上海进行督导实施，惩办奸商。但当这一举措涉及最上层人物的利益时，金圆券政策也就走到了尽头。1948 年 11 月 1 日，国民政府正式取消了限价，物价又开始了新一轮飞速上涨：

> 发行金圆券，
>
> 真是瞎扯蛋。
>
> 拿来一万块，
>
> 买不到二斤棒子面。
>
> ——《北京的歌谣》

至此，金圆券几乎与废纸无异，物价一天数涨，货币急剧贬值：

> 金圆券，满天飞，
>
> 钞票到手准吃亏，
>
> 上午能买一担米，
>
> 下午只买半担灰。
>
> ——《中国歌谣选》第一集

当国统区的危机无可挽回的时候，国民党失去了民众最后的信任。人心思变，民众在心理上已经接受了共产党。山西太原一首歌谣：

> 二四风调雨顺，
>
> 二七国泰民安。
>
> ——《现代民谣》第二辑

二四指"八路军"，二七为"毛"字，借指毛泽东。

共产党人没有想到，胜利会来得如此之快。从 1948 年 9 月到次年 2 月，在东北、华东、华北战场上先后展开的辽沈、淮海、平津三大战役，决定了共产党在军事上的最后胜利。1949 年 4 月，国民党拒绝了最后一次和平机会，同时也为它统治中国的历史画上了休止符：

蒋介石，

大坏蛋，

拒绝投降打内战。

毛主席，

命令传，

百万雄师下江南。

解放军，

一上岸，

反动王朝就完蛋。

——《中国歌谣选》第一集

最终在中国成功的，是共产党人。

翻身的日子

土地是中国农民几千年梦寐以求的理想，小生产者向往中的理想社会，首先就是一个平均地权的社会。历朝历代揭竿而起的起义者，往往利用农民对土地的渴求，以分配土地的许诺作为社会动员的手段，从而掀起革命的狂飙。在共产党的革命历史上，解决乡村土地问题一直是最基本的目标。当国共两党在军事战线上进行殊死搏斗的同时，一场影响中国最大多数人口命运的土地革命也在解放区拉开了序幕。这场波澜壮阔的运动，为共产党革命的胜利奠定了坚实的根基，也成为中国农民解放运动的最高潮。

尽管农民有分配土地的意愿，但要完成这场革命并不是简单的事情。千百年来，地主占有土地被视为理所当然，共产党首先的工作，就是动员农民，使他们有获得土地的勇气，这是土地改革的第一步。地主的不劳而获被认为是不合理的：

> 河里水长流，
>
> 谁挑归谁有，
>
> 土地本无主，
>
> 谁种归谁收，
>
> 地主不生产，
>
> 租粮是白赚，
>
> 耕者有其田，
>
> 才是理当然。
>
> ——《翻身歌谣》

耕者有其田的主张，在中国农民中有深厚的号召力。在革命者的引导下，农民认识到，他们长年累月的劳作所得都进了贪婪的地主的腰包，这种不公平的状况应该改变：

> 大肚子，滴溜圆，
>
> 里头盛着银子钱。
>
> 银子钱，一口吞，
>
> 毁了多少庄户孙。
>
> 庄户孙，苦力干，
>
> 一年到头流血汗。
>
> 流血汗，有多少，
>
> 地主的肚子没个饱。
>
> ——《翻身民歌》

对农民而言，阶级对立的道理可能不容易理解，但对地主不劳而获的指责，却很容易赞同。"要想吃饱饭，须用汗水换"，这是中国农民生活经验的总结，也是对自身劳动价值的肯定。他们认为，只有劳动才能创造财富，付出多少辛苦，就能得到多少回报。对于社会上不劳而获、游手好闲之徒，农民有一种本能的厌恶。即使是那些上层社会的劳心者，由于他们不从事直接的生产活动，也往往是农民的嘲笑对象。湖南歌谣谓：

> 莫夸你有才有学，
> 莫显你有势有钱；
> 没有我佃户种田，
> 饿得你两脚朝天。

——《中国歌谣选》第一集

这种财富观和劳动价值观，为中国民众所广泛认同，除了躬耕田亩，他们很难承认任何其他获取财富途径的合法性。革命者深切地体会到这一点，以是否劳动为标准，确立了分田分财的原则，同时也论证了剥夺地主土地的合理性：

> 不管你钱多像小山，
> 不管你地多没有边，
> 只要你是不出劲，
> 吃穿不该留你份。
>
> 不管你钱少空两手，
> 不管你地少没处走，
> 只要你肯出力干，
> 就有你的衣和饭。

——《翻身民歌》

占有土地的地主四体不勤，不用劳动就能享受好生活，因此是不合法的。他们拥有的一切，都是由为地主佣工的人们所提供的，是佃农养活了地主，而不是地主恩赐佃农。这种思想动员方式非常有效。安徽巢县土地改革中一首歌谣：

不下地，不动弹，

靠着租子来吃饭；

不担水，不拾柴，

租子银钱白得来；

风不吹，日不晒，

坐在家里看纸牌；

好吃好喝好穿戴，

受苦受累佃户挨。

——《安徽歌谣》

与地主的安逸相对比，终日劳作的农民则处境艰难，这种不平等现实进一步证明剥夺地主财产的合理性：

吃的什么？瓜菜豆渣。

喝的什么？清水白茶。

穿的什么？破衣烂麻。

住的什么？墙倒屋塌。

做的什么？如牛赛马。

挣的什么？星点没拿。

为的什么？在人手下。

怕的什么？连打带罚。

盼的什么？翻身发家。

光盼不管用，

组织起来和他碰。

——《翻身民歌》

放手发动群众，让千百万农民实现自我解放，废除地主土地所有制，彻底取消封建剥削，是共产党土地改革的基本指导思想。土地改革是一项十分细致的工作，发动农民和地主算账——算租、算剥削、算霸占、算侵吞、算敲诈，清算后由地主以土地偿还，是不少地区曾经采用的土地改革方式。在这种清算过程中，因为乡村抬头不见低头见的情面关系，或者宗族、亲戚的关系，农民可能抹不开面子，革命者以实例进行讲述，鼓励农民不要顾及所谓的人情和地主小恩小惠的拉拢：

听到门外狗乱咬，
披起小褂往外跑，
迎头碰上张老三，
深更半夜把我找。
给我三升秕糁子，
给我一件破棉袄，
把我心里吓一跳，
你怎么今天这来好？

听他开口怪周到，
乡里乡亲多打搅，
你用什么向我要，
咱俩可别把工找。

一听此言明白了，
原来你想多换少，
倒出你的秕糁子，
扔出你的破棉袄。

从前借你一块钱，
求你三天求不了！
今天你来找上门，
内里机关天知晓？

> 穷人嘴里莫讨饶，
> 穷人身上莫讨巧，
> 大伙的事情大伙办，
> 咱不当家你别恼！
>
> ——《翻身民歌》

　　引导农民回忆地主取得土地的方式，并认识其中的不公平，也是思想动员的一个主要手段。革命者指出，田地是劳动所开，耕者有其田天经地义。地主土地的取得，是通过种种卑劣手段——或者是做官刮民发了洋财，或者是利用权力强行占有，或者是灾荒之年乘人之危买进，或者是因为穷人欠债而被抵押。总之，地主获得土地的方式不道德，也不合理：

> 田地哪里来？
> 本是劳力开，
> 劳力人人有，
> 土地不用买卖。
>
> 自从有地主，
> 他会发洋财，
> 做官刮地皮，
> 做贼将人害。
>
> 当了统治者，
> 划地为边界，
> 彼此贫穷人，
> 低头把苦挨。
>
> 碰上大荒年，

穷人把地卖，
谁能有钱买？
还得找老财。

穷人越发穷，
地主越发坏，
租种利钱高，
逼死你活该。

穷人没出路，
越穷越欠债，
田地被押走，
老婆也出卖。

土地哪里来？
劳动造世界，
出力反受苦，
懒汉好痛快。

要想真平等，
世界翻转来，
穷人组织起，
恶霸就倒台。

——《翻身民歌》

农民丧失土地的事例，常常被编进歌谣，借以向群众说明地主的恶行。因为无法清偿债务，最后导致土地易手，是不少人丢掉土地的一种方式：

回想那一年，

怎样没算计，

借了王四十吊钱。

一年一年还不起，

地主拿条竹竿，

跟着我要红契，

春天我还去送粪，想着耕地，

地主王四和他的狗腿子，

给我打断了犁耙，

撕破了皮，

天哪，还说我自己愿意！

——《翻身民歌》

某些特殊的情形，比如在一场赌博中遭到算计而失去家产，也是对地主和狗腿子进行控诉的材料：

佃户老张，有个穷癖，

好赌钱，好掷骰，

光出幺点不出色，

输了钱，赔了本，

白白葬弄了小家底，

你说这是谁捣的鬼？

不是别人，

大地主和狗腿！

——《翻身民歌》

一般来说，地主因为其经济地位，往往是当地社会的头面人物，农民由于自我心理上的卑微，出于怕地主报复的担心，或者各种各样的其他因素，开始时不能进行坚决斗争。土地改革工作者主要的做法就是号召穷人站在一起，结成团体，以打消他们的顾虑，鼓起斗争的勇气：

赛过钢，赛过铁，

农民今天大团结。

不怕地主凶，

拼上和他裂，

他的肮脏事，

大胆和他揭，

低头才算完，

不低永不歇！

——《翻身民歌》

在战争环境下，不少地方土地改革经过了一个反复争夺的过程。一些穷凶极恶的地主散布谣言，恫吓群众，甚至勾结土匪和国民党军队，组织武装暴乱，暗杀土地改革积极分子。有的地主留下变天账，将被分土地、农具和各种财产留底保存，以待将来反攻倒算。在这种情形下，号召民众团结一致，坚定立场，就显得十分必要：

赛过银，赛过金，

农民今天一条心。

不怕造谣言，

不怕中央军，

团体抱得紧，

大家有信心，

团体永不散，

天晴永不阴。

——《翻身民歌》

土地改革过程中，以诉苦方式进行的思想动员，涉及民众生活多方面的情景。在人多地少的背景下，一些地区佃农租种土地往往颇费周折。有时为了租地，农民要给地主送礼，求人说情，地主租地给他们被看成是格外的恩赐。为了巩固这种关系，佃户逢年过节还要通过拜年等

方式，与地主套近乎，以博得对方的好感。这种事情，确实让佃户感到
羞辱。在对地主的控诉过程中，类似的细节往往被发掘出来。比如：

> 杏儿圆，桃儿尖，
> 我给地主去送鲜，
> 桃杏甜又甜，
> 小孩怎不馋，
> 有心留几颗，
> 又怕地主揭了锅。
>
> 大公鸡，会打鸣，
> 我给地主送人情，
> 地主整天吃鸡肉，
> 穷人成天没荤腥，
> 有心待不送，
> 又怕明年没地种。
>
> ——《翻身歌谣》

又如：

> 小点心，圆又圆，
> 我给地主去拜年，
> 地主点心嫌不好，
> 穷人糠皮吃不饱。
> 有心不去把他求，
> 又怕地主大抹头。
>
> ——《翻身歌谣》

土地改革以贫农为依靠力量，乡村赤贫者是主要的动员对象。那些
一无所有、靠佣工生活的人群，最容易受到革命情绪的感染，因此，发
动雇工揭露地主的压榨之苦，对群众也能起到激发作用。在地主的监督

下，雇工从事繁重的劳作，但待遇却极为恶劣：

> 饿死饿活，
>
> 别给老财做活，
>
> 七天的饼子，
>
> 八天的窝窝，
>
> 要点咸菜，
>
> 白菜疙瘩，
>
> 要点烟抽，
>
> 豆叶搓搓，
>
> 你在前面干活，
>
> 他在后面哆啰。

——《河北歌谣》

即便如此，地主对雇工还要百般挑剔，一般只雇用能做活计、年轻力壮者，长工一旦年纪大了，手脚不再灵便，就会被踢出门，生计毫无保障：

> 老汉不要，
>
> 小孩不要，
>
> 三四十岁，
>
> 扛活正好，
>
> 做的活多，
>
> 做的活好，
>
> 不歇晌午，
>
> 起明打早。
>
> 早晨担水，
>
> 晌午铡草，
>
> 上了年纪，
>
> 人就不要，

> 赶出门来，
>
> 饿死拉倒，
>
> 不如主家毛驴一条。
>
> ——《翻身歌谣》

雇工除了从事田间耕作外，其本人以及家庭成员往往还要听从地主的种种役使，这些额外劳动和地主对雇工人格的侮辱，最容易引发雇工的不满。在革命者的启发下，过去习以为常的日常生活细节被抖搂出来，成为雇工们控诉的内容：

> 种地人，
>
> 有多难，
>
> 拿咱不值个尿泥钱。
>
> 有名字，
>
> 他不叫，
>
> 不叫老四叫老三，
>
> 男东家，
>
> 叫爷爷叫叔叔，
>
> 女东家，
>
> 叫奶奶叫婶子，
>
> 日他姐！
>
> 还嫌叫得不口甜。
>
> 前几年，
>
> 土匪乱，
>
> 东家逃难到曹县，
>
> 东家放个屁，
>
> 就该伙计腿跑断，
>
> 来回百十里，
>
> 就叫黑夜窜，

不说话，

不管饭，

累饿与他不相干，

一点不高兴，

就把脸来翻，

"要嫌累，

你别干，

屎壳郎搬家快滚蛋！"

咱要不是怕挨饿，

日他奶奶给他干。

推东家，

走亲戚，

那是佃户的家常饭，

高岗下洼推不稳，

骂你瞎子不睁眼，

他不想，

车绊还压着人的肩，

挨了骂，

不敢哼，

一口唾沫肚里咽，

亲爹亲娘该怎样？

儿推累了娘可怜。

路难走，

哀告他：

下来地上走走吧！

眼一瞪，

真难看，

葱地里放枪别打蒜。

东家要看戏，

伙计也得去，

推大人，

推孩子，

把他们推到戏台底，

小东家，

看不见，

还得扛上咱的肩，

小东家，

娇养惯，

抱着他，

到处玩，

到晌午，

该吃饭，

又要咱——

豆秸上的狗屎掏一边。

提起来，

光生气，

过去的熊事说不完。

——《翻身歌谣》

在按阶级站队的土地改革语境下，这些日常琐细的役使事件具有了说明阶级压迫与剥削的例证意义。长期处于社会底层的农民，为了生存而放弃了做人的尊严，这种积郁情绪的宣泄，象征着民众人格意识的觉醒。再如这首《叫名》：

地不塌，天不掉，

穷人到老没大号，

七老八十白了头，

还是小狗小猫随便地叫。

石榴花，红又嫩，

地主生来有身份。

老爷少爷要叫得亲，

大名小名都犯禁，

谁敢叫叫地主的名，

顶少也要打一顿。

——《现代民谣》第一辑

过去受惯了地主的讽刺挖苦，现在则是对地主的嘲弄。这种嘲弄行为的意义在于，千百万民众已经摆脱了受压迫者的卑微心理，在精神上站立起来了：

大地主，娶四房，

四房没养个好儿郎。

养了个儿郎好面善，

不像老爷像觅汉（长工）。

——《翻身民歌》

对地主的斗争会，同样象征着农民在精神上的解放。地主的体面威风扫地，觉醒后的农民意气昂扬，挣脱了精神枷锁的民众成为农村革命最有力的推动者。过去人前矮三尺，今日头要扬三寸：

地主欺了咱百辈，

咱才斗了他一会，

过去他喊咱二小，

今天咱叫他二小，

过去他叫咱当地方，

今天咱叫他跑穷腿，

过去怎样，

今天怎样，

> 大不一样，
>
> 就是他在下来咱在上。

——《翻身歌谣》

客观地说，这里所引用的歌谣，大多应该是共产党土地改革工作者为发动群众而制作的宣传之词。我们承认这些歌谣的工具性意义，但同样也要承认，它确实表达了那一时代场景下的民众情绪。

在土地改革过程中，土地以及房屋、农具、粮食、衣物、现金等地主财产的分配，一般是按照乡村人口中的贫困程度进行，首先保障贫雇农的利益。分配财产之前的一项工作是发动群众抖家底比穷。比穷的目的，一方面是要尽量使财富分配更合理；另一方面也使群众进一步体会到，穷根就是不平等的土地制度：

> 我比你穷，今天数我穷，
>
> 屋内四角空，吃穿都没有，
>
> 就是有盏灯。

> 我比你还穷，居住一破窑，
>
> 少吃无有烧，什样都没有，
>
> 就有一个瓢。

> 我比你更穷，天下一个屋，
>
> 明月一枝烛，枕着胳臂睡，
>
> 铺着生肢骨。

——《现代民谣》第一辑

不同人家的贫困程度，由众人公议确定，以最大限度地保证土地与财产分配的合理性：

> 说穷都是穷，穷与穷不同，
>
> 今天开个会，穷里还找穷。

> 这次分成果，先要填穷坑，
>
> 果实分完了，今后不受穷。
>
> ——《现代民谣》第一辑

从 1946 年到 1950 年春，在解放战争进行的同时，前方打仗，后方分田，华北、东北、西北及山东、苏北等地区的土地改革大致完成。从 1950 年秋天到 1953 年春，华东、华中、西南及西北等新解放地区的土地改革基本结束。至此，封建土地所有制正式宣告终结，这成为中国历史上最壮观的一次农村社会变动。经过土地改革，数以亿计的中国农民获得了土地，摆脱了多年来受压迫、受剥削的命运，一个天翻地覆的世界变成了现实：

> 天晴了，
>
> 雨停了，
>
> 恶霸变成狗熊了。
>
> 天亮了，
>
> 样变了，
>
> 穷人起来算账了。
>
> 太阳出山啊！
>
> 穷人好心欢啊！
>
> 组织起来把身翻啊！
>
> ——《翻身歌谣》

土地改革不仅使农民获得了经济地位，也对农村社会进行了一次伟大的改造。过去的权势人物被踩到了脚下，昔日的受压迫者则走上了前台，剥削者的天下变成了劳动者的世界，这种地位转换表明了乡村社会秩序的彻底改变。第一次有了做人尊严的中国农民，昂头挺胸、扬眉吐气。甘肃歌谣有：

> 土地改革造反呢，
>
> 分田分地分产呢，

互助力量大，勤劳得鱼多

——《山东民间年画》

> 把个财东吓软呢，
>
> 给咱穷人长脸呢。
>
> ——《中国歌谣集成》甘肃卷

在河北歌谣中，农民把土地改革称为"地回老家"。农民翻身得解放，就如同千年铁树开了花：

> 物归原主，地回老家，
>
> 农民翻身，铁树开花。
>
> ——《歌谣中的觉醒意识》

分到革命果实的民众，摆脱了受欺凌、受压迫的地位，无法抑制他们欢天喜地的感情，当年眉头紧锁的穷人今天终于能够开怀而笑了：

> 斗争会，真是好，
>
> 分了果实哈哈笑，
>
> 你喜欢，我喜欢，

　　好地每人分了三亩半，

　　妈妈分了纺花车，

　　姐姐分了大花袄，

　　爸爸分了锄和镰，

　　我分书包上学校。

——《翻身歌谣》

　　有了自己的土地、牲畜和生产工具，千百万个家庭焕发出劳动的热情。河北歌谣谓：

　　闺女起来纺个穗，

　　小子起来拾泡粪。

　　翻身的日子，

　　越过越有劲。

——《歌谣中的觉醒意识》

　　翻身农民在土地上投入了更多的劳动，还成立了互助组，相互变工帮助。在很短的时间里，各地农村生产就得到了普遍恢复和发展：

　　高粱熟，谷粒饱，

　　今年更比去年好，

　　耕得早，种得早，

　　锄得多，没有草，

　　搭伙互助工不少，

　　粮食怎能打得少？

——《翻身歌谣》

　　以往乡村赤贫阶层，在劳动光荣口号的鼓舞下，现在也能够获得较好的收入，衣不遮体的人们有了新衣，一年要吃半年糠的日子一去不返，先前逢年节才能吃到的食物，现在变成了家常便饭。多年的梦想变成了现实，农民生活得到了显著的改善，眼前的好日子几乎令他们没法相信：

肉包子，

猪肉馅，

透明的皮，

亮白的面，

下在锅里滴溜转，

一咬一个小肉蛋，

吃着包子想从前：

哭哭啼啼过个年，

孩他爹，

白瞪眼，

孩子整天饿得喊，

还盼有今天，

做梦也不敢。

——《翻身歌谣》

自由婚姻好　喜字在当中，新人来鞠躬。互敬互相爱，和睦共劳动。

——《山东民间年画》

437

妇女翻身大解放　妇女翻了身，爱国记在心。劳动多增产，学习又劳军。

——《山东民间年画》

1948 年，两位外国人曾经观察了河北省一个名为十里店的村庄的土地改革过程，他们写道："无论到哪里，这都是显而易见的，伴随着土地所有制的改造，进行了深刻的社会与政治变革。通过互助组的形式，劳动力初步得到了有效的利用。农民受到鼓励，一组一组地自愿结合起来，共同劳动，共同使用农具和牲口。在十里店，为了发展农业生产，组织起了互助组；为当地土布着色而开设了染坊，并在村边半里路的地方烧起了石灰窑，等等。所到之处，我们都看到了这种合作的办法所产生的热情，以及它对生活的其他方面如社会、政治和教育所产生的影响。由于缺少资金而在冬季常常发生严重萧条和无活可干的现象而今也正在消失。一些旧风俗，不是正在消失，就是发生了很大变化。祭祖不再是村中常见的活动了。封建家长制正在被削弱。由村政府收税，村办小学开课，新成立的互助组解决农忙季节老乡缺少劳力和牲口的问题以及在农闲季节筹集副业资金的问题，因此，宗族组织再也不能标榜自己的作用了。对宗族的忠诚开始让位于阶级的团结，而且表现在对领导他们摧毁旧势力的共产党的坚定信赖上。"

打倒了剥削阶级的乡村社会焕发出了新的生机。一幅民主、互助、团结的社会图景开始呈现在人们面前，解放区的天一片明朗：

> 解放区，人享福，
>
> 穿有衣，住有屋，
>
> 翻了身，诉了苦，
>
> 有工作，有地种，
>
> 老百姓，兴民主，
>
> 讲生产，讲互助，
>
> 又开渠，又修路，
>
> 大人小孩都念书，
>
> 一跳一跳秧歌舞。
>
> ——《翻身歌谣》

对于农民来说，这种天翻地覆的变化，是历史上从来没有过的事情。泥腿子们组织起来，成为支持共产党乡村政权的主体力量，过去完全被别人掌握了命运的人们，今天终于有了当家做主的一天。山东歌谣谓：

> 天也转，地也转，
>
> 不易摸着这一变！
>
> 这一变，笑哈哈，
>
> 咱们穷人当了家！
>
> ——《歌谣中的觉醒意识》

民心的向背，决定着战争的胜负。昔日对国民党抓壮丁惟恐躲之不及的青年踊跃加入人民军队，成千上万的民工随军转战，仅在三大战役中，就有500多万民工扛着担架、推着手推车跟随大军行动。民众对人民军队的热爱和支持，为革命战争提供了最有力的保障。河北歌谣说：

磨呀磨，磨快刀，

磨罢利刀杀羊羔。

杀羊羔，敬客人，

客人就是解放军。

——《歌谣中的觉醒意识》

　　土地改革不仅实现了对农村社会的改造，也完成了共产党对中国农民的政治动员，使他们成为中国共产党最积极的响应者。跟着共产党走，不仅仅是一句宣传口号，而是那个年代民众最真实的情感。最大多数民众的信任，使中国共产党获得了前所未有的力量，迅速完成了推翻国民党统治的历史使命，埋葬了一个旧时代：

田到手，

契到手，

粮到斗，

饭到口，

翻身喜酒喝一斗。

反攻大军到江口，

打到南京去，

活捉蒋介石老黄狗。

——《中国歌谣选》第一集

　　1936 年，毛泽东在延安回答美国记者埃得加·斯诺的提问时说："谁赢得了农民，谁就会赢得中国，谁解决了土地问题，谁就会赢得农民。"中国共产党的成功，验证了毛泽东的这一论断。在中国历史上，从来没有人能够真正完成农民的解放。共产党做到了这一点，也因此赢得了中国。中国革命的完成，改变的不仅是农村的面貌和农民的命运，也开创了一个新的历史时代。

结语
一点说明

　　19 世纪中期以来，中国处于一个前所未有的社会与文化转型时期。由传统到现代，由自居天下的隔绝到东西方的融合，由农业文明到工业文明，诸种内在与外在的因素相交织，使整个社会面貌呈现出纷繁斑驳的色彩。西洋势力的揳入打乱了中国社会自身的运行逻辑，新旧角色的交替兴衰冲击着固有的社会结构与格局，接连不断的战争与革命加重了社会的动荡，物质文明的输入传达着时代变迁的信息，群体和个体生活空间的扩展，直接或间接地改变着民众的生活方式。面对令人眼花缭乱的新世局，近代国人或迷惘，或困惑，或痛苦，或躁动，或坦然接受，或无奈承认，保守与开放，激愤与冷漠，盲动与持重，不同的反应姿态表明了民众心态空前的复杂性，百年中国为人们展示了一幅多重交织的世相图。

　　对近代中国百年历史的解释，在相当长时间里，几乎都是在政治史的框架中进行的。前提与结论都是预设的，而历史工作者的责任只是为之提供必要的逻辑串联和内容填充。久而久之，人们自觉或不自觉地形成思维定式，对宏大叙事的追求，使历史越来越远离民众，远离生活本身，也远离了趣味。

　　尽管我们把民众誉为历史的创造者，强调尊重他们在历史上的角色，但在事实上，历史上中国民众长期的失语地位，使他们的生活与精神状貌长期湮没在精英阶级的喧嚣话语中而不为人知，我们描述的历史始终是精英阶级眼中的历史。很少有人去尝试进入民众的生活空间和精神世界，更没有人会关注民众对历史的理解。

在一定意义上，民谣是农业社会的文化遗产。在乡土中国，民众以歌谣传承知识与经验，描摹生活，娱乐自我，表达他们对社会、对时代、对身边细微事物、对自我生活的认识和感受，在无意中为后人留下了一份珍贵的世相记录。正如我们已经指出的，民谣在本意上是一种娱乐工具，并不具有人们通常所理解的"意义"。不过，在浩如烟海的民谣中，我们仍然能够捡拾到一些镌刻着岁月痕迹、掩映着社会风云、隐藏着生活本相的碎片。徐芳在《表达民意的歌谣》（《歌谣》卷三第十三期）一文中，把这类歌谣分为三类：美刺政治得失的、描写民间生活的、反映时代演变的。大致可见这类歌谣的旨趣。

在中国历史上，旧式文人虽然对民间歌谣屡有记录，但歌谣引起中国文化人普遍的关注，还要从"五四"新文化运动时期开始。1918年北京大学成立歌谣征集处，1921年组织歌谣研究会，1922年歌谣研究会创办《歌谣》周刊，近代歌谣的搜集整理运动由此发端，延续不绝，成为20世纪中国民俗研究和民间文化研究的重要一翼。

从更广阔的背景上来理解，"五四"时期歌谣运动的出现并非偶然。晚清以来，西方文明登陆中国，西力东渐与西学东渐的现实，昭示了一个新时代的到来，国人惊呼为数千年未有之变局。强势的西方文明由涓涓细流而汪洋恣肆，使传统文化的根基遭受了无情蚕食，中国文化的防线不断崩陷。一代又一代中国知识人皓首穷经、花费大量心血和无数光阴构筑的文化道统，在面对西方文化的冲击时，显得如此脆弱和不堪一击。正是在这种危机与忧患意识的压迫下，寻求中国文化出路成为近代知识分子首要的课题。如果说19世纪的国人多数时间里进行了将西学纳入中学的尝试，那么到20世纪的知识分子则越来越丧失了对正统文化的信心，在引进西学资源改造中国文化的同时，他们也有意识地走向民间，在边缘文化资源中寻求抗拒西化的工具。歌谣运动兴起的背后，隐约可见这样一个文化背景的存在。

促使歌谣运动出现的另一个关联因素是，辛亥革命之后，中国社会改造并未如愿完成。民国社会的现实迫使知识分子进行新的思考和抉择，既然依靠上层精英无法完成对社会的改造，那么不妨从事底层社会的动员。了解民众、到民众中去、关注民众的生活，是这一时期知识分子普遍的思想意向。作为民众生活的产物，歌谣受到前所未有的关注，事实上也是这一思想意向潜在引导的结果。

五四时期开始的歌谣整理活动，在知识界颇有影响。当时参加歌谣征集的有胡适、周作人、刘半农、常惠、顾颉刚、魏建功、董作宾、沈尹默、沈兼士、朱自清、钟敬文等著名学者，蔡元培、鲁迅、李大钊、郭沫若等也曾先后参与。歌谣征集成为一时风气，多种歌谣集册先后出版，表明这一运动极有成绩。受其影响，民国时期出版的部分地方志中，也专列歌谣一门，保留了一批有价值的歌谣材料。

新中国成立以后，歌谣的搜集和整理形成了更大的规模。从20世纪50年代到60年代，歌谣作为对民众进行政治动员的手段，受到了空前重视，民间文学工作者、各类文化机构有计划地进行歌谣搜集活动，此前人们所忽略的民众革命斗争歌谣，比如太平天国歌谣、捻军歌谣、义和团歌谣等，在这一时期被大量发掘出来。在"大跃进"、人民公社这些"如火如荼"的年代，报章杂志中随处可见的创作歌谣、大量出版的各种歌谣集，造就了所谓新民歌运动的热闹场面，一直延续到"文化大革命"时期。

20世纪最后20年间，文化再度成为国人关注的热点，中国文化向何处去这一命题，引发了知识界不断的思考。进入20世纪90年代，对大众文化的热情更被重新唤醒。广泛发掘民间文化资源，成为中国人文学者共同致力的方向。这种努力，一个重要的目的就是通过探访中国民众的深层精神世界，寻求植根于中国社会、有别于所谓道统的中国文化之真脉，为民族精神的重构提供一个新的平台。在这一时期，为歌谣搜集和整理作出最大贡献的仍然是民俗与民间文化工作者。到20世纪90

年代，以地域为范围，《中国歌谣集成》多部分卷陆续出版，是这一时期歌谣工作最有代表性的成就。

如此丰富的民间歌谣，为我们提供了一个以歌谣为材料、从民众角度阐释和理解历史的机会，但这一机会并不容易把握。歌谣是民众生活中的产物，以之作为解说历史的资料，最重要的是应该保持其纯粹性。笔者将 20 世纪的歌谣搜集大致分为以上三个时期，目的在于说明，今天所见的不同时代的歌谣文本，在其形成过程中，都会受那一时代歌谣搜集者本身意图及其所处现实环境的影响。在 20 世纪二三十年代的歌谣搜集运动中，搜集者的初衷是通过对民众文化材料的了解，为他们倡导的新文学、平民文学寻求出路。但在这一过程中，他们很快将注意力转移到对歌谣民俗学价值的关注上，使这一时期的歌谣运动成为中国民俗学兴起的开端。除了一些政治动员性的歌谣明显出于时人创制外，其时歌谣工作者以忠实记录为第一原则，基本保留了民间歌谣的本来面貌，但注重歌谣民俗学意义的倾向，对这一时期的歌谣搜集整理工作仍有影响。今天翻看《歌谣》周刊，有关时代的、社会生活的、政治的歌谣所占比例并不算大，似乎多少与主持者的意图有关。

20 世纪 50 年代的歌谣运动，受政治环境的影响，集中挖掘反映劳动阶级疾苦与爱憎意识、体现农民斗争精神的歌谣，而有意排斥这一范围之外的内容。这一时期搜集的歌谣大多面相单一，很难真实地展现民众生活与社会面貌。在阶级意识的引导下，歌谣文本中夹杂了大量经过修改乃至臆造的内容，极易误导后人（关于这一点，已有很多论述，史学界如王庆成《太平天国的传说和历史》一文，就曾对 20 世纪 60 年代初出现的三种太平天国歌谣及传说集所存在的问题进行过公允的批评）。至于同一时期及"文化大革命"时代出现的"大跃进"歌谣、阶级斗争歌谣，则完全背离了歌谣的基本精神，成为那个荒谬时代的特殊记录。

20 世纪八九十年代出版的歌谣集，形成于对歌谣大规模发掘和抢救的基础上。在吸收 50—70 年代歌谣工作成果时，剔除了一些明显出于时人创作的内容，但仍留下了一些遗憾。

正因为如此，以歌谣为材料来描摹近代中国百年社会变迁的进程，需要非常审慎的取舍和甄别。本书的基本材料来自 20 世纪以来问世的各种歌谣集、历史调查文献、方志及其他文本中的记录，在使用歌谣材料的原则上，除了尽量选用纯粹意义上的民谣外，对于可能是附会之作或经后人修改过的歌谣，则看歌谣本身是否能够切合真实的历史面相。采用这样的做法实出无奈，一则，对歌谣真伪的判断很难有一个明确的标准，因为被我们认为确凿的历史也有不真实的可能；二则，在对歌谣的审视过程中，很难保证审视者不受自身取向的影响。这些问题在文中虽然尽量作了说明，但肯定还有不少地方需要读者自己加以鉴别。

需要说明的是，本书以歌谣为材料，勾勒民众记忆中的百年中国世相，不能不对歌谣有所解释，但对歌谣的解释并非本书的目的。因为任何解释性的字句，可能都不如歌谣本身更能提供使人联想及领会的空间，而且每一首歌谣都有十分具体的生成背景，过分的解释反而有附会的嫌疑，对读者来说同样如此。

还有一点需要说明的是，本书对学术界的研究多有借鉴，因为体例的关系，未能一一注明，还望见谅。

民众只是他们生活无意的记录者，不承担历史观察家的责任，并非任何历史过程都会在他们的生活中留下痕迹，并通过歌谣表露出来，因此，民谣资料本身也有不少缺憾。为了能够比较全面地展示百年历史进程，书中不得不使用了一些竹枝词、民歌、民间小曲、文人诗歌等形式的材料。本书的目的是还原民众眼中的百年历史，捕捉和展现民众的生活细节和情感世界，但很难说已经摆脱了惯常的宏大叙事模式的影响，也很难保证每一个细节都真实无误。不过，即便是最具洞察力的人，要进入他人的生活或精神世界，都不是一件容易的事情。也许我们拥有比前人更丰富的知识，但今天的人们已经不可能回到历史发生的现场，这几乎必然在今人与历史间增加了一层隔膜。也许我们应该承认，虽然今人可以尽力缩小他们与历史、与历史上民众生活的距离，但恐怕永远不可能真正进入他们的世界。

附录
本书征引歌谣出处

《中国民歌千首》，陈增善、顾惠民编，上海开华书局，民国十二年（1923）。

《绘图童谣大观》，陈和祥编，上海世界书局，民国十四年（1925）。

《歌谣与妇女》，刘经庵编，民国十六年（1927）。

《绍兴歌谣》，娄子匡编，国立中山大学语言历史研究所，民国十七年（1928）。

《民谣集》，何中孚编，上海泰东书局，民国十八年（1929）。

《开封歌谣集》，白寿彝编，国立中山大学语言历史研究所，民国十八年（1929）。

《山东歌谣集》（第一册），山东省立民众教育馆出版部编，民国十九年（1930）。

《成安县志》（河北），民国二十年（1931）。

《庐龙县志》（河北），民国二十年（1931）。

《高阳县志》（河北），民国二十年（1931）。

《平山县志料集》（河北），民国二十一年（1932）。

《浙江歌谣》，洪亮编，民国二十一年（1932）。

《北平歌谣》，张则之编译，商务印书局，民国二十一年（1932）。

《民众歌谣集》第二期，市立民众教育馆（出版者不详），民国二十二年（1933）。

《大名县志》《河北》，民国二十二年（1933）。

《民间歌谣全集》，朱雨尊编，世界书局，民国二十二年（1933）。

《望都县志》（河北），民国二十三年（1934）。

《井陉县志》（河北），民国二十三年（1934）。

《夏津县志续编》（山东），民国二十三年（1934）。

《偃师县风土志略》（河南），民国二十三年（1934）。

《湖南民歌》上集，湖南省立农民教育馆编印，民国二十四年（1935）。

《龙岩歌谣》第一辑，龙岩县立民众教育馆编印，民国二十四年（1935）。

《无极县志》（河北），民国二十五年（1936）。

《东平县志》（山东），民国二十五年（1936）。

《川沙县志》（江苏），民国二十五年（1936）。

《昭通县志稿》（云南），民国二十五年（1936）。

《阳原县志》（察哈尔），民国二十七年（1938）。

《新安县志》（河南），民国二十七年（1938）。

《重修汝南县志》（河南），民国二十七年（1938）。

《邯郸县志》（河北），民国二十八年（1939）。

《蓟县志》（河北），民国三十三年（1944）。

《最新抗战歌谣集》，何建仁编，未署出版地及年月。

《抗战歌谣》，汪继编，国民图书出版社，民国三十四年（1945）。

《西南采风录》，刘兆吉编，商务印书馆，民国三十五年（1946）。

《翻身民歌》，王希坚编，东北书店，1948年。

《翻身歌谣》，和柯编著，冀南书店，1947年。

《现代民谣》第一辑，第二辑，海默辑，武汉人民艺术出版社，1949年。

《歌谣中的醒觉意识》，钟敬文著，北京师范大学出版部，1952年。

《陕北民歌选》，何其芳、张松如选辑，文艺出版社，1957 年。

《北京的歌谣》，薛汕编，北京出版社，1958 年。

《古谣谚》罹清纕杜文澜辑，周邵良点校，中华书局，1958 年。

《山西民间歌谣选》，山西民间文学研究会筹委会编，山西人民出版社，1959 年。

《三元里人民抗英斗争史料》，广东省文史研究馆编，中华书局，1959 年。

《安徽歌谣》，安徽省文化局编，人民文学出版社，1959 年。

《太平天国的歌谣和传说》，袁飞等搜集整理，上海文艺出版社，1959 年。

《太平天国歌谣传说集》，中国科学院江苏分院文学研究所编，江苏文艺出版社，1960 年。

《抗日歌谣》，上海文艺出版社，1960 年。

《河北歌谣》，河北省民间文学研究会编，人民文学出版社，1960 年。

《山西歌谣》，山西省民间文学研究会筹备委员会编，人民文学出版社，1960 年。

《浙江歌谣》，中国作家协会浙江分会筹委会编，人民文学出版社，1960 年。

《陕西歌谣》，中共陕西省委宣传部编，人民文学出版社，1960 年。

《青海歌谣》，中共青海省委民族民歌收集整理办公室编，人民文学出版社，1960 年。

《甘肃歌谣》，甘肃省文化局编，人民文学出版社，1960 年。

《河北歌谣》，河北省民间文学研究会编，百花文艺出版社，1961 年。

《捻军歌谣》，安徽人民出版社，1961 年。

《鸦片战争文学集》，阿英编，中华书局，1962 年。

《天地会诗歌选》，窦昌荣选注，中华书局，1962 年。

《太平天国歌谣》，太平天国历史博物馆编，上海文艺出版社，1962年。

《中国近代反帝反封建历史歌谣选》，程英编，中华书局，1962年。

《歌谣》周刊（1册—6册），北京大学研究所国学门歌谣研究会编，上海人民出版社，1962年。

《太平天国诗歌选》，太平天国历史博物馆编，上海人民出版社，1978年。

《中国歌谣选》（第一集），中国民间文艺研究会、中国社会科学院文学研究所各民族民间文学组编，上海文艺出版社，1978年。

《太平天国文书汇编》，太平天国历史博物馆编，中华书局，1979年。

《山东义和团调查资料选编》，山东大学历史系近代史教研室编，齐鲁书社，1980年。

《浙江民间歌谣》，朱秋枫编，浙江人民出版社，1981年。

《山西各县歌谣解释》，《近代史资料》总第48号，中国社会科学出版社，1982年。

《清代北京竹枝词》，杨米人等著，路工编选，北京古籍出版社，1982年。

《吴歌》，苏州市文学艺术界联合会、江苏省民间文学工作者协会苏州市分会编，中国民间文艺出版社，1984年。

《反洋教书文揭帖选》，王明伦编，齐鲁书社，1984年。

《义和团文献辑注与研究》，陈振江、程□编著，天津人民出版社，1985年。

《汪穰卿笔记》，汪康年著，载《近代稗海》第十一辑，四川人民出版社，1988年。

《清诗纪事》廿二，钱仲联主编，江苏古籍出版社，1989年。

《沪谚外编》，胡祖德著，陈正书，方尔同标点，上海古籍出版社，1989年。

《吴歌甲集》，顾颉刚编，上海文艺出版社，1990年。

《中国歌谣集成》广西卷，中国社会科学出版社，1992年。

《中国歌谣集成》浙江卷，中国ISBN中心，1995年。

《上海洋场竹枝词》，顾炳权编著，上海书店出版社，1996年。

《山东大学义和团调查资料汇编》，路遥主编，山东大学出版社，2000年。

《人民·联盟文库》第一辑书目

分 类	书 名	作 者
政治类	中共重大历史事件亲历记(2卷)	李海文主编
	中国工农红军长征亲历记	李海文主编
哲学类	中国哲学史(1—4)	任继愈主编
	哲学通论	孙正聿著
	中国经学史	吴雁南、秦学顺、李禹阶主编
	季羡林谈义理	季羡林著,梁志刚选编
历史类	中亚通史(3卷)	王治来、丁笃本著
	吐蕃史稿	才让著
	中国古代北方民族通论	林幹著
	匈奴史	林幹著
	毛泽东评说中国历史	赵以武主编
文化类	中国文化史(4卷)	张维青、高毅清著
	中国古代文学通论(7卷)	傅璇琮、蒋寅主编
	中国地名学源流	华林甫著
	中国古代巫术	胡新生著
	徽商研究	张海鹏、王廷元主编
	诗词曲格律纲要	涂宗涛著
译著类	中国密码	[德]弗郎克·泽林著,强朝晖译
	领袖们	[美]理查德·尼克松著,施燕华等译
	伟人与大国	[德]赫尔穆特·施密特著,梅兆荣等译
	大外交	[美]亨利·基辛格著,顾淑馨、林添贵译
	欧洲史	[法]德尼兹·加亚尔等著,蔡鸿滨等译
	亚洲史	[美]罗兹·墨菲著,黄磷译
	西方政治思想史	[美]约翰·麦克里兰著,彭维栋译
	西方艺术史	[法]德比奇等著,徐庆平译
	纳粹德国的兴亡	[德]托尔斯腾·克尔讷著,李工真译
	资本主义文化矛盾	[美]丹尼尔·贝尔著,严蓓雯译
	中国社会史	[法]谢和耐著,黄建华、黄迅余译
	儒家传统与文明对话	[美]杜维明著,彭国翔译
	中国人的精神	辜鸿铭著,黄兴涛、宋小庆译
	毛泽东传	[美]罗斯·特里尔著,刘路新等译
人物传记类	蒋介石全传	张宪文、方庆秋主编
	百年宋美龄	杨树标、杨菁著
	世纪情怀——张学良全传(上下)	王海晨、胡玉海著

《人民·联盟文库》第二辑书目

分　类	书　名	作　者
政治类	民族问题概论(第三版)	吴仕民主编、王平副主编
	宗教问题概论(第三版)	龚学增主编
	中国宪法史	张晋藩著
历史类	乾嘉学派研究	陈祖武、朱彤窗著
	宋学的发展和演变	漆侠著
	台湾通史	连横著
	卫拉特蒙古史纲	马大正、成崇德主编
	文明论——人类文明的形成发展与前景	孙进己、干志耿著
哲学类	西方哲学史(8卷)	叶秀山、王树人总主编
	康德《纯粹理性批判》句读	邓晓芒著
	比较伦理学	黄建中著
	中国美学史话	李翔德、郑钦镛著
	中华人文精神	张岂之著
	人文精神论	许苏民著
	论死生	吴兴勇著
	幸福与优雅	江畅、周鸿雁著
文化类	唐诗学史稿	陈伯海主编
	中国古代神秘文化	李冬生著
	中国家训史	徐少锦、陈延斌
	中国设计艺术史论	李立新著
	西藏风土志	赤烈曲扎著
	藏传佛教密宗与曼荼罗艺术	昂巴著
	民谣里的中国	田涛著
	黄土地的变迁——以西北边陲种田乡为例	张畯、刘晓乾著
	中外文化交流史	王介南著
	纵论出版产业的科学发展	齐峰著
译著类	赫鲁晓夫下台内幕	〔俄〕谢·赫鲁晓夫著,述弢译
	治国策	〔波斯〕尼扎姆·莫尔克著,〔英〕胡伯特·达克(由波斯文转译成英文),蓝琪、许序雅译,蓝琪校
	西域的历史与文明	〔法〕鲁保罗著,耿昇译
	16～18世纪中亚历史地理文献	〔乌〕Б. А. 艾哈迈多夫著,陈远光译
	亲历晚清四十五年——李提摩太在华回忆录	〔英〕李提摩太著,李宪堂、侯林莉译
	伯希和西域探险记	〔法〕伯希和等著,耿昇译
	观念的冒险	〔美〕A. N. 怀特海著,周邦宪译
人物传记类	溥仪的后半生	王庆祥著
	胡乔木——中共中央一支笔	叶永烈著
	林彪的这一生	少华、游胡著
	左宗棠在甘肃	马啸著